HISTOIRE
DE
L'ABBAYE ROYALE
DE
NOTRE-DAME DE CHELLES

PAR

L'Abbé C. TORCHET

CURÉ DE LA PAROISSE
CHANOINE HONORAIRE DE FOSSOMBRONE
MEMBRE FONDATEUR DE LA SOCIÉTÉ D'ARCHÉOLOGIE DE SEINE-ET-MARNE
SECTION DE MEAUX

TOME PREMIER

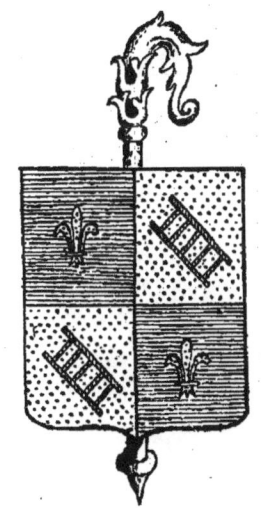

PARIS
RETAUX-BRAY, LIBRAIRE-ÉDITEUR
82, RUE BONAPARTE, 82

—

1889
Droits de traduction et de reproduction réservés

HISTOIRE
DE
L'ABBAYE ROYALE
DE
NOTRE-DAME DE CHELLES

ÉMILE COLIN — IMPRIMERIE DE LAGNY

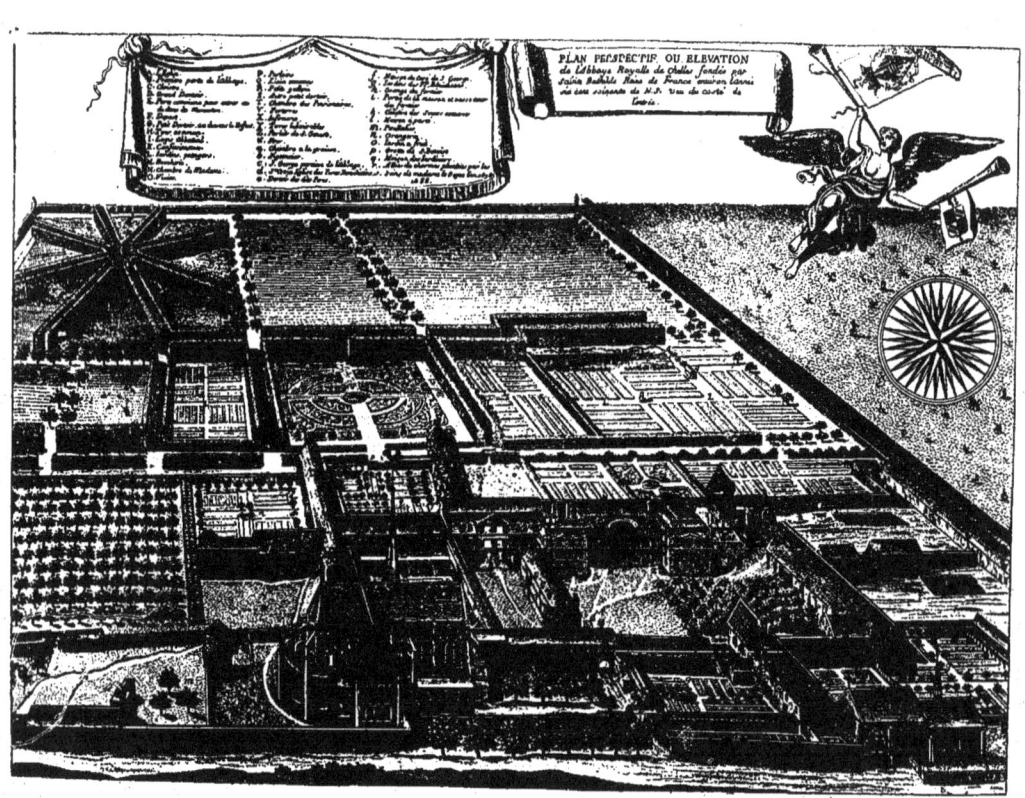

Vue de l'Abbaye de Chelles prise du côté du Nord. 1688

HISTOIRE
DE
L'ABBAYE ROYALE
DE
NOTRE-DAME DE CHELLES

PAR

L'Abbé C. TORCHET

CURÉ DE LA PAROISSE
CHANOINE HONORAIRE DE FOSSOMBRONE
MEMBRE FONDATEUR DE LA SOCIÉTÉ D'ARCHÉOLOGIE DE SEINE-ET-MARNE
SECTION DE MEAUX

TOME PREMIER

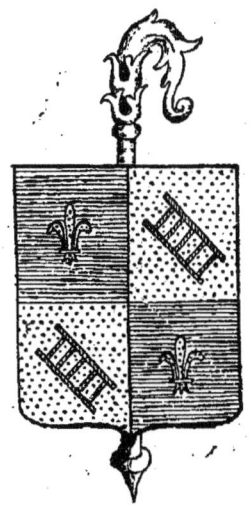

PARIS
RETAUX-BRAY, LIBRAIRE-ÉDITEUR
82, RUE BONAPARTE, 82
—
1889
Droits de traduction et de reproduction réservés

A LA MÉMOIRE

DE

Philippe-Ambroise GASNIER-GUY

DÉCÉDÉ MAIRE DE CHELLES

Le 16 mai 1888.

———

Je Lui avais dédié ce livre. Une mort prématurée l'a enlevé à notre affection. Que sa belle âme repose en paix !

Chelles, 16 mai 1889.

C. TORCHET,
Curé.

ÉVÊCHÉ
DE
MEAUX

Meaux, le 3 mai 1889.

Monsieur le Curé,

Il m'est très agréable d'apprendre que Messieurs les Ecclésiastiques du Diocèse aiment l'étude et savent rendre utiles les loisirs, parfois trop nombreux, dont ils peuvent disposer.

Je suis donc heureux d'avoir à vous féliciter des travaux historiques auxquels vous vous appliquez, depuis plusieurs années, avec tant de patience.

Je n'ai pu faire une lecture complète de votre Histoire de l'Abbaye royale de Chelles. *Le jugement si compétent de M. le Chanoine Denis est une garantie de l'exactitude des récits. D'après ce que j'ai lu, je suis porté à croire qu'elle sera pleine d'intérêt pour vos paroissiens. Tout le passé de Chelles vivra pour eux, quand ils parcourront votre livre, et ce passé n'est pas sans gloire pour le pays.*

Nos Prêtres et nos Communautés religieuses ne seront certainement pas indifférents à l'histoire d'une Abbaye si célèbre, fille ou sœur de Jouarre et de Faremoutiers, et qui a exercé dans la contrée une si salutaire influence.

Les pages de cette histoire sont des pages de notre histoire ecclésiastique, et d'une haute importance.

J'aime même à croire et à espérer que les nombreuses familles qui ont donné à Chelles d'illustres et pieuses Religieuses, seront justement curieuses de faire connaissance avec ces nobles et grandes figures qui ont été la gloire de la royale Abbaye.

Recevez, Monsieur le Curé, l'expression de mes sentiments bien dévoués en Notre Seigneur.

† *EMMANUEL*
Évêque de Meaux.

PRÉFACE

Le caractère de l'habitant de Chelles peut être diversement apprécié, mais personne ne saurait lui contester l'amour de son pays. Il ne déserte point le toit paternel. Aussi, depuis le commencement du siècle, la population a-t-elle triplé. Le dernier recensement accuse plus de trois mille âmes.

Notre jeune génération, instruite à l'école de certains manuels civiques, peut-elle s'énorgueillir de la prospérité présente au détriment du passé?

Ce serait faire preuve d'ignorance.

Chelles, en effet, a un passé et un glorieux passé.

A la vue d'un brillant étalage de joaillier, on se félicitait naguère de l'importance que prend notre petite ville. Quelle devait être cette importance autrefois, lorsqu'elle possédait trois établissements de ce genre, un marché aux grains, deux foires, avec des halles, des hôtels, des maisons de commerce qui attestaient et la richesse de ce lieu et le grand nombre de ses habitants !

Sa villa royale, sa célèbre abbaye, son antique seigneurie, son palais de justice, son Hôtel-Dieu, son vaste doyenné en ont fait, à côté de Paris, un chef-lieu remarquable dans l'Ile-de-France.

La révolution l'a décapité.

Telle est la vérité de l'histoire.

Après cent ans, Chelles commence à se relever de ses ruines. Sa station du chemin de fer, les bords de la Marne, d'agréables promenades à travers de vastes prairies, ou sous les frais ombrages de ses marais déssêchés, dans les flancs de sa colline dont le sommet est couronné par un fort, ou sous le couvert de ses bois touffus, attirent de nombreux étrangers. De gracieuses villas s'élèvent de tous côtés sur son territoire.

Chelles a de l'avenir. Mais l'histoire de son passé ne pourrait-elle contribuer à augmenter la prospérité présente ?

J'ai cru, en l'offrant au public, faire acte de bon citoyen.

Peut-être aussi les exemples d'éminentes vertus, dont ce pays a été le pieux théâtre, seront-ils de puissants moyens pour relever le niveau trop abaissé des bonnes mœurs, et pour reconquérir cette antique réputation d'honneur que les siècles ont attachée à son nom.

Les manuscrits qui nous révèlent ce secret méritent de sortir d'un trop long oubli.

Le plus ancien est intitulé : « *Abrégé de l'histoire de l'abbaye royale de Chelles.* » Il commence à sainte Bathilde et se termine à Madame de Villars, 1707.

C'est une narration succincte des principaux faits accomplis sous chacune de nos abbesses. Le français est un peu démodé, mais le style est sobre, correct et d'une lecture facile.

On ne connaît pas le nom de l'auteur, ni celui d'une autre très courte notice sur la vie de nos abbesses, et dont deux ou trois copies se trouvent encore entre les mains de quelques anciennes familles du pays.

Dom Placide Porcheron (1), religieux bénédictin de Chelles, a repris le travail du premier manuscrit, dans l'intention de faire une grande histoire du monastère.

Elle est divisée en cinq livres.

Le premier renferme l'histoire de l'abbaye royale, depuis son origine jusqu'à l'abbesse Giselle, sœur de Charlemagne ;

Le deuxième, depuis cette dernière jusqu'à la réforme du monastère ;

Le troisième, depuis les abbesses triennales jusqu'au Concordat passé entre le pape Léon X et François Ier ;

Le quatrième, depuis Renée de Bourbon jusqu'à Madame Louise Adélaïde d'Orléans ;

Et le cinquième a pour objet la prélature de cette princesse et celle de Madame de Clermont jusqu'en 1771.

Dom Porcheron est trop élogieux pour être impartial. Son style est diffus. Les phrases interminables, souvent incorrectes, le désordre dans la chronologie des faits, rendent la lecture de son manuscrit pénible et fatigante.

Echappés aux incendies de la Révolution, ces deux ouvrages mentionnés se trouvent à la bibliothèque du séminaire de Meaux (2). Les documents qu'ils renferment sont

---

(1) Le manuscrit ne porte pas le nom de l'auteur ; mais il nous est révélé dans le *Supplément à l'Histoire littéraire de la Congrégation de Saint-Maur*, p. 196, publié dans la revue intitulée : *Cabinet historique*. Septembre et octobre 1881.

(2) L'ouvrage de Dom Porcheron a été sauvé par des religieuses, qui ont remis les trois volumes entre les mains de M. Pruneau, alors supérieur du grand séminaire.

très précieux. Leurs auteurs ont puisé des renseignements exacts aux sources les plus authentiques, dans le Chartrier même du couvent, où les religieuses conservaient, comme un trésor de famille, les titres de propriété et les mémoires du temps composés par les secrétaires du Chapitre.

La bibliothèque de la ville de Meaux possède aussi deux cartulaires de notre abbaye, d'une admirable calligraphie, sur parchemin, et un plan terrier.

Nos archives départementales contiennent également des pièces fort curieuses, et qui proviennent du pillage de 1793.

Grâce aux renseignements consignés par M. Lepaire, dans ses *Annales de Lagny*, mes recherches à la Bibliothèque nationale ont été abrégées.

Il y a là aussi des documents d'une grande valeur. En effet, la situation géographique de Chelles, près de Paris, l'illustration de son abbaye par les grands noms qui l'ont rendue célèbre, rattachent son histoire à celle de son diocèse et à notre histoire nationale.

Enfin, la lecture de nos registres paroissiaux, dont le plus ancien remonte à l'an 1548, ne m'a pas été inutile ; surtout celle des délibérations des assemblées municipales, de 1788 à 1795, d'après lesquelles j'ai rédigé les trois derniers chapitres de ce travail.

J'ai été heureux d'en offrir les prémices aux honorables collègues de la Société d'archéologie de Seine-et-Marne, section de Meaux. Encouragé par leurs bienveillants suffrages et pressé par les sollicitations de plusieurs personnes amies, je me suis décidé à le mettre au jour.

Le premier volume contient l'histoire de l'abbaye royale de Chelles depuis son origine jusqu'à Madeleine de la

Porte, et le second depuis la prélature de cette abbesse jusqu'à la destruction du monastère.

Ces deux volumes sont divisés en chapitres à peu près égaux. Ils comprennent des périodes marquées dans la marche naturelle des faits. Chaque abbesse cependant a son paragraphe particulier. Il m'a semblé que ces divisions rendront plus facile la lecture de mon ouvrage.

Ne serait-il donc point assez intéressant par lui-même?

Je ne veux pas accuser mon sujet. Il peut y avoir des pages qui ne seront appréciées que par les rares amateurs d'antiquités; mais si l'histoire de l'abbaye de Chelles reste sans charme, je suis seul coupable. C'est ma faute.

Certains lecteurs, toutefois, s'attendent peut-être à trouver ici des récits scandaleux, propres à exciter une curiosité malsaine. On a fait tant de romans sur nos abbayes et sur nos abbesses!...

Ma tâche est plus noble et plus sérieuse.

Je sais qu'il n'y a rien de parfait ici-bas. Partout où il y a des hommes il y a des abus.

On me rendra peut-être le bon témoignage d'être impartial. Si parfois je venge notre monastère, les documents en mains, de certaines accusations portées par l'ignorance ou la mauvaise foi, je me fais un devoir de blâmer les faits qui me paraissent répréhensibles.

Grâce à Dieu, ces derniers sont rares, mais de beaux exemples se rencontrent presqu'à chaque page.

La voix du peuple a porté ce jugement sur les trois abbayes sœurs : « Faremoutiers *la Sainte*, Jouarre *la Riche* et Chelles *la Noble*. »

Cette noblesse, Chelles l'a glorieusement soutenue à travers les siècles, non seulement par le haut rang des femmes qui l'ont habité, mais surtout par les vertus qu'elles y ont pratiquées.

Telle est la pensée aussi juste qu'édifiante qui naîtra de la lecture attentive de ce livre.

Puisse-t-il être utile et agréable à mes paroissiens ! C'est pour eux que je l'ai écrit, c'est à eux que je l'offre, et je les prie de le recevoir en témoignage d'une affection qui ne fait que croître en vieillissant.

HISTOIRE

DE

L'ABBAYE ROYALE

DE CHELLES

CHAPITRE PREMIER

ORIGINES DE CHELLES

Les temps préhistoriques. — Ballastières. — Silex. — Étymologie. — Sainte Clotilde. — Le petit monastère de Saint-Georges. — Villa royale. — Chilpéric et Frédégonde. — Assassinats. — Pierre de Chilpéric. — Saint-Géri. — Sainte Héreswide. — Sainte Hilde.

L'antiquité de Chelles se perd dans la nuit des temps.

Son sol recèle des vestiges de l'homme au commencement de l'époque quaternaire, c'est-à-dire dès le début de l'apparition de l'humanité dans nos pays.

Si l'on était tenté de révoquer en doute l'authenticité de cette vénérable origine, nous pourrions en appeler au témoignage des plus illustres antiquaires.

L'un de ces derniers, M. Ernest d'Acy, nous a communiqué la note suivante :

« A l'est du bourg de Chelles, près de la route qui conduit au petit village de Brou, la ballastière exploitée par la compagnie des chemins de fer de l'Est et plusieurs carrières de gravier et de sable ont mis à découvert de puissantes alluvions appartenant à l'époque que les géologues appellent *quaternaire*. Les couches inférieures de ces dépôts remontent jusqu'à une période reculée de cette époque, car elles ont fourni en abondance des dents considérées comme caractéristiques de ces temps reculés. Ce sont des dents d'*éléphas antiques*, de *rhinocéros Merckii*, d'*hippopotames*, de *trogontherium*, etc...

» A ces débris sont associés des silex certainement taillés par l'homme ; les uns sont assez grossièrement façonnés, d'autres, au contraire, d'une exécution fine et soignée, attestent une véritable habileté. La variété de leurs formes rend témoignage de leur appropriation à différents usages en vue desquels ils étaient fabriqués.

» Un accord complet ne s'est pas encore établi sur toutes les questions qui se rattachent à l'ensemble de ces alluvions, sur les superpositions qui peuvent s'y présenter, sur les âges relatifs que l'on doit assigner aux différentes couches et aux objets qu'elles renferment ; mais un point très important semble être hors de contestation, c'est que l'homme qui taillait les silex des couches inférieures de Chelles et qui s'en servait comme d'armes ou comme d'outils, vivait à un moment reculé de l'époque quaternaire. Peut-être même est-il le premier qui ait apparu dans nos pays ; et à tort ou à raison M. de Mortillet a cru devoir enlever aux sablières de Saint-Acheul l'honneur qu'il leur avait fait de les considérer comme offrant, sous le rapport de la faune et sous celui de l'industrie humaine, les types des temps quaternaires les plus anciens. Il pense que les alluvions inférieures de Chelles sont les plus pures, les plus caractérisées de toutes celles qui ont été découvertes jusqu'à ce jour, et il a substitué le nom de *Chelléen* à celui d'*Acheuléen* pour désigner tout ce qui a trait à cette primitive période.

« Au-dessus des formations quaternaires, la terre végétale recèle des armes et des instruments de l'époque de la pierre polie ou des dolmens, et des sépultures, dont l'âge n'est malheureusement déterminé par aucun mobilier funéraire. »

« M. Chouquet, en 1878, appela le premier l'attention des géologues sur ce très intéressant gisement, Depuis lors, un grand nombre de savants, qui s'occupent des questions préhistoriques, l'ont visité et étudié (1). »

Ces terrains d'alluvion sont composés de sables et de cailloux, qui ont été roulés, entraînés sur le sol chelléen par les eaux.

Quelle fut l'origine de ces inondations ? Les géologues sont peu d'accord. Les uns accusent la Marne. Avant que les rivières, les fleuves aient creusé leur lit, les eaux, disent-ils, se répandaient par toutes les plaines avoisinantes, emportant dans leur courant les sables, les cailloux arrachés aux flancs des montagnes. D'autres trouvent, dans ces terrains d'alluvion, des traces du déluge universel, raconté par Moïse, et dont la tradition s'est conservée dans le souvenir de tous les peuples. D'autres enfin, et M. E. d'Acy penche vers cette opinion, pensent que ces alluvions de Chelles remontent jusqu'à la fusion des glaciers.

On sait qu'avant la découverte des métaux, nos ancêtres avaient pour armes et pour outils des haches, des couteaux de pierre, des flèches à pointes de silex. Ce sont précisément ces armes de pierre, ces silex que nous retrouvons aujourd'hui dans nos ballastières. Les plus intéressants, grossièrement taillés, sont d'un âge indéterminé, antédiluvien peut-être. Ils ont certainement appartenu à la race qui habitait Chelles et qui les a abandonnés dans ces terrains, puisque leur taille et leurs arrêtes vives, tranchantes, prouvent qu'ils n'ont été ni roulés, ni transportés, comme les sables et les cailloux.

Les autres silex, plus récents, et d'un travail plus soigné, sont l'œuvre des Gaëls ou Gaulois, Galates ou Celtes, qui ont habité nos pays dans des temps moins éloignés.

L'étymologie du nom de Chelles remonte à cette époque.

---

(1) E. d'Acy. *Bulletin Soc. d'Anthrop. de Paris*, 1884, p. 189 et suiv., 403 et suiv.; — 1887, p. 158 et suiv., 219 et suiv., — et *Revue des Questions scientif.*, octobre 1880, etc., etc.

Il se dit, en latin, *Kala* ou *Cala*, et provient du mot celtique *Kal*, c'est-à-dire lieu défriché et escarpé, abatis de bois (1).

Les Gaulois, en effet, avaient pour habitude de se fortifier dans leurs retranchements en jonchant le sol de troncs et de branches d'arbres, de pieux aiguisés qu'ils enfonçaient dans le sol.

Plus tard, lorsque les Romains s'emparèrent de la Gaule, ils cherchèrent à y faire pénétrer leur civilisation. Nos forêts, impénétrables jusqu'alors, furent entamées par la hache et sillonnées par ces indestructibles voies romaines, dont le territoire de Chelles recèle encore des traces.

C'est probablement à l'une ou à l'autre de ces époques qu'il faut assigner l'origine de son nom; mais nous ne le trouvons mentionné dans l'histoire que beaucoup plus tard, au berceau de la monarchie française.

Après la mort de Clovis Ier (511), Clotilde, sa pieuse veuve, désirant se créer une retraite, sans abandonner ses enfants, fixa les yeux sur Chelles.

La situation de ce lieu, tout près de Paris, répondit à ses desseins. Elle y fonda un petit monastère de vierges, avec une église sous le vocable de Saint-Georges (2).

C'est là que la marraine de la France, aux fonts baptismaux de Reims, aimait à venir prier pour la prospérité de son illustre filleule.

On y suivait la règle de saint Césaire : clôture, pauvreté, abstinence de viande, habit blanc et travail des mains.

Telle est l'origine du culte de saint Césaire à Chelles, longtemps conservé dans l'église abbatiale. Une chapelle fut érigée en son honneur où s'assemblèrent les évêques, réunis en 1008, pour le Concile de Chelles (3).

Nous n'avons aucun document sur la nature des biens que sainte Clotilde aurait laissés à son petit monastère, pour en

---

(1) Au milieu du viie siècle, on appelait les environs de ce pays « le Chellois ». C'est le nom qui lui est donné dans le testament de sainte Fare. (Toussaint-Duplessis, t. II, p. 2.)

(2) *Ann. Bénéd.*, t. I, p. 444, n° 54.

(3) *Ann. Bénéd.*, l. LIII, n° 1.

assurer l'existence, ni sur le temps qu'elle put y passer (1).

Après le massacre de ses petits-enfants, elle se réfugia à Tours, où elle termina sa vie, dans les exercices de la prière, de la charité et de la pénitence. Saint Grégoire de Tours fixe sa mort à l'an 537.

« Elle fut regrettée de tous les peuples du royaume, comme la mère commune de tous les Français ; le clergé la pleura comme sa protectrice, et les religieuses de Chelles comme leur auguste fondatrice » (2).

Ses fils, Childebert et Clotaire, rapportèrent ses dépouilles à Paris. Après de magnifiques funérailles, la reine défunte fut enterrée auprès de son époux, dans l'église des Apôtres Saint-Pierre et Saint-Paul, remplacée plus tard par l'église de Sainte-Geneviève.

On ne saurait assigner une époque précise à la construction de la *villa royale* de Chelles.

Cette maison de plaisance, rendez-vous de chasse au milieu de la forêt, ne peut être antérieure à Clovis. Paris, en effet, et tout le pays situé entre la Somme, la Seine et l'Aisne, ne tomba au pouvoir des Francs qu'après la défaite du Gallo-Romain Siagrius et l'extinction complète du pouvoir des Césars sur la Gaule.

M. le chanoine Denis dit, dans ses *Lectures sur l'histoire de l'Agriculture dans Seine-et-Marne*, que « ces propriétés étaient le fruit de la conquête, ou bien elles représentaient les domaines que le fisc romain administrait directement comme bien public. Les plus importantes de ces villas, celles nommées *Capitaneæ*, n'étaient autre chose que des palais. Outre les bâtiments construits pour le logement du prince, de ses officiers et de ses domestiques, il s'y trouvait toujours une forteresse pour servir de protection et de défense. Les villas devinrent d'autant plus considérables que le séjour du roi y était plus fréquent. N'oublions pas de dire que des terres arables étaient toujours annexées à ces domaines. Le

(1) Saint Grégoire de Tours, l. l.III.
(2) Dom Porcheron.

plus célèbre entre tous était *Chelles*, si souvent habité par les Mérovingiens » (1).

Saint Grégoire de Tours est le premier historien qui parle de cette villa, à propos de Chilpéric, le petit-fils de Clovis et et de sainte Clotilde. « *Villa Calensis, quæ distat ab urbe parisiacâ, quasi stadiis centum* » (2). (Villa de Chelles, éloignée de la ville de Paris environ de cent stades).

Plusieurs crimes l'ensanglantèrent.

Chilpéric, roi de Soissons, avait d'abord contracté mariage avec Audovère. Saint Grégoire de Tours, dont nous suivons le récit, nous apprend que trois enfants naquirent de cette union : Théodebert, Mérovée et Clovis. Parmi les servantes de la reine, une jeune fille, aussi astucieuse que belle, séduisit le cœur du roi. Audovère fut reléguée dans un monastère, et la trop fameuse Frédégonde prit la place de sa maîtresse.

C'était l'accouplement de deux monstres.

La plume tombe des mains en racontant leurs forfaits. Ils furent exécrables! Mais le Ciel un jour fit descendre sur leur tête les châtiments de la justice divine.

Trois enfants issus de l'adultère moururent successivement d'une affreuse dysenterie. Sous les étreintes de la douleur maternelle, le cœur de Frédégonde retrouva quelques inspirations de pitié pour la misère des autres. Elle sollicita du roi un allègement au sort des peuples, et, à sa requête, furent brûlés les registres d'impôts nouvellement établis. Mais ce n'était qu'une courte halte dans la voie de l'oppression. Elle revint bientôt à sa nature féroce.

Un dernier fils restait à Chilpéric, Clovis, né de son mariage avec Audovère. C'était l'unique héritier du trône de Neustrie. Frédégonde résolut sa perte.

En vain l'avait-elle déjà exposé à la mort en l'envoyant à Braine, où régnait la contagion dont ses propres enfants venaient d'être victimes. Le jeune prince revint sain et

---

(1) P. 50.
(2) Saint Grégoire de Tours, l. V, ch. xl, et l. VI, ch. xlviii.

sauf auprès de son père, à la villa de Chelles. C'est ici que cette femme sanguinaire allait mettre à exécution son infernal projet.

Le malheureux jeune prince avait eu l'imprudence de tenir un discours compromettant.

« Voilà, dit-il un jour, que mes frères sont morts et que tout le royaume me demeure. Les Gaules entières me seront soumises ; les destinées m'ont réservé l'empire universel. Mes ennemis sont tombés entre mes mains, et j'en ferai ce qu'il me plaira (1). »

Des courtisans rapportèrent ces paroles à Frédégonde. Elle pâlit de colère. « Sachez, ô reine, ajoutèrent les flatteurs, que, si vous êtes privée de vos fils, cela est arrivé par l'effet des trames de Clovis, car il est amoureux de la fille de l'une de vos servantes, et il a employé les maléfices de la mère à faire périr vos enfants ; n'espérez pas pour vous un meilleur sort (2). »

Ces paroles réveillèrent les instincts cruels de Frédégonde. Elle fit planter un tronc d'arbre devant les fenêtres de Clovis ; on entrouvrit le poteau et l'on enferma la jeune fille entre les deux moitiés qui se refermèrent violemment sur son corps et l'écrasèrent. Ensuite on mit la mère à la torture. Vaincue par la souffrance, la victime fit un aveu mensonger des forfaits qu'on lui imputait.

La preuve du crime de Clovis parut suffisante ; Frédégonde y ajouta le complot de parricide et d'usurpation. Le crédule Chilpéric se laissa convaincre.

Chelles va être le théâtre d'un nouveau forfait.

Un jour, le roi partit à la chasse dans la forêt. Son fils l'accompagna avec quelques leudes dévoués, entre autres Bobon et Didier.

Lorsqu'on fut engagé dans le bois, Chilpéric appela son fils, sous prétexte d'un entretien secret. Clovis obéit sans défiance.

---

(1) Saint Grégoire de Tours, l. V.
(2) *Ibid.*

Aussitôt, sur l'ordre du roi, Bobon et Didier saisissent le jeune prince, le dépouillent de ses armes et, après l'avoir garrotté, le livrent à la vengeance de sa marâtre.

Frédégonde bondit d'une joie féroce à la vue de sa victime. Cependant elle ne précipita pas le crime. Clovis fut jeté dans un cachot du palais. Pendant quatre jours, le prisonnier dut subir toutes les interrogations les plus perfides pour avouer son prétendu complot. Ce fut en vain. Clovis demeura ferme dans ses négations. Frédégonde eu voulu répandre plus de sang. Elle ne réussit pas, mais elle usa d'un stratagème odieux.

Des sicaires soudoyés emmenèrent Clovis de l'autre côté de la Marne, au village de Noisy-le-Grand, le frappèrent de coups de couteau au cœur et, laissant l'arme dans la plaie, l'enterrèrent sur-le-champ.

On vint raconter à Chilpéric que son fils, reconnaissant la grandeur de ses fautes et se jugeant indigne de pardon, s'était suicidé ; le cadavre portait la preuve de son crime ; l'arme était encore fixée dans la plaie.

Chilpéric écouta le récit, sans concevoir le moindre soupçon, sans même verser une larme.

Le lendemain, Frédégonde, afin de priver les dépouilles du malheureux prince d'une sépulture honorable, les fit déterrer et jeter dans la Marne ; mais le corps, au lieu d'être entraîné par le courant, alla se prendre dans les filets d'un pêcheur. Celui-ci reconnut Clovis à sa longue chevelure. Saisi d'un sentiment de respect et de compassion, il creusa une fosse sur le rivage, y déposa le cadavre et couvrit la tombe de gazon pour la reconnaître.

Plus tard, après la mort de Chilpéric, Gontran, son frère, voulut rechercher les corps de ses neveux assassinés. Sur les indications du pêcheur, le roi des Burgondes fit ouvrir la fosse. Les tresses de Clovis étaient encore intactes. Le corps fut transporté à Paris et enterré, après de magnifiques funérailles, dans la basilique de Saint-Vincent, aujourd'hui Saint-Germain-des-Prés (1).

---

1) Saint Grégoire de Tours, l. VIII, ch. x.

Cependant la soif de sang n'était pas encore apaisée dans le cœur de l'infâme concubine.

La mère de l'infortunée jeune fille, si cruellement écrasée sous les yeux de Clovis, demeurait prisonnière de Frédégonde. Les faux aveux que lui avait arrachés la violence de la torture, ne la sauvèrent point de la mort. Son supplice fut affreux. On la condamna à être brûlée vive. Tandis qu'on la conduisait au supplice, elle se mit à pousser de grands cris et à désavouer tout ce qu'elle avait déclaré sous la pression des tourments. Chilpéric demeura impassible ; la victime périt dans les flammes.

Il nous reste encore un crime à raconter, le plus célèbre, et dont l'histoire de France a toujours conservé le sanglant souvenir.

Chilpéric venait de marier sa fille Rigonthe à Reccared, fils du roi d'Espagne. Après le départ des jeunes époux, le roi se rendit à la métairie de Chelles pour se livrer à son exercice favori, la chasse.

Un soir qu'il revenait plus tard de la forêt, comme il mettait la main sur l'épaule d'un de ses serviteurs, en descendant de cheval, un homme s'approcha et le frappa de deux coups de skramasax sous l'aisselle et au ventre. Aussitôt, perdant le sang en abondance, tant par la bouche que par sa double blessure, « le Néron, l'Hérode du siècle, comme l'appelle saint Grégoire de Tours, exhala son âme méchante. »

« Il était adonné à la bonne chère et se faisait un dieu de son ventre. En fait de débauches et de luxure, ses actions surpassent tout ce que peut rêver l'imagination. Il passait sa vie à chercher les moyens de nuire à son peuple. Il n'aima jamais personne et personne ne l'aima. Dès qu'il eut rendu l'esprit, tous les siens l'abandonnèrent (1). »

L'abréviateur de Grégoire de Tours, Frédéghaire, impute le meurtre de Chilpéric à Brunehaut ; l'auteur du *Gesta Francorum* en charge Frédégonde elle-même. Il raconte que

---

(1) *Id.*, l. VI, ch. XLVI.

Chilpéric, avant de partir pour la chasse, entra dans l'appartement de la reine et lui donna par derrière un léger coup avec une baguette qu'il tenait à la main. « Eh bien ! s'écriat-elle, sans se retourner, que fais-tu donc, Landery? » Le roi ne dit mot, sortit brusquement et partit pour la chasse. Frédégonde comprit qu'elle était perdue si elle ne prévenait son mari. Elle manda en toute hâte son amant Landery, et le résultat de la conférence fut l'assassinat du roi.

Aussitôt après ce régicide, Frédégonde quitta Chelles pour se réfugier, avec son jeune enfant encore au berceau, dans la cathédrale de Paris. Tous les gens de la cour la suivirent, laissant le cadavre abandonné sur le bord de la voie romaine.

Cependant « Mallulphe, évêque de Senlis, qui, depuis trois jours, réclamait inutilement une audience, ayant appris sa mort, vint laver le corps et le couvrit de vêtements convenables. Puis, ayant passé la nuit à chanter des hymnes, il mit le cadavre sur une barque et l'ensevelit à Paris dans la basilique de Saint-Vincent (1).

Pendant ce tragique évènement, Childebert, neveu de Chilpéric et roi d'Austrasie, se trouvait à Meaux. Les trésoriers lui apportèrent les richesses nombreuses que son oncle avait amassées à Chelles et que Frédégonde, dans sa précipitation, avait abandonnées. Parmi les pièces d'orfèvrerie, on remarquait un magnifique bassin d'or enrichi de pierreries, pesant cinquante livres. Chilpéric avait fait fabriquer cette pièce curieuse, dans l'intention, disait-il, de montrer aux étrangers que les Français ne le cédaient en rien, ni en richesses, ni en magnificences, même aux empereurs.

Une pierre oblongue, en forme de colonnette, plantée dans une propriété privée (2), tout près de la route de Paris et du nouveau boulevard Chilpéric, s'appelle *Croix de Sainte-Beauteur*.

D'après une très ancienne tradition, cette pierre serait

---

(1) Saint Grégoire de Tours, l. V.
(2) Cette propriété appartient actuellement à Mme veuve Gasnier-Guy.

comme un monument expiatoire et commémoratif de l'assassinat du roi mérovingien. L'accord cependant n'est pas parfait entre les auteurs. L'abbé Lebeuf, dans un ouvrage sur les paroisses du diocèse de Paris, pense, sans donner aucune preuve à l'appui, que cette croix aurait été plantée par le maréchal de Biron, lorsqu'il vint en 1590 camper à Chelles, pour s'opposer à l'armée de la Ligue qui voulait surprendre Lagny; mais M. Carro, de Meaux, dans une petite notice sur la *Pierre de Chelles, dite de Chilpéric*, a montré, en

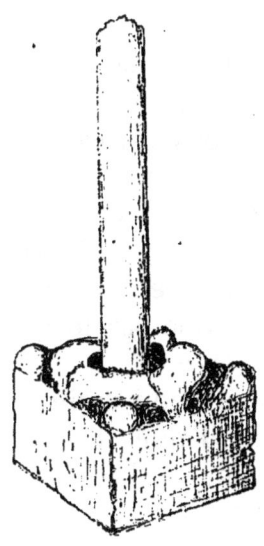

Pierre de Chilpéric.

s'appuyant sur le texte de saint Grégoire de Tours, sur celui de l'auteur inconnu du *Gesta Francorum*, et d'après la description même des lieux, que toute présomption est en faveur de la tradition populaire.

Le fils de Chilpéric et de Frédégonde n'oublia pas dans la suite la résidence de son père. Le souvenir du sang paternel, dans ces temps barbares où l'assassinat s'accomplissait presque sans remords, n'empêcha pas Clotaire II de donner à Chelles des fêtes et des chasses bruyantes.

« Un jour, vers l'an 600, saint Géry, évêque d'Arras et

de Cambrai, vint l'y trouver *in villa quæ Cala dicitur*, pour prendre soin de la vie des misérables. Au moment où il se trouvait près du monarque, il apprit que deux jeunes hommes détenus dans la prison, par les ordres du seigneur Landri, devaient le lendemain expier par leur mort les crimes qu'ils avaient commis. A cette nouvelle, il se sentit le cœur attendri, et, abordant avec respect le noble leude, il le supplia, par l'amour de Jésus-Christ, de faire grâce à ces malfaiteurs et de les lui confier, afin qu'il les remît dans la bonne voie qu'ils avaient eu le malheur de quitter. Landri restant sourd à ses prières, le saint évêque appela les disciples qui l'accompagnaient et alla avec eux réciter des prières toute la nuit dans l'une des églises du lieu. Le matin, les prisonniers, miraculeusement délivrés, accouraient à l'église pour remercier Dieu et son digne ministre, lui promettant qu'ils allaient purifier leurs consciences et mener une vie nouvelle. Quelques instants après, Landri lui-même entrait dans l'église pour y faire sa prière, et, frappé de ce qu'il avait sous les yeux, il ratifiait par une parole de pardon la délivrance des deux condamnés (1). »

Ce trait d'histoire, qui désigne une pluralité d'églises à Chelles, fait voir, d'après l'abbé Lebeuf, que cet endroit était dès lors devenu célèbre. Il y avait déjà l'église Saint-Georges pour le petit monastère. D'autre part, la maison du roi ne devait pas être sans oratoire. On prétend, non sans fondement, qu'il y avait une basilique sous le vocable de Saint-Martin, à laquelle succéda une chapelle dédiée au même saint, et dont on voyait encore les restes au dix-septième siècle. « Les malades attaqués de la fièvre, dit la petite notice manuscrite des abbesses de Chelles, y venaient implorer la guérison. »

L'établissement d'une église royale, sous le vocable de Saint-Martin, a sa raison d'être. On sait en effet qu'à l'époque des premiers monarques qui régnèrent sur la France, la chape de Saint-Martin était une des principales enseignes

---

(1) *Bollandistes* : Vie de saint Géry, 11 août

de la nation. Il n'est donc point étonnant qu'on ait élevé dans l'enceinte de la villa une église dédiée à Saint-Martin, pour recevoir l'étendard royal.

Une niche, contenant la statue du saint et placée dans le mur méridional de la rue qui porte son nom, indiquait récemment encore l'emplacement de la chapelle.

Ce mur clôt une propriété particulière dite le *Palais des Tournelles*. La tradition rapporte que deux petites tours détruites pendant la Révolution, et dont les assises n'ont disparu que ces années dernières, étaient des vestiges de la villa mérovingienne. La muraille longeant le chemin du Moulin, et sur laquelle sont adossés les communs de la nouvelle villa, paraît être d'une époque très ancienne. M. le chanoine Denis nous y a fait remarquer le grand et le petit appareil des constructions romaines.

Mais ce qui est hors de toute contestation, c'est que la villa royale était placée en ce lieu, derrière la clôture de l'abbaye, vers le levant. Enfin, les habitants du village devaient avoir également une église baptismale; et il n'y a pas d'inconvénient à considérer comme telle celle de Saint-André, rétablie plusieurs fois depuis (1).

Cette célébrité de Chelles s'accrût encore par les bons exemples que donnait le petit monastère de vierges. Sa réputation passa le détroit, et l'on vit de pieuses princesses, dégoûtées du monde, de son faste et de ses plaisirs, abandonner leurs palais somptueux, pour venir du fond de la Grande-Bretagne, enfermer dans le cloître leur jeunesse et leurs espérances.

L'histoire nous a conservé, parmi ces héroïnes chrétiennes, le nom d'Héreswide, fille d'Hèréric, prince des Northumbes. Mariée en premières noces à un prince dont on ignore le nom, elle épousa en second lieu Anne, roi d'Estanglie, et eut pour fils Adolphe, qui monta sur le trône des Anglais orientaux.

Cette princesse, ayant entendu raconter les merveilles de

---

(1) L'abbé Lebeuf.

la vie sainte que l'on menait à Chelles, fut éprise du désir d'y venir consacrer à Dieu le reste de ses jours. Elle s'en ouvrit à sa famille, qui applaudit à sa pieuse pensée. Aussi ne fut-elle pas seule à accomplir ce lointain voyage. Plusieurs princesses la suivirent, les unes pour trouver l'éducation chrétienne, les autres pour éprouver le secret de leur vocation.

Quelques auteurs (1) prétendent que Hilde, sa sœur, ayant reçu le baptême des mains de saint Paulin, à l'âge de quatorze ans, vint la retrouver en France et prit le voile dans le même monastère. Mais Héreswide étant morte en odeur de sainteté (2), Hilde quitta Chelles et s'en retourna dans sa patrie. Après s'être enfermée d'abord dans un petit couvent situé sur la Wère, elle en sortit pour être abbesse de Hortea. Ce lieu s'appelle aujourd'hui Hortlopool. Elle fonda ensuite une autre abbaye plus importante, et qui était double, à Streaneshalch, actuellement Vitby. Ses vertus y attirèrent un grand nombre de personnes de distinction. La sagacité de son esprit jointe à la sainteté de sa vie lui concilièrent une grande réputation parmi les Anglais. On venait la consulter de toute part. Les princes prenaient ses avis dans les affaires les plus importantes. Passionnée pour la lecture des Livres saints, elle en conseillait l'étude à tous ceux et celles qui lui étaient soumis. Aussi, du monastère d'hommes qu'elle avait fondé à côté du sien, sortirent des personnages savants et vertueux, qui s'appellent Rosa, Athba, Obkfort, Jean et Wilfride (3).

Une conférence célèbre eut lieu dans son abbaye touchant l'époque où l'on devait célébrer la fête de Pâques. Le concile de Nicée l'avait fixée au dimanche après le quatorzième jour de la lune de mars; mais les Irlandais, contrairement à l'usage romain, la célébraient ce jour-là, même quand il tombait le dimanche. Saint Colomban avait partagé cette

(1) Dom Mabillon, t. II, p. 776. — *Ann. Bénéd.*, l. Ier, p. 444. — *Petits Bollandistes.*
(2) Toussaint-Duplessis, p. 71.
(3) *Petits Bollandistes:* Sainte Hilde. 17 novembre.

erreur de sa nation. On peut voir dans Rohrbacher (1) quelles ont été les raisons apportées de part et d'autre dans la conférence. La doctrine romaine prévalut, et sainte Hilde, qui avait embrassé l'erreur de saint Colomban, se soumit.

Elle mourut à l'âge de soixante-trois ans (680). Son corps, inhumé à Streaneshalch, fut transporté dans la suite à Glastonbury (Sommerset).

On célébrait autrefois, dans l'église abbatiale, la fête de sainte Hilde le 17 novembre, et celle de sainte Héreswide le 1ᵉʳ septembre. Le calendrier historique de Paris dit de cette dernière : « Héreswide mourut à Chelles dans les exercices de la plus haute piété, au septième siècle, un premier décembre (2). »

Ses deux filles, Sédride et Etelberge, passèrent également en France et se rendirent au monastère fondé par sainte Fare, au diocèse de Meaux, ainsi qu'Erkingathe sa nièce, honorée sous le nom de sainte Aubierge, et sa petite-nièce sainte Artongathe. Celle-ci était également petite-nièce de Chilpéric et petite-fille de Caribert, roi de Paris, dont la fille Berthe avait épousé le roi de Kent.

Cependant le nombre des religieuses s'accroissait de jour en jour, et les bâtiments du monastère étaient trop restreints. La nécessité conseilla de les agrandir.

Il y avait alors sur le trône de France l'une de ces héroïnes chrétiennes qui jouèrent un rôle sublime dans nos destinées nationales. Le nom de Bathilde est trop célèbre dans l'histoire de l'abbaye de Chelles et trop cher à la piété des habitants de ce lieu pour que nous n'en racontions pas la vie en détails.

(1) T. X, p. 87.
(2) *Calendr. hist. de Paris*, p. 508.

CHAPITRE II

VIE DE SAINTE BATHILDE

... 680

Bathilde esclave. — Erchinoald. — Mariage. — Clovis II. — Régence. — Prédiction de saint Éloi. — Construction du nouveau monastère. — Mort d'Erchinoald. — Mort de saint Éloi. — Le calice du saint. — Ébroïn, saint Léger et Sigebrand. — Apparition de saint Éloi. — Mort de Clotaire. — Thierry et Ébroïn tondus. — Childéric. — Assassinats. — Thierry III. — Bathilde religieuse. — Vision de l'échelle mystérieuse. — Saint Genès. — Mort de sainte Bathilde et de sainte Radegonde. — Jugement de Dom Pitra. — Sépulture de la sainte. — Sa fête.

Une enfant jouait un jour sur le bord de la mer qui sépare la Grande-Bretagne du pays de France. Des pirates sarrazins, l'ayant aperçue seule et sans défense, loin de ses gouvernantes, s'emparèrent violemment de sa personne et l'emmenèrent en Syrie.

C'était la fille d'Eodbad, roi d'Angleterre, de la race des Saxons d'outre-mer.

Elle se nommait Bathilde (1).

Quelque temps après, ses maîtres la conduisirent vers les côtes de France, au milieu d'une troupe d'esclaves, pour être

(1) « Elle est appelée, dans les anciennes tapisseries du chœur, sainte Beaupteur, et encore à présent, par le peuple de Chelles, sainte Beauteur, au lieu que nos vieux historiens français la nomment sainte Beaudour. » (L'abbé Lebeuf, *Chelles*.)

vendue sur le marché public. Erchinoald, maire du palais sous Clovis II, roi de Neustrie, l'acheta à vil prix et la plaça parmi les familiers de sa maison.

Bathilde était chrétienne. Sa foi la consolait dans la captivité, et le souvenir de Jésus-Christ, vendu comme un esclave pour le rachat du monde, la fortifiait au milieu des épreuves inhérentes à l'état de servitude.

Cependant la jeune captive, dont la première éducation avait été soignée, se dépouilla bientôt de son extérieur d'étrangère. Elle prit aisément les manières aimables et distinguées propres à la nation française. Belle, pieuse, réservée dans ses paroles, prudente et modeste dans ses actes, répandant autour d'elle comme un parfum d'honnêteté, et ajoutant aux charmes du visage une démarche pleine de dignité, la jeune vierge trouva grâce devant les yeux de son maître. Il l'attacha au service de sa table, aux soins de l'appartement et de l'office. Bathilde devait lui présenter la coupe pendant le repas et se tenir le plus souvent possible près de lui.

Sa femme étant morte, Erchinoald voulut épouser son esclave. Les propositions du maître alarmèrent la pudeur de Bathilde ; mais la craintive enfant ne sut répondre que par la rougeur de son front. Ce silence virginal fut interprété pour un tacite consentement.

On prit en conséquence toutes les dispositions pour la cérémonie des noces. Déjà la cour se préparait aux fêtes nuptiales, et chacun s'empressait d'adresser de joyeuses félicitations à la jeune fiancée.

Elle seule demeurait triste et pensive.

Dieu avait d'autres desseins sur sa servante.

Poussée comme par une force secrète et un violent désir de conserver sa virginité, Bathilde prit la fuite.

Les uns disent (1) qu'elle se cacha dans un grenier, sous un monceau de vieux haillons ; les autres (2) que, déguisée en mendiante, elle sortit du palais et se retira dans un ermitage

---

(1) Vincent Belloy.
(2) *Petr. Nat.*

jusqu'au jour où, Erchinoald s'étant marié avec une autre princesse, elle put revenir au palais parmi les compagnes de son esclavage.

Touché des rares vertus de sa servante, le maître lui pardonna volontiers son refus et n'éprouva désormais pour elle qu'une affection toute paternelle. Depuis cette époque, elle put tenir à la cour du roi de France le rang que lui assignait sa haute naissance. Les grâces de Bathilde n'en devinrent que plus séduisantes. Aussi Clovis, âgé de dix-sept ans, ne put-il résister aux charmes de la jeune Anglaise. Le Mérovingien voulut en faire une reine.

« Je suis votre esclave, répondit Bathilde, et de gré ou de force il faudra que je me soumette à votre volonté.

« Une esclave, lui dit le roi, ne saurait s'asseoir sur le trône de France ; je vous déclare libre, et libre aussi de refuser ma main.

« Merci, Seigneur, repartit la jeune fille, merci de la grâce que vous m'accordez et de l'honneur que vous voulez bien me faire ; mais la liberté que vous me rendez me constitue de nouveau sous la tutelle de mon père, et je ne puis accepter vos offres qu'avec le consentement du roi d'Angleterre (1). »

Or, parmi les conseillers du jeune Clovis II, se trouvait le comte Rigobert, homme accompli, sujet dévoué, prudent dans les conseils et vaillant à la guerre, mais surtout bon chrétien. Le roi le chargea de passer en Angleterre et de négocier son mariage avec Bathilde. Le comte s'acquitta de cette mission délicate à la satisfaction des diverses parties. Il obtint pour son roi une épouse accomplie et dota la France d'une grande reine et d'une grande sainte.

« Ainsi, dit un vieil auteur (2), cette rose de Saxe, plantée au milieu des fleurs de lys, leur rendra une odeur suave et leur donnera même un bonheur incomparable. »

(1) *Petits Bollandistes* : Sainte Bathilde, 30 janvier.
(2) Extrait d'une *Vie de sainte Bathilde*, provenant du couvent ; mais, le premier feuillet ayant été déchiré, le nom de l'auteur nous est inconnu.

Quelque temps après le mariage, la jeune épouse sentit qu'elle allait devenir mère. De vives et poignantes inquiétudes s'emparèrent de son âme. L'enfant qu'elle porte dans son sein sera-t-il une fille? Et alors que deviendra le royaume? Tombera-t-il en quenouille?

La cour était alors honorée par la présence d'un grand ministre et d'un grand saint. D'orfèvre, Éloi était devenu évêque de Noyon. La reine lui confia la cause de ses alarmes.

« Ne craignez rien, répondit l'évêque, vous mettrez au monde un fils, et j'en serai le parrain. »

Il le fut en effet et le nomma Clotaire.

Dieu bénit encore Bathilde. Deux nouveaux fils, Childéric et Thierry, augmentèrent la famille royale (1).

Le roi et la reine vivaient en paix. Ce bonheur ne dura pas longtemps. Clovis tomba malade. Excès de table et excès de débauches empoisonnèrent les sources de la vie. Une infirmité plus triste peut-être que la maladie elle-même et qui n'en fut d'ailleurs que le honteux résultat, la folie, vint mettre le comble à la situation malheureuse du malheureux roi. L'imbécillité se déclara d'une manière étrange (2).

Clovis était venu prier sur le tombeau des saints martyrs Denis, Rustique et Eleuthère, lorsqu'il lui prit fantaisie de faire ouvrir le sépulcre. Une curiosité peu respectueuse plutôt que la piété avait inspiré cette action. Le prince, à l'instigation de l'esprit malin, porta une main sacrilège sur le bras de saint Denis et s'en empara. Aussitôt, ajoute la chronique, il fut pris d'une sorte de stupeur et tomba en démence.

La maladie avait des accès violents; cependant le roi retrouvait parfois la lucidité de son esprit. Nouveau Saül, il put se rendre compte de son état, souhaiter la guérison et travailler à l'obtenir.

Dans cette espérance, il prodigua de nouvelles richesses

---

(1) *Vie de saint Eloi*, par saint Ouen, l. II, ch. XXXI.
(2) Gesta *Reg. franc.*, cap. XLIV.

à l'abbaye de Saint-Denis. Après avoir fait enchâsser dans l'or et les pierres précieuses le redoutable ossement, il le fit pieusement replacer dans le tombeau sacré ; mais jamais il ne retrouva, pendant le reste de sa vie languissante, qu'une faible part de sa raison égarée.

Alors le mérite et les hautes vertus de la reine brillèrent avec plus d'éclat. Elle était douce et empressée auprès de son époux comme une mère, respectueuse envers les prêtres du Seigneur comme une fille, bonne pour la jeunesse comme une tendre nourrice, aimable envers tous, fortement attachée aux hommes d'église et aux moines, toujours occupée de répandre dans le sein des pauvres d'abondantes aumônes (1).

Du reste l'infortuné Clovis était lui-même très charitable. On le voyait compatir à toutes les misères de son peuple. Dans une famine survenue vers l'an 651, quelque temps avant sa folie, il alla reprendre, aux tombeaux des martyrs ensevelis dans la basilique de Saint-Denis, les lames d'argent dont les avait revêtus Dagobert. Après les avoir fait convertir en monnaie, il chargea l'abbé de les dispenser lui-même aux membres souffrants de Notre-Seigneur Jésus-Christ. En échange, l'abbaye reçut une exemption de la juridiction épiscopale dans une assemblée de prélats. Landri, évêque de Paris, la confirma volontiers.

Sans doute les œuvres de miséricorde ne nous servent pas toujours sur la terre de bouclier contre le malheur, mais elles sont de nature à nous suivre au delà du tombeau. Si donc, après avoir raconté les infortunes personnelles de Clovis II, les narrateurs des vieux âges ajoutent qu'ils n'ont plus rien d'important à noter sur les derniers jours de ce roi, nous pouvons espérer que sa charité et la pieuse mort que lui a procurée sainte Bathilde lui auront fait trouver grâce auprès du Souverain Juge (2).

Il rendit le dernier soupir entre les bras de sa digne épouse,

---

(1) *Ex vitâ S. Bath. apud script. rerum Gall. et franc.*, t. III, p. 572.
(2) Ph. de Maintenon, *Dyn. mérov.*, p. 123-126.

lui exprimant la plus vive reconnaissance pour les soins tendres et affectueux qu'elle lui avait prodigués pendant leur union (656).

Les trois fils de Clovis n'étaient encore que de tout jeunes enfants. Clotaire, l'aîné, avait à peine cinq ans. La reine, leur mère, fut déclarée régente. Contrairement au vieux droit mérovingien, les jeunes princes ne partagèrent pas également l'héritage paternel. Voici comment un savant historien, M. de Foncemange, explique cette dérogation aux usages des Francs.

« La Neustrie et la Bourgogne étaient unies depuis Clotaire II, et on ne connaissait plus en France que deux royaumes, celui des Austrasiens et celui des Français, car ce nom était devenu propre aux Neustrasiens et renfermait les Bourguignons qui leur étaient adjoints. Suivant cet arrangement qui subsistait depuis soixante ans, les états de Clovis II ne pouvant être divisés en deux parties, il était conforme à la maxime que j'établis, que le plus jeune des trois frères fût exclu par les deux autres (1). »

Clotaire fut donc nommé roi de Neustrie avec Erchinoald pour maire du palais ; Childéric reçut la couronne d'Austrasie où la mairie échut à Ulfoald. Neustriens et Bourguignons se fondirent dans une grande unité. Les peuples et leurs chefs, dominés par la sagesse de la reine-mère, la reconnurent pour protectrice et régente. Sa bonté, sa douceur, sa prudence, alliées à une vigueur vraiment virile, maintinrent la concorde et la paix. Ce fut chose merveilleuse de voir ces fils des Sicambres supporter sans le moindre murmure la tutelle d'une femme.

La gloire de cette tutelle place sainte Bathilde parmi les nobles femmes que Dieu s'est toujours plu à envoyer, aux heures difficiles, sur le sol de notre pays, pour adoucir les misères, combattre les fléaux et relever l'honneur national.

Sa tendre sollicitude répandit sur son peuple les mille trésors de la charité chrétienne.

---

(1) *Mémoire de l'Académie des Inscriptions et Belles-Lettres*, t. VI, p. 714

De criants abus affligeaient le royaume, Bathilde les réforma. Sa fermeté se manifesta d'abord contre les simoniaques. Un édit supprima toute taxe pour la collation des ordres sacrés et pour aucune fonction épiscopale.

Une autre coutume impie, vieux reste de la domination romaine et du joug imposé jadis aux Gaulois vaincus, *la Capitation*, écrasait le père de famille; celui-ci devait payer une redevance pour chaque tête d'enfant. Cet impôt personnel était devenu tellement lourd que plusieurs maudissaient la fécondité de leurs épouses, vendaient leurs enfants et même les frappaient de mort. Bathilde abolit une si lamentable exaction, et rendit ainsi à la famille cette douce joie avec laquelle on accueille toujours le nouveau-né dans la maison paternelle.

La vente des esclaves déshonorait encore le marché français. La reine, jugeant ce trafic comme contraire à l'Évangile et à la liberté des enfants de Dieu, en proscrivit l'usage.

« Terre de France, terre franche. » Cet adage, dit M. le chanoine Denis, remonterait donc au règne de sainte Bathilde. Ainsi le noble cœur de cette sainte veuve n'avait point oublié les malheurs de sa première jeunesse (1). » Son édit plein de sagesse, sans bouleverser les conditions que la Providence a établies pour l'harmonie de la Société civile, adoucit le sort de la servitude. Les maîtres commandèrent avec douceur et les serviteurs obéirent avec amour.

C'est ainsi que, sous le gouvernement tout maternel de cette régence, la France jouit d'un grand bonheur. Les peuples l'acclamèrent de leurs plus vives bénédictions.

Malheureusement la miséricorde et la sagesse ne suffisent pas à écarter du chemin de la vie les épines dont il est jonché. La sainteté et les vertus de Bathilde ne la mirent point à l'abri de la malice des méchants. Dieu permit cette épreuve pour offrir en elle aux Français un admirable exemple de patience, et pour ménager dans le ciel à son humble servante une plus brillante couronne. La calomnie ne recula

---

(1) *Lectures sur l'Histoire de l'Agriculture de France*, p. 38. Meaux.

pas devant une odieuse imputation contre la pureté de ses mœurs ; mais l'infâme accusation ne servit qu'à mettre en relief son noble cœur. Bathilde, supérieure par la délicatesse de sa conduite à de pareils soupçons, se vengea, à la manière des saints, par la prière et l'oubli. Sa piété lui inspira l'heureux projet de chercher une diversion à ses peines dans les bonnes œuvres, dans la décoration des autels et dans l'établissement d'un grand nombre d'églises et de monastères. Corbie, Jumiége, Luxeuil, Jouarre, Faremoutiers, Fontenelles jouirent pendant de longs siècles de ses pieuses libéralités. Rome elle-même ne fut pas oubliée. L'église Saint-Pierre et Saint-Paul reçut des présents d'une magnificence royale (1).

Ses aumônes étaient inépuisables.

Un jour, un religieux se présente au palais pour implorer sa charité :

« Donnez, dit-elle à son trésorier, une bonne somme d'argent à cet homme de Dieu afin qu'il prie pour la France.

« Je ne le puis, répondit le trésorier. Il faut que vous sachiez, princesse, que vos coffres sont vides. Aurions-nous d'ailleurs des montagnes d'or et des mines d'argent, nous ne pourrions suffire à vos trop grandes générosités.

« Mon ami, repartit la reine, nous sommes plus riches que vous ne pensez. » Et, détachant aussitôt la ceinture d'or qu'elle portait :

« Tenez, mon Père, dit-elle au religieux, voilà le présent que j'offre à votre couvent ; priez pour le roi, mon époux, pour mes enfants et pour moi (2). »

L'argent semblait se multiplier dans les mains de la sainte princesse ; pendant qu'elle vidait les coffres de l'épargne pour remplir ceux de Dieu, qui sont les pauvres, Dieu semblait vouloir épuiser les siens pour combler la France de ses bénédictions (3).

Mais si, d'après le conseil de l'Évangile, sa main droite

(1) *Petits Bollandistes* : Sainte Bathilde, 31 janvier.
(2) *Vie de sainte Bathilde,* provenant du couvent
(3) *Bolland.,* Vie de S. Bath.

ignorait ce que donnait sa main gauche, elle veillait cependant avec soin sur l'emploi que les religieux faisaient de leurs biens.

Sa conscience lui dicta des lettres pressantes aux abbés de Saint-Germain-des-Prés et de Saint-Pierre de Paris, de Saint-Denis en France, de Saint-Médard de Soissons, de Saint-Aignan d'Orléans, de Saint-Martin de Tours et de plusieurs autres monastères, pour les exhorter à maintenir l'observance de leurs règles et à diriger leurs sujets dans la voie de la perfection monastique (1).

Entre temps, une prédiction de saint Éloi avait fait pressentir la fin prochaine de la régence.

Une vision avait révélé au pieux évêque, avec la mort de Clovis II, l'histoire de sa famille.

Saint Ouen la raconte de la manière suivante (2) :

« Je voyais, dit saint Éloi, le soleil s'avancer vers la troisième heure du jour et briller d'une grande clarté, lorsqu'il disparut tout à coup... Je vis en sa place une lune entourée de trois étoiles tenir la même route. Elle disparut aussi avant le midi.

» J'aperçus les trois étoiles darder leurs rayons; mais bientôt la plus brillante ne parut plus. Les deux autres continuèrent quelque temps leur route; mais une d'elles s'éclipsa encore, et celle qui resta devint si lumineuse qu'elle égalait la clarté du soleil.

» Or, voici le sens de la vision. Après la mort du roi Clovis, car il mourra sans aucun doute bientôt, la reine, sa veuve, gouvernera pendant quelques années le royaume des Francs, avec ses trois fils encore jeunes; puis elle-même étant retirée du royaume, en y laissant ses trois fils, un des trois succombera après un intervalle qui ne sera pas long; un des deux sera privé de la royauté et le troisième, obtenant seul la monarchie, s'élèvera au-dessus de tous ses parents et sera maître de trois royaumes. Et ainsi sera consommée la vision (655). »

(1) *Bolland., Vita S. Bath.*
(2) *Vie de saint Eloi*, par saint Ouen, 2ᵉ partie, ch. xxxi

Tel avait été le récit du saint. Déjà la prophétie avait reçu un commencement de réalisation par la mort de Clovis II. Nous allons voir le reste s'accomplir en sainte Bathilde et le règne successif de ses trois enfants.

La reine, en effet, dégoûtée du monde et de ses grandeurs, ne respirait plus qu'après une douce solitude, où, vivant avec les anges, elle pût s'approcher davantage du souverain Bien.

Elle confia son dessein à des amis : « Allez, dit-elle, cherchez-moi, dans les environs de Paris, un lieu d'où l'on puisse contempler le ciel sans nul empêchement, afin d'y bâtir un monastère. »

La terre lui semblait trop basse et l'air de la Cour trop lourd, pour y pouvoir considérer à son aise les beautés du firmament et y contempler les délices de l'autre vie!

On alla donc à la recherche. Le choix tomba sur Chelles. La situation de ce lieu, au pied d'une petite colline qui domine la Marne, parut réaliser les désirs de sainte Bathilde.

Telle fut l'occasion providentielle de la transformation du petit couvent de sainte Clotilde en cette royale abbaye dont nous nous proposons de raconter l'histoire.

De nouveaux édifices s'élevèrent à la place des anciens pour loger une communauté plus nombreuse. Une belle et vaste église d'une grande magnificence couronna le groupe de construction. On y voyait trois autels : Sainte-Croix au milieu, Saint-Georges et Saint-Etienne à droite et à gauche (1).

La reine n'attendit pas l'achèvement de la basilique, dont la dédicace n'eut lieu qu'en 662, pour organiser le nouveau monastère. Elle le dota de grands biens en terres, seigneuries et forêts. Les princes signèrent la charte et y apposèrent leurs sceaux. Sainte Bathilde la confirma par le témoignage du Ciel ; de grandes imprécations furent formulées, au nom de la Sainte-Trinité, contre les sacrilèges qui oseraient mettre la main sur ces biens (656).

(1) *Gall. christ.*, t VII.

Dom Mabillon fait mention d'une autre donation testamentaire qui aurait été faite par une dame Hermintrude. Cette donation consistait en une pièce de vigne située sur le territoire de Thorigny. Un nommé Pinpon la faisait valoir. L'église de Chelles s'appelait encore Saint-Georges (1).

Lorsqu'on apprit le projet qu'avait formé sainte Bathilde de se retirer dans son couvent de Chelles, toute la Cour s'empressa de mettre obstacle à son désir. L'un des principaux seigneurs se présenta devant la reine. L'auteur inconnu de la vie de sainte Bathilde, provenant du couvent, lui met le discours suivant dans la bouche :

« Madame, je suis chargé de dire à Votre Majesté combien nous réprouvons la fatale résolution que vous avez prise d'abandonner le royaume et de vous retirer à Chelles. Si votre résolution est bonne, nous en avons pris une meilleure, celle de nous enfuir et de mettre la France à l'abandon. Si elle est mauvaise, pourquoi la prenez-vous ? Jamais cependant vous n'avez la coutume d'agir sans prendre conseil. Pourquoi, cette fois, faites-vous le contraire ? »

« Je vous laisse à penser, ajoute l'historien, si l'orateur avait bien étudié sa leçon, et s'il omit rien de l'éloquence nécessaire pour dissuader la sage reine qui, de vrai, était la meilleure princesse de la terre. Elle lui répondit, en souriant, qu'elle prenait en bonne part tout ce qu'il lui avait dit, qu'elle n'avait d'autre ambition en ce monde que le bien de l'État, qu'elle se consolait grandement de ce qu'ils avaient sa régence et sa conduite agréables, qu'elle ne précipiterait rien dans cette affaire, et qu'elle n'irait jamais à Chelles sans leur avis, mais qu'elle savait bien que Dieu les toucherait tellement qu'ils l'y conduiraient eux-mêmes. »

Ces dernières paroles étaient prophétiques ; mais, avant leur accomplissement, Bathilde devait préalablement boire le calice d'amertume que lui réservait la Providence, au milieu des difficultés de la Régence.

La mort d'Erchinoald fut la première de ces épreuves.

(1) *Vineæ pedatura una sita Tauriniaco et quem Pinpo colit Basilicæ Domni Georgii Calæ dari præcipio.* (Leboeuf, *Chelles.*)

Elle priva le royaume d'un puissant appui. Les circonstances dans lesquelles arriva cet événement méritent d'être rapportées.

Erchinoald avait une grande confiance dans les lumières de l'évêque de Noyon. Ses avis étaient appréciés par les conseillers de la régence. Un jour, le maire du palais le fit appeler, le priant de l'accompagner dans un voyage où les affaires de l'État étaient engagées.

Saint Éloi parut d'abord peu disposé à se rendre aux désirs d'Erchinoald. Comme on le pressait de répondre : — « Eh bien, mes frères, dit-il, pourquoi voulez-vous que je me donne cette fatigue? Cet homme va là, mais il n'en reviendra pas en vie. »

Il partit cependant. Se promenant un soir avec son diacre, devant la porte de l'hôtel où ils étaient logés, une colonne de feu descendue du ciel pénétra tout à coup dans la chambre d'Erchinoald.

« C'est le présage de sa mort prochaine, dit Éloi à son diacre. »

Effectivement, un mal inconnu, qui lui brûlait les entrailles, le frappa aussitôt et le mena en peu de jours aux portes du tombeau.

Le moribond fit appeler le saint.

« Priez pour moi, lui dit-il, afin que je guérisse.

« Telle n'est pas la volonté de Dieu, répondit le prélat ; vos jours sont comptés et le Seigneur vous exhorte à faire pénitence. Pour vous bien préparer à mourir, il vous faut, sur l'heure même, restituer le bien mal acquis et donner aux pauvres les sacs pleins d'or et d'argent que vous avez fait apporter avec vous. Tout ce que vous laisserez dans vos coffres ne servira qu'à votre condamnation (1). »

Le conseil était sage, mais, aussi avare qu'il avait été rapace, ce mauvais riche apporta tant de délais qu'il mourut sans avoir satisfait à la justice de Dieu (657).

Saint Éloi néanmoins fit enlever le corps et lui donna une

---

(1) *Petits Bollandistes.*

sépulture honorable dans l'église de Mont-Saint-Quentin, près de Péronne. Cette église avait été bâtie aux frais du maire du palais par des aumônes abondantes qu'avait obtenues saint Furcy, premier abbé de Lagny. Mais à quoi peuvent servir les libéralités, si grandes qu'elles soient, quand elles sont faites avec les dépouilles du peuple? Dieu ne pardonne qu'aux cœurs contrits, et après juste satisfaction envers le prochain.

Saint Eloi suivit de près le puissant ministre dans la tombe. La maladie fut courte ; elle suffit cependant à la plus sainte préparation. Aussitôt que la reine en eut connaissance, elle partit pour Noyon avec les trois princes ses fils. Elle arriva trop tard.

« La reine, dit saint Ouen, entra dans la ville en toute hâte, pleurant et gémissant de ce qu'elle n'avait pu le voir encore avant sa mort; et, lorsqu'elle fut restée prosternée longtemps devant le cercueil et qu'elle eut prié avec sanglots, elle ordonna de préparer tout pour que le corps du saint fût transporté dans son monastère de Chelles ; mais, lorsqu'on vint pour enlever le cercueil, on ne put le remuer tant il était pesant... La reine s'approcha aussi, voulant en faire l'épreuve par elle-même, mais ce fut comme si elle eût tenté de soulever une montagne énorme, et elle ne put venir à bout de le remuer... » (659)

Bathilde, reconnaissant à ce signe la volonté de Dieu et le désir du saint de rester parmi ses enfants, renonça à son projet. « Aussitôt qu'elle eut pris cette détermination, on essaya de nouveau de soulever le cercueil qui devint si léger que deux hommes pouvaient le porter facilement (1). »

« De semblables récits peuvent nous faire sourire, nous qui les lisons dans de vieux livres écrits par des hommes d'un autre âge; mais, à cette époque, quand ces légendes passaient de bouche en bouche, comme l'expression vivante et poétique des sentiments et de la foi populaires, on deve-

---

(1) Trad. de la *Vie de saint Eloi*, par saint Ouen, par M Barthélemy p. 256.

Calice de saint Éloi.

nait pensif et l'on pleurait en les écoutant raconter (1). »

Si le monastère de Chelles n'a pas eu l'honneur de donner la sépulture aux restes de saint Eloi, il a pu du moins, dans la suite des temps, obtenir le *Chef* de ce grand évêque et conserver, comme souvenir, un Missel, une Bible et surtout un *beau calice* qui lui avaient appartenu.

C'est ce vénérable monument qu'André du Saussay vint admirer à Chelles en 1651, et dont il fit faire un dessin que l'on trouve dans sa *Panoplia sacerdotalis* (2).

« Au mois de juin dernier, dit-il, me trouvant à Chelles, antique et noble abbaye de filles, qui dépend du diocèse de Paris, je demandai à voir les saintes reliques. Parmi les pièces les plus précieuses du trésor de l'église, les religieuses chargées du soin de la sacristie me montrèrent et me donnèrent à toucher le calice de saint Eloi, évêque de Noyon, fabriqué de la main même du saint confesseur; il est d'or très pur, le haut et le bas de la coupe sont ornés extérieurement d'une rangée de pierreries, et, à mesurer de la base, le vase a à peu près un pied de hauteur. Son ouverture est un peu plus étroite que celle de nos calices, mais l'intérieur est plus large et plus profond, puisqu'il contient presque une *hémine* (3)... Ce qui en fait tout l'éclat, ce sont les émaux fondus et coulés avec une grande habileté... Outre cela, le calice présente un spécimen d'une antiquité si vénérable et d'une forme si rare que nous avons pensé être agréable à nos pieux lecteurs en leur en offrant une image aussi fidèle que possible (4). »

Ch. Lecointe, Gérard Dubois, Dom Martène et l'abbé Lebeuf s'expriment dans le même sens sur l'or et les émaux qui enrichissent ce calice. Il aurait été donné au monastère par sainte Bathilde pour servir à la communion sous les deux espèces encore en usage à cette époque.

M. Eugène Grésy a fait touchant ce sujet une savante dis-

(1) Aug. Thierry, *Premiers récits des temps mérovingiens*.
(2) Biblioth. de l'Arsenal.
(3) L'hémine équivalait à 16 onces de liquide pesant.
(4) *Panoplia sacerdotalis*, lib. VIII, cap. vii, p. 200.

sertation intitulée : *Le calice de Chelles, œuvre de saint Eloi* (1). L'auteur montre comment saint Eloi a pratiqué l'émaillerie, fait l'historique du calice et termine par une description du vase sacré, d'après le dessin de du Saussay.

Voici un abrégé de cette description. On voit que le calice de saint Eloi présente la forme hiératique, celle que devait affecter le calice du Christ lorsqu'il institua la Cène. Le poids peut être évalué à une vingtaine de livres, non compris la patène, qui fut fondue au quatorzième siècle et qui avait les dimensions d'un véritable plateau.

Son ornementation toute mérovingienne est d'une simplicité grave et imposante. Pas le moindre détail qui puisse faire soupçonner une adjonction à l'œuvre primitive. Le travail d'émail n'accuse guère un art plus avancé que celui des émaux gaulois. La forme rectangulaire des cloisons de l'échiquier, qui sont toutes taillées sur le même patron, occupe une si grande place sur la coupe qu'il faut admettre non l'incrustation de mastics ou de verroteries à froid, mais le procédé de l'infusion d'émaux fondants.

Les guirlandes de rhombes disposées en feuilles de fougère, dont l'émail rouge (2) divise verticalement les compartiments précédents, les filets de perle ciselés en relief, qui se prolongent jusqu'à la base gaudronnée de la coupe et la séparent horizontalement du nœud central, tout ce genre de moulures à renflements métalliques caractérise d'une manière indubitable l'époque mérovingienne.

Les médaillons elliptiques et les larges galons d'orfèvrerie dans lesquels sont serties les pierres cabochons, à l'orifice et au bas de la coupe, paraissent être des pièces d'applique qui formaient légèrement saillie.

Sur le nœud du calice on voit une charmante petite ceinture d'orfèvrerie que relie, de distance en distance, un fermail enrichi de perles fines et rehaussé d'émaux rouges et

---

(1) *Antiquaires de France*, t. XXVII.

(2) Toutes les couleurs des émaux et de l'or sont exprimées, sur la gravure, par la direction donnée aux tailles, conformément aux règles de l'art héraldique.

verts en losange et en damier. Ce travail est d'une admirable délicatesse. Quant aux cabochons, dont la couleur n'est pas indiquée sur la gravure, pour ne pas nuire à l'effet du modelé, il est assez probable que c'étaient des saphirs et des cristaux de roche.

Plusieurs galons décorés de zigzags ciselés en relief s'entrecroisent sur l'évasement du pied; les rosettes à quatre pétales qui les renouent entre eux paraissent seules émaillées de perles rouges. Ces galons nous rappellent les courroies dorées qui formaient un treillis régulier sur les *Tibialia* des Romains et des Francs.

Telle est en abrégé la description de ce joyau mérovingien. La Révolution l'a anéanti en le jetant dans le creuset (1); mais « l'artiste qui l'a ciselé, dit en terminant M. Grésy, n'a rien perdu de l'éclat de sa renommée. A lui toujours le sceptre de l'orfèvrerie française et à lui la gloire d'abriter sous son patronage cette vaillante légion d'artistes qui, dans mille ans encore, seront glorieux et fiers de blasonner leurs marteaux sur la bannière du grand saint. »

Si la mort de saint Éloi priva la reine d'un père spirituel et d'un sage conseiller, celle d'Erchinoald fut plus malheureuse encore pour la régence. Un homme ambitieux, violent, dominateur, rapace, lui succéda à la mairie du palais. Ebroïn est son nom.

Bathilde sentit bientôt le besoin de s'entourer, pour lui résister, de soutiens vigoureux, d'esprits vraiment éclairés. Pensa-t-elle un instant à appeler auprès d'elle Diddo, évêque de Poitiers, « cet habile et violent politique » qui, « à l'insu de tout un peuple, » avait conduit en exil Dagobert, fils de Sigebert II ? On serait tenté de le croire. « D'une activité féconde en ressources, rompu dans les intrigues du palais, ayant traversé l'administration loyale et cauteleuse, belli-

---

(1) « Le 23 juin 1792, procès-verbal fut dressé par les commissaires du district de Meaux, pour constater l'argenterie inutile au culte dans l'abbaye de Chelles ; l'abbesse et les religieuses remirent aux commissaires, entre autres pièces, deux calices, dont un de vermeil, un autre calice venant des reliquaires, *étant de saint Éloi.* » (*Arch. dép.*)

queuse et sacerdotale de Clotaire II et de Dagobert Iᵉʳ » ; on ne pourrait douter que ce prélat n'entendit merveilleusement les affaires.

Mais comment ne pas craindre qu'il fût plus préoccupé de son propre succès que « des intérêts de deux pupilles et de leur mère? (1) »

Il est toutefois certain que Bathilde sut le décider à envoyer près d'elle son neveu Léodégar ou Léger. C'était un homme jeune encore, « Franc d'origine, issu d'une noble famille, beau, au langage séduisant et vif, remarquablement pieux, rempli de sagesse, versé dans la science des livres canoniques et du droit civil (2). »

Après avoir exercé près de son oncle les importantes fonctions d'archidiacre, Léger prit l'habit de moine dans le monastère de Saint-Maixent dont il fut abbé. Sur les sollicitations pressantes de la reine, l'évêque, son oncle, lui enjoignit de quitter le cloître pour le palais de la régente. Le saint obéit et sut si bien se concilier l'estime de la cour qu'on le proclama digne de la mitre et de la crosse. Il devint évêque d'Autun.

Un autre prélat partageait aussi les conseils de la reine, Sigebrand, évêque de Paris. Autant l'évêque d'Autun était humble, doux, aimé de tous, autant celui de Paris était fier, violent, détesté des seigneurs de la Cour.

Le farouche Ebroïn, sentant sa puissance s'affaiblir, résolut de se défaire des conseillers de la reine. Sigebrand fut la première victime. Le maire du palais le fit assassiner publiquement au milieu de son peuple.

Cet odieux massacre plongea Bathilde dans la plus vive douleur et dans un profond dégoût du pouvoir. Elle savait qu'Ebroïn tantôt se plaignait d'avoir les mains liées par elle, tantôt au contraire agissait, pillait, égorgeait, et, par surcroît d'hypocrisie, lui attribuait la pensée première de telles violences. D'autre part, les grands, compromis dans

---

(1) Dom Pitra, *Hist. de saint Léger*, p. 7 et 8.
(2) *Hadr. Val. Rer. franc.*, t. III, l. XXI, p. 233.

le meurtre de Sigebrand, redoutaient la juste répression de leur crime. L'énergie de la reine, au service d'un grand esprit de justice, inspirait la crainte à tous les malfaiteurs publics, quels qu'ils fussent, grands ou petits.

Depuis longtemps Bathilde avait manifesté le désir de se retirer du monde. Nous avons rapporté plus haut ses paroles prophétiques à ce sujet. Elles vont se réaliser.

Ceux qui avaient paru s'opposer davantage au départ de la reine furent les plus empressés à lui conseiller la retraite (1).

Le jeune Clovis devenait adulte. Son âge lui permettait de régner. Mais les obligations du sceptre étaient-elles bien sérieuses entre les mains d'un roi fainéant?

Sur ces entrefaites, le bienheureux saint Eloi apparut trois nuits consécutives à un courtisan et lui commanda d'aller, de sa part, avertir la reine de quitter l'or et les pierreries qu'elle portait encore sur ses vêtements. Le courtisan n'osa obéir. En punition de sa faute, une fièvre ardente le saisit violemment. Bathilde vint le visiter. Pressé par le repentir de sa désobéissance, le malade révéla le secret de sa vision. Bathilde ne voulut pas résister plus longtemps. Elle comprit que Dieu lui marquait l'heure de quitter le palais (2).

« Elle y était entrée sans désir, dit Dom Pitra, elle en sortit sans regrets (3). »

Les historiens ne s'accordent pas sur le temps de cette retraite : les uns la fixent après la mort de ses deux premiers fils, Clotaire et Childéric, sous le règne de Thierry qui était le troisième; les autres, du vivant même de Clotaire, comme semble l'indiquer saint Ouen dans la *vie de saint Éloi*.

Avant de suivre sainte Bathilde dans sa solitude de Chelles, nous devons raconter la mort des trois rois ses enfants.

Il paraît certain que Clotaire se serait marié, mais qu'il

---

(1) *Hadr. Val.*, t. III, p. 241.
(2) *Vie de saint Eloi*, par saint Ouen, ch. xl.
(3) Dom Pitra, *Histoire de saint Léger*, p. 254.

n'aurait pas eu de postérité mâle. Une fièvre maligne l'emporta à l'âge de dix-neuf ans (1).

Sa mère lui fit de magnifiques funérailles dans l'église abbatiale de Chelles, où il fut enterré. Cette mort donna de graves soucis à Ébroïn. Un coup d'audace trancha la question de la succession à la couronne. Sans consulter ni leudes, ni ducs, ni comtes, sans plaid, sans pavois, le maire du palais s'en vient prendre Thierry, le troisième fils de la reine, et le proclame roi. Cet acte arbitraire soulève une indignation générale. La conspiration s'organise et reconnaît, de son côté, Childéric comme roi de toutes les possessions mérovingiennes. Ébroïn et Thierry sont arrêtés. On les tond, on les jette dans un monastère, le roi à Saint-Denis et le ministre à Luxeuil.

La Révolution semble consommée, l'Austrasie et la Neustrie n'ont plus qu'un seul maire du palais, Wulfoald, et la Burgondie s'assure l'indépendance en mettant saint Léger à la tête de son gouvernement. Childéric eût pu demeurer paisible possesseur de la couronne, s'il se fût toujours inspiré de la politique de ces sages conseillers. Une femme apporta la discorde. Le roi venait d'épouser sa cousine germaine, Blihilde. Léodégar demanda, au nom de la religion, la rupture de ces liens illicites. La passion l'emporta sur la conscience et le prélat fut disgracié.

Childéric le fit arrêter, puis, par un caprice de colère, l'envoya à Luxeuil, dans la même prison qu'Ébroïn. La communauté d'infortune réunit les deux ennemis. Ils se firent des serments d'amitié. Ébroïn n'était pas sincère. Léodégar devint plus tard sa victime. Une mort violente, soufferte avec un courage héroïque, lui assura le Ciel. Le martyrologe de France le désigne sous le nom de saint Léger. Les habitants de Chelles lui érigèrent une église, dont il ne reste plus aucun vestige.

Childéric éprouva le même sort, mais dans des conditions différentes. Un homme, du nom de Bodilon, occupait, en

---

(1) *Hadr. Val., Rer. franc.*, t. III, l. XXXI, p. 230.

Neustrie, un rang honorable parmi les gens distingués. Cédant à un moment de colère peu motivée, Childéric le fit saisir, coucher à terre, lier à un poteau et, en violation des lois franques, battre de verges. Les leudes jurèrent de se venger. Dans un conciliabule secret, le roi fut condamné à mort.

C'était en l'année 673, Childéric venait de se rendre dans la forêt de Lognes, non loin du palais de Chelles, pour une partie de chasse. Tout à coup, des profondeurs du bois, s'élance, sur le royal veneur, Bodilon, terrible, furieux. Il abat Childéric à ses pieds, comme il eût fait d'une bête fauve. Blihilde, la reine incestueuse, subit le même sort, malgré son état de grossesse avancée. Ulfoald échappa au massacre avec un autre fils du roi. Ce dernier trouva un asile à Chelles, auprès de sainte Bathilde, et reçut le nom de frère Daniel (6 septembre 673) (1).

Childéric avait vingt-trois ans. Sa mort rendit à la vie royale son frère, le dernier fils de Bathilde. Proclamé roi par les évêques, les ducs et tous les personnages importants de la Neustrie et de la Bourgogne, Thierry III n'eut jamais que l'ombre de l'autorité. Il survécut à sa mère et mourut sur le trône sous le gouvernement de Pépin d'Héristal (691).

A son arrivée à Chelles, Bathilde, qui venait de s'arracher aux larmes de tout un peuple, ne reçut pas l'accueil qu'elle avait droit d'espérer. Ni la reconnaissance, ni l'amour, cependant, ne manquaient au cœur des religieuses. Leurs âmes s'élevaient à des hauteurs où les petitesses des humaines misères ne sauraient avoir d'accès. Une crainte seule les agitait. La présence d'une princesse dans leurs murs ne va-t-elle pas apporter du relâchement à la règle? Que deviendra la solitude monastique au milieu des tumultes du monde et des gens de la cour ?

Instruite des appréhensions des pieuses filles, Bathilde en comprit la délicatesse. Sa conduite, mieux que sa parole, leur assura bientôt qu'elles n'avaient, au milieu d'elles, ni

---

(1) Chantrel, *Hist. de France*, t. I, p. 147

une femme du monde, ni une reine, mais une religieuse, une sainte. On vit alors la crainte se changer en joie ; les cœurs s'ouvrirent à l'affection ; toute la communauté ravie admirait les aimables qualités de la royale novice.

N'était-ce point, en effet, un spectacle étrange de voir une reine de France, la mère de trois rois, s'abaisser au rang d'une pauvre religieuse et choisir la dernière place dans un monastère dont elle était la fondatrice ? A ses yeux, l'abbesse était sa mère, elle n'était que sa fille ; toutes les sœurs étaient ses maîtresses, elle n'était que leur humble servante. Un jour, on lui demandait quelle satisfaction elle éprouvait dans ces actes d'humilité. — « Hélas ! répondit-elle, quand je me souviens que mon Seigneur Jésus-Christ, le Roi des rois et le Souverain-maître de l'univers, a dit, dans son évangile, qu'il était venu pour servir et non pour être servi, et que je le vois laver les pieds de ses disciples, entre lesquels je découvre un traître, je ne sais plus où je dois me mettre, et il me semble que le plus grand bonheur qui me puisse arriver, c'est d'être foulée aux pieds de tout le monde (1). »

Paroles admirables, qui font autant l'éloge de la grande reine que de l'humble religieuse !

Cette femme incomparable servait les sœurs de la maison et les malades de l'infirmerie, avec les sentiments de la plus profonde humilité. Sa modestie était telle, que si les religieuses eussent oublié ce qu'elle était, elle ne s'en fût jamais souvenue.

« Sa bouche était fermée pour parler de ses grandeurs passées aussi bien que des manquements des autres. S'il lui arrivait de faire allusion à des fautes, c'était pour les excuser. Ses mépris étaient pour elle-même, ses louanges pour le prochain, ses services pour celles qui en avaient besoin, sa volonté pour la supérieure, et son cœur pour Dieu. Quant à ses oraisons et l'ordre qu'elle y observait, son confesseur en avait la direction ; mais elle gardait très religieusement les heures de silence et employait une partie du jour à la mé-

---

(1) *Petits Bollandistes.*

ditation; le reste était pour la lecture des livres spirituels et pour le recueillement intérieur dans sa cellule, afin de considérer attentivement ce qu'elle avait été, ce qu'elle était pour lors et ce qu'elle serait un jour. Aussi, son cœur ne se sentit jamais enflé par le souvenir des grandeurs passées, mais tout son soin était de l'embraser, des flammes du pur amour de Dieu.

» Cette charité se répandait ensuite sur le prochain et la rendait si serviable aux malades, qu'elle avait acquis un talent particulier pour les soulager. Elle était fort soigneuse d'obtenir ce qui leur était nécessaire, et bien souvent son affection lui révélait leurs sentiments et lui faisait mieux connaître ce qu'ils désiraient, ou ce qui leur était le plus convenable, qu'ils ne le savaient eux-mêmes. Dieu lui avait donné, outre cela, une merveilleuse douceur de paroles et lui mettait des pensées si bénignes en l'esprit, pour rendre faciles les plus grandes difficultés, que ses discours portaient le miel de la consolation dans le cœur de ses sœurs, lorsque, étant tentées par l'ennemi, elles trouvaient du dégoût en leur vocation ou de l'ennui dans les exercices de la vie spirituelle (1). »

Telle fut la conduite de Bathilde pendant son séjour à Chelles. En échange de la couronne de France, qu'elle avait déposée, Dieu ne tarda pas à lui donner la couronne du Ciel. Elle eut un brillant présage de ce bonheur.

Un jour, pendant une douce extase, Bathilde vit une échelle d'or. Le pied reposait sur l'autel de la Sainte Vierge et le sommet atteignait le Ciel. Des anges en grand nombre montaient, montaient sans cesse, mais sans jamais descendre. Tous, la regardant d'un visage souriant, l'invitaient à monter comme eux et à les suivre. Plusieurs religieuses présentes aperçurent la vision. Elles comprirent aisément le présage. S'il fut doux au cœur de la voyante, ses compagnes s'en affligèrent amèrement. Après l'extase, Bathilde supplia les témoins de ne point la dévoiler. On dit que si la langue

---

(1) *Petits Bollandistes*

resta muette, les yeux parlèrent. Ainsi, le silence de la bouche se trouva rompu par le langage des larmes.

Quelques auteurs, entre autres le père du Breuil (1), prétendent que l'étymologie du nom de Chelles provient de cette vision de l'échelle mystérieuse de sainte Bathilde. Nous lisons même, dans certains actes du xii° siècle, que le monastère s'appelait « *Scalensis Ecclesia.* » Il est incontestable que le blason, portant deux échelles avec deux fleurs de lys, a été inspiré par cette vision ; mais il suffit de lire Grégoire de Tours pour s'assurer que le nom de *Chelles* existait bien avant cette époque.

Dans cette même vision qu'eut Bathilde avant de mourir, plusieurs historiens assurent qu'elle aperçut aussi saint Genès parmi les anges. Ce saint prélat, en effet, était mort depuis quinze mois.

Après être entré dans les ordres, Genès fut d'abord prieur de Fontenelles et ensuite abbé ou maître de la chapelle de Clovis II, avec le titre de « *Abbas palatii aut castrorum* (2). » Plusieurs auteurs, trompés par cette dénomination, ont prétendu que Genès avait été abbé de Palais ou de Castres, monastères qui n'ont jamais existé. Dom Mabillon relève cette erreur et assure que Genès remplissait simplement les fonctions sacerdotales à la suite de la cour et des armées. Devenu ensuite aumônier de la reine Bathilde et ministre d'État sous la régence, il s'acquitta de ces hautes fonctions avec tant de sagesse, qu'après la mort de saint Chaumond, évêque de Lyon, ses éminentes vertus le désignèrent à ce siège, le plus important des Gaules. Il gouverna l'Église de Lyon pendant vingt-deux ans (657-678). Ébroïn voulut lui faire subir le sort qu'il préparait à saint Léger et qui avait conduit son prédécesseur au tombeau. Une bande de sicaires vint à la ville épiscopale pour s'emparer de sa personne ; mais le prélat trouva dans son troupeau des défenseurs intrépides. Les bourreaux durent renoncer à leur criminel projet.

(1) *Antiquités de Paris*, l. IV
(2 *Gall. Christ.*, t. IV, p. 47

On lit le nom de Genès, évêque de Lyon, dans plusieurs chartes du temps. Il souscrivit : 1° En 662 ou 663, à une exemption accordée par l'évêque d'Amiens en faveur de l'abbaye de Corbie ; 2° en 666, à un privilège en faveur du monastère de Notre-Dame de Soissons, octroyé à cette abbaye par saint Drauzin, évêque du lieu ; 3° en 678, à un jugement rendu par une assemblée de prélats sur l'évêque d'Embrun (1).

Quelques auteurs ont prétendu que saint Genès serait mort à Chelles (2). D'après la *Gallia christiana nova*, son corps a été inhumé dans l'église de Saint-Nizier. En 1308, ses reliques ont été reconnues par Hugues, évêque de Tarbes, autorisé par Louis de Villars, archevêque de Lyon. Plus tard, on ne sait à quelle époque, elles ont été transférées à Chelles, où l'on honorait le saint d'un culte particulier (3).

Le martyrologe de France fixe sa fête au 1er novembre. Le calendrier du monastère la plaçait au 14 avril, et aujourd'hui on trouve sa mémoire dans le propre du diocèse de Meaux, au 5 novembre, en la fête de sainte Bertille.

Sainte Bathilde devait suivre de près saint Genès dans la tombe. La maladie débuta par une douleur d'entrailles. Elle fut si violente, que l'on a comparé les souffrances de la victime à celles des martyrs. Jamais, cependant, une plainte ne tomba de ses lèvres, si ce n'est dans la prière suivante : « O bon Jésus, je vous remercie de la grande miséricorde que vous faites à cette vile créature, de lui donner quelque petite chose à souffrir. Hélas ! celui qui vous regarde, tout déchiré, étendu sur la croix si dure, peut-il avoir une bouche, un cœur et une âme pour se plaindre ? (4) »

Elle élevait une petite fille nommée Radegonde qu'elle avait tenue sur les fonts de baptême ; elle l'aimait aussi tendrement que si elle eût été sa mère selon la nature. Radegonde tomba malade en même temps que la sainte. Bathilde,

---

(1) *Diplom.*, LVI, ch. II.
(2) *Propre du diocèse de Meaux.*
(3) *Gall. Christ. nova.*
(4) *Petits Bollandistes.*

croyant que la mort serait à cette chère enfant plus avantageuse que la vie, pria Dieu de la retirer du monde avant elle-même, afin de pouvoir la mettre au tombeau et la contempler dans le chœur des vierges. Dieu exauça la prière de la marraine, et la petite sainte mourut entre les bras de sa mère d'adoption.

L'église de Chelles conserve les reliques de sainte Radegonde. Son culte autrefois était associé à celui de sainte Bathilde. La Congrégation des Rites l'a supprimé dans l'office liturgique, tout en tolérant l'exposition publique de la châsse qui renferme ses restes.

Toutes choses étant ainsi accomplies, l'auguste malade vit bien que l'heure de partir de ce monde allait sonner à l'horloge de la Providence. A sa requête, les prêtres lui administrèrent les derniers sacrements, en présence des religieuses qui la soignaient ; puis, munie du signe de la croix, elle éleva les yeux au ciel et rendit sa belle âme à Dieu vers la fin de janvier de l'an 680 (1).

Dom Pitra (2) résume en ces termes les merveilles opérées par notre pieuse et sainte reine : « Bathilde a mis la main, pendant son administration, à toutes les grandes choses de son temps : au clergé, qu'elle rend à la régularité ; à l'épiscopat, qu'elle glorifie par dés saints ; aux monastères, qu'elle fonde et relève ; au peuple, qu'elle nourrit, soulage et affranchit ; à la royauté, qu'elle affermit en concentrant son prestige et sa force. Elle touche à l'Italie et à l'Espagne par ses ambassadeurs, à l'Angleterre par ses captifs, à l'Allemagne par les moines missionnaires, à la France par les évêques et, par les Francs, au monde. Dans les jeux du blason, on lui a donné pour emblème un aigle aux ailes déployées portant le rameau d'olivier avec ces mots : « *Paix et force.* » Ce signe n'a rien de trop ambitieux pour une humble femme, qui, sur les ailes seules de la foi, éleva la France naissante comme l'aigle emporte ses aiglons au soleil. Un mot d'un légendaire ancien

---

(1) Cette date n'est pas certaine. On assigne encore les dates suivantes: 682, 685 et même 690.

(2) Dom Pitra, *Vie de saint Léger*, p. 139

nous révèle le secret de sa force et de sa fécondité. « L'amour » divin l'embrasait de ses ardeurs, et la splendeur des saints » la ravissait jusqu'au Ciel. » C'est le secret de la Femme forte créée par le Christianisme, et transfigurée selon son type le plus accompli : la Vierge, Mère de Dieu. »

D'après la volonté expresse de la sainte, les funérailles furent célébrées sans pompe. Les prêtres et les religieuses seuls formèrent le cortège. On ensevelit sa dépouille mortelle, renfermée dans un cercueil de pierre, avec celle de sainte Radegonde, sous le sol de l'église Sainte-Croix, où elle demeura pendant l'espace de 150 ans.

Le martyrologe romain fixe la fête de sainte Bathilde au 26 janvier, mais celui de France, conformément aux plus antiques usages de Chelles, la place au 30 du même mois. L'ancien bréviaire de Meaux avait suivi cette coutume, comme celui de Paris, et, aujourd'hui encore, par un privilège spécial, le peuple de Chelles conserve la vénérable tradition de ses ancêtres.

CHAPITRE III

VIE DE SAINTE BERTILLE. — FIN DES TEMPS MÉROVINGIENS

656-788

Enfance de Bertille. — Sa profession à Jouarre. — Première abbesse de Chelles. — Règle de Saint-Colomban. — Monastère d'hommes. — Étude des belles-lettres. — Colonie envoyée en Angleterre. — Sainte Mildrède. — Mort de sainte Bertille. — Noms de sept abbesses. — Thierry de Chelles et Charles Martel. — Carloman et Pépin. — Griffon et Sonnéchilde.

SAINTE BERTILLE

Ire ABBESSE

656-702

Tous les auteurs font remonter la restauration de l'abbaye royale de Chelles à l'an 656.

On sait que le premier monastère est plus ancien ; mais nos manuscrits, si l'on excepte quelques personnages célèbres, ne nous ont rien transmis sur les faits qui ont pu l'illustrer, pas même le souvenir d'une abbesse. D'ailleurs, la maison et l'église n'avaient qu'une faible importance. Toute la grandeur de l'édifice et la célébrité du lieu sont dues à celle qui en a été la véritable fondatrice, sainte Bathilde.

Quelle gloire pour Chelles d'avoir été visité, habité non seulement par tant de rois de la race mérovingienne, mais encore par ces grands évêques français qui se nomment : saint Ouen, saint Eloi, saint Genès, saint Léger ; par deux reines : sainte Clotilde et sainte Bathilde ; et, au berceau de son monastère, par cet essaim de pieuses femmes, parmi lesquelles nous comptons plusieurs princesses : Sainte Héreswide, sainte Hilde et sainte Mildrède. Notre livre d'or contient de plus, entre les plus illustres, une autre sainte, pour première abbesse de sa nouvelle et royale abbaye.

Issue d'une famille du Soissonnais, Bertille eut pour père et pour mère des personnes très recommandables par leur piété et le haut rang de leur noblesse. Son enfance fut un modèle de vertu et d'innocence. Saint Ouen, qui de chancelier de France devint évêque de Rouen, étant allé chez ses parents, y découvrit ce trésor. La jeune vierge — elle pouvait avoir de dix à douze ans — désirait se consacrer à Dieu par la vie religieuse, mais son caractère craintif et timide retenait caché le secret de son cœur. L'amour filial lui faisait redouter le mécontentement paternel. Saint Ouen, devenu le confident de son virginal désir, s'en ouvrit auprès de ses parents et obtint leur consentement. Ceux-ci, s'étant assurés des pieuses dispositions de leur fille et de sa vocation, la conduisirent eux-mêmes à Jouarre. Leur saint ami avait désigné ce monastère, dont son frère Adon venait de jeter les premiers fondements. Sainte Telchide, première abbesse, la reçut avec joie. Bertille, regardant cette maison comme un asile providentiel, rendit grâce à Dieu de lui avoir donné un abri contre la tempête, et une arche de salut sur la mer orageuse du monde.

Sa vie sainte et la sagesse de sa conduite édifièrent la communauté. Les jeûnes et les veilles assujettirent sa chair à l'esprit. L'oraison était son aliment, sa récréation et ses délices. Jamais elle ne résistait aux supérieures, jamais elle ne manquait aux prescriptions de la règle. L'estime et l'affection de toutes les sœurs lui étaient généralement acquises. Telchide, ravie de tant d'aimables qualités, lui confia d'abord la charge de recevoir les hôtes au parloir, puis celle de soigner les malades à l'infirmerie. Elle la nomma ensuite maîtresse des jeunes filles que l'on élevait au monastère. Enfin, les qualités remarquables dont elle fit preuve dans ces différents emplois, la désignèrent aux suffrages de la communauté pour la dignité de prieure.

Placée à la tête de la maison pour aider l'abbesse dans l'administration, Bertille manifesta une fois de plus la sagesse de la maxime : « *Pour bien commander, il faut savoir bien obéir* (1) ». Cet emploi l'ayant en effet mise sur le chandelier, elle répandit avec plus d'éclat les rayons de la splendeur de ses vertus : douceur et fermeté, miséricorde et justice, prudence et simplicité, telles furent les qualités qui distinguèrent la nouvelle prieure dans le maniement des personnes et des choses.

Le fait suivant mettra mieux en relief et la délicatesse de sa conscience et la force incomparable de sa prière. Une religieuse eut un jour, on ne sait pour quel motif, une contestation avec la Sainte. Celle-ci, émue de la vivacité du langage de sa compagne, coupa court à la discussion en remettant au jugement de Dieu le différend qui les divisait. Peu de jours après, la religieuse mourut subitement, sans avoir pu recevoir les secours des derniers sacrements. Bertille était absente. La fatale nouvelle consterna son cœur. Épouvantée d'une mort qu'elle regardait comme un châtiment de son imprécation, elle accourut à la chambre mortuaire, arrosa le corps de ses larmes et, oubliant que la pauvre fille était morte, elle se mit à lui parler, comme si elle était vivante, la conjurant au nom de Jésus-Christ de lui pardonner sa faute. Chose étonnante, la langue de la défunte se délia et dit : « Oui, je vous pardonne, ma mère, comme Dieu m'a pardonné ; je vous aime comme je vous ai toujours aimée ; oh ! priez, priez pour moi, et ne mettez pas d'obstacle à mon éternel repos. » Puis la voix se tut et la défunte s'endormit de nouveau dans le sommeil du Seigneur.

C'est vers cette époque que la reine Bathilde, comme nous l'avons dit plus haut, transforma le petit couvent de Sainte-Clotilde en la royale abbaye de Chelles. Saint Genès, aumônier de la Cour, reçut la mission d'organiser le nouveau monastère.

---

(1) *De Imit. Christi*, l. Ier, cap. xx, v. 2.

Celui de Jouarre renfermait des sujets d'élite. Le prélat vint, de la part de la reine, demander quelques religieuses pour implanter à Chelles la règle de Jouarre. Telchide accueillit la requête. Conduite par le pieux évêque, la petite colonie arriva heureusement là où Dieu l'appelait. Une réception des plus cordiales mit la joie dans tous les cœurs, mais elle devint parfaite quand on apprit la nomination royale de Bertille en qualité d'abbesse. Cette nouvelle dignité ne fit qu'accroître ses mérites. Sa conduite justifia la haute confiance que la reine Bathilde avait en ses lumières.

La première occupation à laquelle s'appliqua la Sainte, fut de faire observer dans son monastère les coutumes de Jouarre. La règle de saint Césaire fit place à celle de saint Colomban. Parmi les vertus principales que cette règle recommande aux religieux, on remarque : l'obéissance et l'humilité, la pauvreté et le désintéressement, la chasteté et la mortification, le silence et la discrétion. Le costume était blanc (1). Du pain et des légumes arrosés de cervoise, espèce de bière, tel était tout le menu du repas; encore ne le prenait-on que vers le soir et en quantité proportionnelle à la fatigue du jour. Le travail manuel, la lecture, la prière partageaient les heures de la journée. On récitait 3 psaumes avec des versets à tierce, à sexte, à none, et 12 à vêpres, c'est-à-dire au commencement de la nuit. A matines, l'office différait selon les saisons: plus long dans l'hiver : 75 psaumes et 25 antiennes ; plus court en été : 24 psaumes et 8 antiennes; en temps moyen : 36 psaumes et 12 antiennes. Depuis la Saint-Jean jusqu'aux calendes de novembre, on psalmodiait à matines tout le psautier, les samedis et les dimanches. On faisait de même tous les jours pendant l'hiver, à l'exception des jours fériés où l'on ne récitait que les matines moyennes. A partir du printemps, on diminuait chaque semaine de 3 psaumes les matines du samedi et du dimanche, ainsi que celles des jours fériés, jusqu'à ce que les premières

---

(1) Voir la forme de ces habits dans l'*Hist. des Ordres monastiques*, par le P. Heliot, t. V, p. 75.

fussent ramenées à 36 psaumes et les secondes à 24, phase qui durait jusqu'à l'équinoxe d'automne ; on se mettait à genoux à la fin de chaque psaume.

Outre la prière commune, saint Colomban marque encore l'obligation de prier en particulier ; mais « cette pratique extérieure, dit-il, ne serait d'aucun mérite, si elle n'était accompagnée de la prière du cœur, et de l'application continuelle de l'esprit à la présence de Dieu (1). »

La règle de saint Colomban était généralement en usage dans les abbayes fondées au VIIe siècle, surtout dans nos contrées. Cette coutume s'explique par le séjour du Saint dans la Brie. Mais l'institut du moine irlandais ne lui survécut pas longtemps ; bientôt le régime de saint Benoît le remplaça de toute part. « Ainsi, disait dernièrement l'orateur du cinquantenaire de l'abbaye de Jouarre, le rameau de saint Colomban qui venait d'éclore était à peine sorti de terre qu'il se trouva greffé sur le grand arbre bénédictin, pour en produire les incomparables fruits (2). »

Le rang que sainte Bathilde avait eu dans le monde et encore plus sa sainteté donnèrent un grand éclat au monastère, et y attirèrent plusieurs filles de grande qualité et des princesses, tant de France que de l'Étranger. A côté du monastère de vierges, il y avait aussi un couvent de religieux chargés du service de l'église de l'abbaye et de la direction des sœurs. Nous trouvons le même usage à Laon, à Maubeuge, à Jouarre, à Faremoutiers, etc. Le zèle de ces religieux franchit les portes du monastère et s'étendit aux habitants du dehors. Leurs confessionnaux étaient fréquentés non seulement par les chrétiens du lieu, mais encore par ceux des paroisses voisines. Bertille les secondait dans cette mission. Tout ce qui touchait à la gloire de Dieu et au salut des âmes était cher à son cœur.

En ces temps barbares, l'étude s'était pour ainsi dire réfugiée dans nos monastères d'hommes. On y conserva le goût

---

(1) *Abrégé de l'Hist. eccl.*, t. III, p. 121.
(2) M. l'abbé Moret, vic. génér., 1887.

des belles-lettres et le sel de la sagesse. C'est là que les esprits d'élite venaient s'éclairer et que les âmes chrétiennes cherchaient un refuge et des conseils pour pratiquer la vertu. L'instruction des professes, des novices et de leurs élèves gagnait aux leçons des prêtres attachés à l'abbaye. Ces maisons étaient les seules écoles pour les filles de bonne famille. On y cultivait avec succès les lettres et les sciences. Chelles étendit sa réputation au-delà des mers. Des élèves de la Grande-Bretagne accoururent à ses écoles. Bien plus, les rois de cette contrée voulurent faire passer chez eux l'esprit de notre monastère, et sainte Bertille leur concéda une colonie de religieux et de religieuses, pour y établir des maisons d'après leur modèle. En les envoyant sur la terre étrangère, l'abbesse leur donna des livres propres à former leurs disciples. Ainsi se propagèrent au loin, avec la piété, la science et les méthodes de nos écoles monastiques.

Nous ignorons quels ont été les fruits de cette mission. C'est à elle cependant que nous devons le pieux souvenir d'une Anglaise illustre qui fut élève de Chelles, sainte Mildrède.

Vers l'an 655, Merwald, prince des Merciens occidentaux, épousait Ermenberge, nièce d'Egbert roi de Kent. La jeune princesse avait du sang royal de France. Sa grand'mère Berthe, fille de Caribert, était arrière-petite-fille de Clovis et de sainte Clotilde. Dieu bénit ce mariage en donnant aux pieux parents quatre enfants, trois filles et un fils qui, dit un vieil auteur saxon (1), donnèrent pour l'amour de Dieu tous leurs biens aux pauvres. Cette heureuse famille, en effet, a été tout entière canonisée par la voix du peuple. Les manuscrits du temps ont comparé les trois sœurs Milburge, Mildrède et Milgithe aux vertus cardinales; Mildrède, brillant au milieu, comme une personnification de l'amour divin (2).

Mildrède naquit, d'après l'opinion la plus commune, vers

---

(1) *Incertus auctor Sax. de sanctis in anglia quiescent. apud M S. Harl.* 464. *Transcript.*

(2) *Apud Saxon Leechdoms*, t, III, p. 425.

l'an 660, sur la frontière du pays de Welsch, au delà du Severn que son père gouvernait. C'est là qu'elle passa les premières années de son enfance. Un événement tragique changea le cours de la vie que la Providence semblait lui destiner dans ce pays.

Ermenberge venait de perdre son mari. Elle avait deux frères, Ethelred et Ethelbert. Ces deux jeunes gens vivaient à la cour d'Egbert, leur oncle. Celui-ci, pour s'emparer de leurs biens, les fit assassiner dans l'île de Thanet. Le comte de Thunor, qui s'était chargé de cette sanglante mission, fit enterrer les deux corps sous le trône même du roi. Egbert, bourrelé de remords, eut des visions effrayantes. Une lumière fantastique, sortant du tombeau de ses neveux, apparaissait chaque soir à ses yeux épouvantés. Il fit pénitence. La loi du pays prescrivait en pareil cas une amende satisfactoire envers la famille des victimes. Ermenberge, sa nièce, seule héritière de ses frères, reçut 48 charrues de terre dans l'île de Thanet (1). Une légende rapporte qu'il avait été convenu de mesurer le terrain sur l'espace qu'une biche parcourrait d'une seule course. Mise en possession de cette vaste plaine, la princesse y construisit le monastère de Minster, comme expiation des crimes de son oncle. Elle en devint la première abbesse, sous le nom *Domna Ebba* ou *Domneva* (Dame Eve).

A cette époque, les églises saxonnes, dit Baronius (2), fleurissaient comme le Paradis de Notre-Seigneur. Elles étaient ornées des lys de la pure virginité dans les monastères de femmes, des violettes monacales dans les monastères d'hommes et des fleurs de la sainteté sur le siège des évêques. Ces pieux exemples, constamment placés sous les yeux de la jeune Mildrède, portèrent toutes ses pensées vers le Ciel. Sa mère, qui avait sans doute apprécié les mérites de nos missionnaires, envoya la jeune fille en France pour y terminer son éducation. Elle choisit la sainte maison, fondée

---

(1) *Vie de sainte Mildrède, Petits Bollandistes,* 13 juillet.
(2) *Apud* Cressy, *Hist. of Britt.*, libr XVIII, cap. 18.

par l'une de ses ancêtres et gouvernée par l'illustre abbesse Bertille, le monastère de Chelles. Mildrède fut reçue avec le plus cordial accueil. Par ses manières douces et affables, la jeune pensionnaire gagna bientôt l'affection de ses maîtresses. Aussi intelligente que pieuse, elle répondit d'une manière étonnante aux leçons des lettres et de la perfection chrétienne. Entre l'étude, la prière et d'innocentes récréations, sa vie s'écoulait douce et tranquille sous le toit monastique, quand une épreuve des plus étranges, s'il faut en croire le récit merveilleux d'une légende, fit courir à sa vertu les plus rudes dangers. Voici la fable :

C'était, dit le chroniqueur, au temps que Vilcôme était abbesse de Chelles; Mildrède, princesse d'une rare beauté, se trouvait au couvent. Un jeune Franc, de la famille de l'abbesse et noble par sa naissance, distingua la pensionnaire. Epris de ses charmes, il la demanda en mariage.

Mildrède refusa. L'abbesse, secondant la passion de son parent, chercha à séduire le cœur de la jeune fille. Vains efforts ; ni les promesses, ni les menaces n'ébranlèrent la fermeté de son caractère. Affolée de colère par cette résistance inattendue, Vilcôme furieuse saisit son élève violemment et la précipita dans une fournaise ardente. Trois heures après, elle revint au lieu de son crime. O prodige ! on entend sortir, du milieu des flammes, comme un doux chant de cygne ; puis la sainte s'avance, radieuse d'une beauté toute céleste. Le feu a respecté ses vêtements et sa chair virginale. Etonnée, mais non vaincue par le miracle, la marâtre s'exaspère et tombe sur elle comme une bête fauve, la frappe, la déchire, l'assomme de coups redoublés. Mildrède, sans blessure, s'échappe de ses mains, franchit la porte et se sauve du monastère. C'était à la tombée de la nuit. Cependant la pauvre fugitive se souvient d'une relique précieuse qu'elle a laissée dans sa cellule. Aussitôt elle retourne sur ses pas, s'empare de l'objet désiré et gagne la plaine. Vilcôme, à cette nouvelle, fait sonner les cloches, appelle l'évêque à son aide et lance une bande armée à la poursuite de sa victime. Après mille aventures par terre et par mer, protégée par le ciel, la sainte quitte la France et aborde les rives du pays natal (1).

Tel est en substance le récit auquel Jocelyn, moine du douzième siècle, a consacré des pages nombreuses d'une rhétorique extravagante et de louanges excessives. Guillaume Thorn, auteur très peu sûr de la chronique anglicane, et Jean de Tynemouth (2), sont les seuls auteurs qui ont cru devoir mentionner ce fait. Tous les autres écrivains qui ont raconté la vie de sainte Mildrède, tels que Durham, Malmsbury, Worcester, Huntingdon, Wendover, Cirencester, Westminster, Brompton, Dicet et Polydore Virgile l'ont passé sous le silence ; le Père Cressy et Betfort le regardent comme une fable, et Dom Mabillon en a montré l'imposture (3).

Jocelyn, en effet, place son héroïne sous la prélature de Vilcôme. Or l'existence historique de cette abbesse est problématique et n'est mentionnée dans le catalogue du monastère qu'au deuxième rang après sainte Bertille. Il est certain d'ailleurs que Mildrède n'a pu venir à Chelles que sous le gouvernement de sainte Bertille, puisqu'elle a fait profession à Minster en 690, entre les mains de l'évêque de Cantorbury, et que cette abbesse n'est morte qu'en 702, ou même 705 et 706.

« *Olet figmentum.* » Cette histoire sent la fiction, disent très sagement les Bollandistes.

Cependant, la légende paraît si étrange, si diabolique, si essentiellement différente des autres légendes qu'il doit y avoir en elle quelque vérité cachée (4). On se demande quelle en a été l'origine? Où serait la fumée de ce feu? Peut-être pourrait-on, en dépouillant ce récit du vêtement brodé par Jocelyn, l'expliquer d'une façon très simple et très naturelle:

Pendant que Mildrède habitait le monastère de Chelles,

---

(1) *M. S, Cott. Vesp.*, B. XX. *Auctore Gotscelino.*
(2) *Vita S. Mildredæ apud M. S. Cott.*, fol. 206.
(3) *Hæc aliarumque hoc nugarum genus refellere non vacat.* — *Mabill. acta*, p. 444.
(4) Montalembert, *Moines d'Occident*, t. V, p. 285.

en qualité de pensionnaire, sous le costume de vierge séculière, elle fut recherchée en mariage par un jeune homme, à passion violente, de la noble famille de Bertille. Elle était libre. L'abbesse, qui avait Mildrède en grande estime et tendre affection, eut été heureuse d'enchâsser ce joyau de noblesse anglaise dans l'écrin de sa famille ; mais l'innocente enfant a sans doute répondu comme une autre vierge de Saxe chantée par le poète :

« J'en aime un autre, un seul ; mes pieds me conduiront à
» son berceau nuptial ; j'en aime un autre, un seul. Sa Mère
» est une vierge et son Père est la source impénétrable de la
» pureté sans tache... (1) »

Le refus de Mildrède aurait irrité la passion du jeune Franc. A cette époque, les couvents de femmes n'avaient point encore la clôture telle que l'Église l'a prescrite dans les temps modernes. Chelles devenait donc pour la jeune fille comme une fournaise ardente où sa vertu courait les plus grands dangers. Elle s'enfuit. Bertille désolée envoya, mais vainement, des hommes à sa recherche. La sainte, déguisée en mendiante, aurait échappé aux poursuites de l'abbesse ; elle pénétra ainsi jusque dans les bois et les marais des Flandres françaises, au hameau de Millam où elle vécut cachée dans une cellule. Telle est l'origine du culte de sainte Mildrède en ce lieu.

« A Millam, gracieux village situé à l'autre extrémité de l'arrondissement de Dunkerque, dans la vallée de la Colme, au pied de la montagne de Watten, existe, depuis un temps immémorial, le culte de sainte Mildrède. Depuis plus de dix siècles, sa chapelle a été ornée, restaurée, rebâtie sans le secours ni des prêtres, ni des nobles, et, chaque année, au 13 juillet, sa fête se célèbre solennellement par un grand concours de peuple.

« Si vous demandez à un homme du pays l'origine de cette dévotion, tous vous répondront par la légende de la statue : « Un jour, disent-ils, les habitants de la forêt de Ra-

---

(1) *De Vere's S. Leg. of Sax. Saints*', p. 208

» vensberg s'étonnèrent de voir une statue placée sur une
» pierre et flotter sur l'eau contre le courant. Deux fois on
» la porta à l'église paroissiale, deux fois elle reparut au
» même endroit. Dès lors on crut devoir lui élever une
» statue sur le grand autel avec cette inscription : *Sancta*
» *Mildreda, ora pro nobis.* »

« Cette légende est transparente, et la statue c'est sainte Mildrède elle-même, faisant au milieu des peuples Morins une apparition inattendue et se retirant au bord d'un cours d'eau dans le silence de la forêt, pour y continuer sa vie monastique de Chelles, qu'elle devait terminer à Thanet; en d'autres termes, la légende nous raconte, ou plutôt nous garantit le passage de sainte Mildrède à Millam, car, pour donner à la statue miraculeuse le nom de sainte Mildrède, tout au moins fallait-il avoir eu quelque rapport avec elle. Peut-être même par ses bienfaits la sainte patronne méritat-elle de donner son nom au pays qu'elle avait sanctifié par ses prières et ses miracles, comme saint Omer et saint Momelin allaient bientôt donner leur nom aux contrées situées de l'autre côté de la montagne; car de l'ancien nom *Muldemhem* (838) à *Mildredhem*, il n'y a pas loin, et en 857 le rapprochement est rendu plus sensible par une abréviation, *Milhem*, qu'il est permis de traduire hameau de *Mildred*...

« En proie à des persécutions de tout genre, la jeune sainte dut s'enfuir de Chelles pour consacrer à Dieu le cœur qu'elle lui avait voué, et c'est alors qu'elle descendit jusqu'au rivage de la mer du Nord pour y attendre l'occasion de repasser en Angleterre. Il paraîtra sans doute étonnant qu'elle se soit fixée à Millam, village situé aujourd'hui à plus de cinq kilomètres de la mer, mais il ne faut pas oublier que les historiens accordent que la mer s'avançait autrefois jusqu'au pied de la montagne de Watten, et le savant Malbrang, dans une carte de l'an 800, place Millam au bord du golfe étroit qui donnait accès aux embarcations de tout genre » (1).

---

(1) L'abbé Monteuuis, membre du Comité flamand. — Rapport dans le journal de Dunkerque, l'*Autorité*, mars 1884, sur la *Vie de sainte Mildrède*, par le savant anglais M. Ulcoq

Le vaisseau qui transporta Mildrède dans l'île de Thanet mit à l'ancre près du rivage. Impatiente d'aborder, elle descendit sur un grand rocher où elle fixa d'une manière permanente la trace de son pied. Domneva reçut sa fille avec joie, lui coupa les cheveux et, après sa profession religieuse, remit entre ses mains la charge de sa prélature du monastère de Minster. La nouvelle abbesse réunit sous sa houlette plus de soixante-dix vierges à la fois; elle sut se concilier l'estime du clergé; les Pères réunis au concile de Beccancelde la prièrent d'assister à leur assemblée et de souscrire à ses décisions (694). Sa signature, celle de la croix d'après la coutume saxonne, apposée à la suite de celle de l'évêque de Rochester est ainsi conçue : « † *Signum manus Mildredæ Abbatissæ.* »

Mildrède mourut en odeur de sainteté, vers l'an 724. Sa dépouille mortelle fut placée sous le sol de l'église de Minster, à côté de celle de sa mère. Quelques années après, Edburge, qui lui avait succédé, fit ouvrir son tombeau. Le corps était demeuré intact et sans corruption. On le transporta dans l'église des saints apôtres Pierre et Paul que l'abbesse avait fait bâtir, à une demi-lieue du monastère, dans le dessein de la mettre sous la protection de la sainte.

Une seconde translation des reliques eut lieu plus tard dans l'église de Saint-Augustin, située dans un faubourg de Cantorbury, et une troisième à Deventer, en Hollande, où elle est honorée, comme autrefois à Chelles, le 13 juillet. En Angleterre, sa fête est fixée au 20 février. On trouve dans le même calendrier anglais les fêtes de saint Mervin, son frère, et de ses deux sœurs, sainte Milburge et sainte Milgithe.

Le monastère de sainte Mildrède, détruit à la suite des guerres de religion en Angleterre, vient d'être rebâti et occupé par des religieuses dans la même île de Thanet. En 1882, le 29 mai, avec la permission de l'archevêque d'Utrecht, une dernière translation des reliques de la sainte a eu lieu dans la nouvelle abbaye. C'est à cette occasion que Milord Ulcoq a composé son ouvrage intitulé : *Life of saint Mil-*

dred, 1884, dans lequel nous avons trouvé la plupart de nos documents.

Nos manuscrits sur l'histoire de Chelles racontent, en un très court abrégé, la vie de sainte Mildrède et passent sous le silence la légende de la fournaise ardente. Après le départ de celle-ci pour l'Angleterre, sainte Bertille occupa longtemps encore le siège abbatial, donnant jusqu'à la fin les exemples des plus éminentes vertus. Elle avait surtout un grand désir du martyre; les bourreaux manquant, elle devint elle-même son propre bourreau. Ses mortifications, ses austérités, ses veilles ne se ralentirent jamais; elle exerça toutes les rigueurs de la pénitence sur son corps, même pendant la vieillesse, jusque dans sa dernière maladie. Enfin, après une prélature de quarante-six années et soixante-quatorze ans d'âge, une fièvre l'enleva de ce monde; le 5 novembre, vers l'an 702 (1).

On embauma son corps, on l'enterra dans l'église, on vint prier sur sa tombe, comme on prie sur la tombe des saints. Son nom cependant ne se trouve ni dans le Martyrologe romain, ni dans celui de France; le calendrier bénédictin seul en fait mention au 4 novembre; mais à Chelles, comme à Paris et à Meaux, sa fête a toujours été fixée au 5 du même mois. La translation de ses reliques est indiquée au 26 mai.

La vie de sainte Bertille, ainsi que celle de sainte Báthilde, ont été écrites par des auteurs contemporains et anonymes. Tout porte à croire que ce sont des religieux du monastère d'hommes. On peut les lire dans les grands Bollandistes.

Jusqu'à nos jours, les reliques des saintes patronnes de Chelles ont été précieusement conservées, malgré les révolutions et les guerres les plus désastreuses. Les deux corps, presqu'en entier, se trouvent enfermés dans des châsses de bois doré et placés avec plusieurs autres dans le sanctuaire de l'église paroissiale. Nous aurons souvent l'occasion d'en parler dans le cours de cette histoire.

On voyait encore autrefois, dans le trésor du monastère,

---

(1) Le *Bréviaire de Meaux* dit 705 ou 706 — 5 novembre

la crosse de sainte Bertille, sur laquelle était attachée une petite plaque en argent doré avec cette inscription : « *Onus onerum.* » Le plus ancien manuscrit fait remonter ces caractères à plus de 800 ans avant l'époque où il a été écrit, c'est-à-dire à la fin du dix-septième siècle. Ce qui indiquerait que cette inscription aurait été faite depuis près de mille ans.

Après sainte Bertille, nous trouvons dans le catalogue de nos abbesses les sept noms suivants : Sigisle, Vilcôme, Ermengarde, Clémence, Asceline Ire, Sybille et Marsilie ou Marsille, comme IIe, IIIe, IVe, V^e, VIe, VIIe et VIIIe abbesses.

Cette succession d'abbesses est-elle bien certaine? Nous ne saurions l'affirmer. Les auteurs sont fort partagés. Nous avons suivi le Catalogue rectifié de la *Gallia Christiana* sur les titres originaux de l'abbaye, sur le calendrier historique et chronologique de l'église de Paris, et sur plusieurs monuments authentiques, mais qui n'excluent pas le doute (1). Ainsi plusieurs auteurs prétendent que Vilcôme aurait succédé à sainte Bertille; sainte Mildrède, d'après leurs dires, aurait été élevée à Chelles sous sa prélature. Nous avons montré plus haut comment cette opinion n'est pas soutenable. Notre Catalogue donne encore, d'après un cartulaire de 1292 (2), la date de 708, comme appartenant à la prélature de Sigisle; mais, à cette époque de notre histoire nationale, la France était bouleversée par de si horribles luttes de palais et par tant de scènes d'anarchie, qu'il est difficile d'établir la chronologie des faits.

Deux personnages historiques, Thierry IV et Sonnéchilde, qui ont pris part à ces luttes et qui ont vécu dans nos deux monastères, doivent trouver place dans ce récit. Leur passage à Chelles appartient aux temps des sept abbesses.

Le premier est généralement connu sous le nom de *Thierry de Chelles*. A la mort de son père Dagobert III, le jeune prince fut placé entre les mains des religieux de l'abbaye pour y recevoir l'éducation propre à sa naissance.

---

(1). *Gallia Christiana.* — Calendrier historique, 1747. — Manuscrits de Chelles.

(2) Petit manuscrit sur Chelles.

Ses maîtres n'avaient pas encore eu le temps de lui donner les premières leçons de la lecture quand Charles-Martel vint le prendre — il n'avait que sept ans — pour lui mettre au front la triple couronne de Neustrie, de Bourgogne et d'Austrasie. Ce ne fut qu'un nom de plus dans la succession d'une royauté qui elle-même n'était qu'un nom. Toute la puissance demeura aux mains des maires du palais.

Charles-Martel en usa d'une manière glorieuse. Les Saxons, les Allemands, les Bavarois furent successivement battus; mais son plus grand titre de gloire a été l'immortelle victoire remportée à la bataille de Poitiers sur les Sarrasins (732). C'est de là qu'il reçut le nom de *Martel*, pour avoir été le marteau de Dieu. L'imagination en effet s'épouvante à la seule idée des destinées de notre patrie si, à la place des bienfaisantes clartés de l'Evangile, s'étaient établies par le glaive, sur le sol français, les aveugles doctrines du Coran.

Au milieu de ces hauts faits tout providentiels et qui conduiront les héritiers de Charles-Martel, par une révolution lente et pacifique, à la puissance royale, c'est à peine si l'on aperçoit sur le trône notre fantôme de roi. Il arriva bientôt que ce roi mourut (737). Charles pouvait prendre le trône; il se contenta de le laisser vide. Après la défaite des Sarrasins, tout plie; tout se soumet à Charles; il combat, il triomphe en courant. Il a la fureur du lion et la rapidité de la foudre.

Tous les yeux alors se tournèrent sur une dynastie dont l'aurore était si brillante. Grégoire III, inquiété par Luitprand, roi des Lombards, implora contre ce peuple les secours du sauveur de la chrétienté; mais Charles ne put rendre ce service à l'Eglise. Il approchait de sa fin, et la gloire de protéger le Saint-Siège était réservée par la Providence au fondateur de la seconde dynastie de nos rois.

Se sentant mourir, il appela devant lui, dans son château de Verberie, près Compiègne, tous les grands du royaume, comme un maître qui va disposer de l'empire. Là, devant eux, il fit le partage du royaume. Il avait trois fils : Carloman et Pépin de sa première femme Rotrude, et Griffon, fils de Sonnéchilde, nièce d'Odilon de Bavière, son otage, dont il avait fait sa concubine. Carloman posséda, sous le titre de maire et de prince, l'Austrasie, l'Allemagne et la Thuringe, et Pépin la Neustrie, la Bourgogne et la Provence. Griffon, à cause de sa naissance, était exclu de la succession. Les supplications de Sonnéchilde lui firent obtenir douze comtés dans le centre des Gaules. Ce fut une occasion de troubles.

Après la mort de Charles-Martel (741), Griffon, mécontent de son partage, souleva les Slaves, les Bavarois, les Allemands et les Saxons contre ses propres frères; mais Pépin et Carloman remportèrent une victoire complète sur leurs ennemis. Ils capturèrent la mère et le fils. Griffon s'échappa pour aller mourir dans les Alpes, après douze ans de révolte (753), et sa mère fut enfermée dans le monastère de Chelles, d'où elle continua ses intrigues contre les jeunes princes (1).

Quelques auteurs ont voulu la faire passer pour abbesse de Chelles. Les désordres qui affligèrent l'Eglise et les couvents dans ces temps malheureux ont pu rendre la supposition croyable (2). Mais s'il est fort douteux qu'elle ait jamais été revêtue de cette dignité, il est certain qu'elle en a possédé tous les revenus.

Sur ces entrefaites, Pépin se déclarait roi. Tandis que ce chef d'une nouvelle race royale va illustrer le trône de France, une nouvelle abbesse, la princesse Giselle, sa fille, va tirer le monastère de l'abîme de sa déchéance pour lui rendre son ancienne splendeur.

---

(1) *Hist. de France*, par Laurentie, t. Ier, ch. IX, *passim*.
(2) *Gall. Christ.*, t. Ier, p. 38.

CHAPITRE IV

LES ABBESSES CARLOVINGIENNES. — INTÉRIM

788-1097

Giselle. — Alcuin. — Le nouveau monastère. — Charlemagne. — Les manuscrits. — Mort de Giselle. — Helvide. — Concile de Paris. — Louis le Débonnaire. — Terre de Coulombs. — Mort d'Helvide. — Hermintrude. — Abus des commendes. — Mort et tombeau d'Hermintrude. — Rotilde. — Incursions des Normands. — Légende de Louis le Bègue. — L'abbesse dépossédée. — Vengeance de Robert. — Mort de Rotilde. — Intérim. — Rétablissement du palais royal. — Concile de Chelles. — Le roi Robert et la reine Constance. — Fin du palais — Monnaies mérovingiennes et carlovingiennes.

GISELLE

IXe ABBESSE

788-810

« Que les monastères et les pauvres trouvent en vous un protecteur (1). »

Le génie puissant qui a prononcé ces paroles mémorables, dans une solennelle recommandation à son fils, avait préalablement joint l'exemple au précepte. On sait combien Charlemagne a relevé le niveau moral et intellectuel de la France en relevant les monastères des ruines précédentes. Chelles en particulier a été l'objet de ses prédilections. Il avait placé à la tête de notre abbaye sa sœur bien-aimée. Nous allons voir comment la grande lumière, qui

---

(1) Thégan, *Hist. de Louis.*

brillait au ciel de la patrie française, va refléter ses plus doux rayons sur ce royal monastère.

Giselle (1), fille de Pépin le Bref et de la reine Berthe, naquit en 757, la neuvième année du règne de son père. Toute jeune encore, elle fut placée à Chelles, en qualité de pensionnaire, pour y être élevée dans l'étude des lettres et dans la pratique de la religion. L'enfant répondit d'une façon fort distinguée aux leçons de ses maîtresses. Elle croissait en science, en grâces et en sagesse. Aussi, ses éminentes qualités lui attirèrent-elles l'estime et la considération des plus hauts personnages. Dans une lettre adressée au roi son père, le pape saint Paul Ier la qualifie de *très noble*, et le célèbre évêque d'Orléans, Théodulfe, de *très sainte*. Constantin-Copronime, empereur d'Orient, la demanda en mariage pour son fils Léon, associé à l'empire, et Didier, roi des Lombards, pour son fils Adalgise. Toutes ces brillantes propositions ne firent aucune impression sur son cœur. Afin de se débarrasser des sollicitations dont elle était assiégée, elle s'adressa au protecteur des âmes, au Souverain-Pontife. Étienne III, ennemi lui-même, comme ses prédécesseurs, des princes lombards, joignit ses instances auprès de sa mère à celles de la jeune fille et obtint pour elle la liberté de vivre en paix dans le cloître, loin du monde, plus près de Dieu. Elle n'avait que treize ans (770).

On ignore l'époque précise de sa consécration ; mais il est certain qu'après la soumission du duc de Bavière à Charlemagne, son frère, Giselle était abbesse de Chelles (2) (788).

Parmi les religieuses de sa communauté, on compte deux filles de Charlemagne, Rictrude et Giselle, ainsi que deux autres princesses, la fille de Thasillon, et Colombe, de la nation anglaise. L'histoire a conservé leurs noms dans le nombre des élèves d'Alcuin. Elles assistaient régulièrement aux leçons du maître, avec leur abbesse, les fils de l'Empereur, des pontifes, des moines et des gens de la Cour. Sous

---

(1) On écrit aussi Gisle et Gisèle.
(2) *Ann. Bénéd.*, t. II, p. 114, n° 61.

la vive impulsion d'Alcuin, Giselle et ses filles s'adonnèrent à l'étude des Saintes-Écritures. Les commentaires des docteurs, ceux du vénérable Bède en particulier, leur étaient familiers. Une correspondance assidue les unissait d'esprit et de cœur avec celui qu'elles aimaient à appeler leur *Docteur* et leur *Maître*. Dans une des nombreuses lettres qu'elles lui adressèrent, lorsqu'il fut abbé de Saint-Martin de Tours, elles le supplient, avec le plus vif empressement, de leur expliquer l'évangile de saint Jean. Saint Jérôme, disaient-elles, lorsqu'il demeurait à Bethléem, n'a-t-il pas composé de semblables traités pour les vierges romaines ? Et n'est-il pas plus aisé d'envoyer des écrits de Tours à Paris que de Bethléem à Rome (1) ?

C'est pour se rendre à ces légitimes désirs qu'Alcuin composa son ouvrage sur l'évangile de saint Jean, divisé en sept livres. Les cinq premiers sont adressés à Giselle et à Rictrude, et les deux autres à Giselle et à Colombe. S'il est douteux de quelle Giselle il est ici question, de la tante ou de la nièce, il n'y a point d'incertitude pour les deux derniers livres. L'auteur parle de l'abbesse. Il lui donne le titre de *très chère sœur*, il la remercie de l'envoi d'une croix et d'une chape, qui lui ont été très agréables ; il la félicite surtout d'avoir entrepris la construction d'une église en l'honneur de la Sainte-Vierge.

En effet, le monastère se trouvant trop étroit pour les religieuses et les jeunes pensionnaires, Giselle avait résolu de bâtir une nouvelle maison. On choisit un emplacement situé un peu plus au levant. La basilique romane, dont parle Alcuin, fut consacrée sous le vocable de Notre-Dame. Des vestiges de ce monument se voyaient encore au xviiie siècle et accusaient un plan d'une plus vaste étendue que celui de la dernière église. L'abbesse, cependant, ne voulut pas détruire celle de Sainte-Bathilde ; on en conserva la nef principale. Une partie de cette nef, le levant, servit par la suite de chapelle aux religieux du prieuré, sous l'ancien vocable de

---

(1) *Alcuini opera*, p. 373.

Sainte-Croix, et l'autre partie, le couchant, d'église paroissiale aux officiers et aux serviteurs de l'abbaye, sous le vocable primitif de Saint-Georges.

Charlemagne éprouvait autant de tendresse pour sa sœur que de vénération pour l'abbesse. Il aimait à la visiter dans son monastère de Chelles. Giselle rendait à son frère l'affection qu'il lui portait, et, malgré tout son amour pour la retraite, elle quittait parfois la douce solitude du cloître pour se rendre à la Cour. Alcuin nous a conservé le souvenir de l'une de ses visites.

Le pape Léon III était en France, Charlemagne vint à sa rencontre. L'entrevue eut lieu à Reims, dans l'église de Saint-Remi. Après avoir célébré ensemble les fêtes de Noël à Quiercy, le Pape et l'Empereur se dirigèrent vers Soissons. A cette nouvelle, Giselle résolut d'y aller recevoir la bénédiction du chef de l'Église et embrasser son frère. Un autre motif encore lui faisait un devoir d'accomplir ce voyage. L'abbaye de Soissons dépendait de sa prélature (1); elle devait donc accompagner les filles de ce monastère et se mettre à leur tête pour faire cortège au Pape. Alcuin nous rapporte qu'elle devint l'admiration de toute l'assemblée. « Sa mise était simple, comme celle de ses compagnes; comme elles, elle cachait sa modestie sous un voile de couleur rouge, plus brillant que le feu des pierreries. A voir ce chœur de vierges, on eût dit une troupe d'anges descendus du ciel pour relever l'éclat de cette cérémonie » (2).

C'est à la suite de ce voyage que Giselle tomba gravement malade. On lit dans les annales de Metz, que, l'an 804, Charlemagne quitta le pape Léon III, à Saint-Médard de Soissons, où ils étaient venus, pour se transporter en diligence à

---

(1) *Hist. de l'Abb. royale de Soissons*, par dom Michel Germain. — L'auteur revendique à tort l'honneur, pour ce monastère, d'avoir possédé Giselle, comme pensionnaire d'abord, et plus tard comme abbesse, en résidence à Soissons.

(2) « *Gisela post istas sequitur, candore coruscans, virgineo comitata choro; micat aureâ purpurâ tecta, melocineo fulgescit femina amictu, mollia purpureia rutilant velamina filis.* » (Alcuini opera.)

Chelles, sur la nouvelle qu'il reçut de la maladie de sa sœur. Giselle guérit. En reconnaissance, la princesse consacra les années que Dieu voulut bien lui réserver à une étude plus approfondie sur les saintes Écritures, à la pratique plus étroite des vertus chrétiennes et spécialement aux bonnes œuvres. Les pauvres, les prisonniers, les églises, eurent une large part dans ses aumônes. C'est ainsi que Fardulfe, abbé de Saint-Denis, fut le témoin de ses libéralités en l'honneur du tombeau des premiers martyrs de la France. Dans une lettre qu'elle lui adresse, en lui faisant don de plusieurs terres, elle dit avoir appris de saint Augustin que le monde, avec tout ce qu'il renferme, se consume, se perd, tandis que l'aumône contribue à nous faire mériter le Ciel. Les princes ses neveux, Charles, Pépin et Louis, souscrivirent eux-mêmes aux lettres de cette donation, datée d'Aix-la-Chapelle, le 13 juin 799 (1). D'autres abbayes, celle de Soissons en particulier, reçurent des marques généreuses de ses libéralités (2).

Au milieu des guerres et des révolutions politiques qui avaient précédé le siècle de Charlemagne, les manuscrits sacrés et profanes étaient tombés aux mains de copistes tellement ignorants, que les textes étaient devenus trop souvent méconnaissables. Alcuin travailla activement à la restauration de ces livres, surtout à celle de l'orthographe et de la grammaire. Charlemagne lui prêta le concours de son autorité. « Nous ne pouvons souffrir, dit-il, dans une ordonnance de ses Capitulaires, que dans les lectures divines, au milieu des offices sacrés, il se glisse de discordants solécismes, et nous avons résolu de réformer les dites lectures... » L'art de copier devint alors une source de fortune, de gloire même. On célébrait les monastères où l'écriture était la plus exacte et la plus belle. Chelles était trop bien gouverné pour ne pas suivre de si beaux exemples. Giselle fut une des plus ardentes à seconder ce louable mouvement. Aussi, dota-t-elle sa

---

(1) *Chartrier de Saint-Denis*. Pièces justificatives, n° 65.
(2) *Ann. Bénéd.*, t. II, p. 339, n° 8.

maison de précieux manuscrits. Quelles richesses, quels trésors pour la science ont été engloutis dans l'incendie du monastère, au xiiie siècle, et dans cet infernal feu de joie que nos stupides révolutionnaires de 1793 ont allumé sur la place publique ! On admirait surtout, dans les derniers temps, un livre magnifique des évangiles, un sacramentaire ou missel, et un bréviaire gothique.

Giselle mourut le 6 juin 810, quatre ans avant son frère, à l'âge de cinquante-trois ans. Le sol du monastère n'a conservé aucune trace de sa sépulture.

HELVIDE I

Xe ABBESSE

825-835

Après Giselle, le siège abbatial paraît avoir été vacant, on ne sait pour quel motif, pendant quelques années. Helvide (1) lui succéda plus tard. Elle était veuve de Volsus, duc de Bavière, et mère ou belle-mère, selon certains auteurs, de Judith, seconde femme et mauvais génie de Louis le Débonnaire. Son mari étant mort, Helvide résolut de se consacrer à Dieu dans le cloître. Attirée par la réputation du monastère, elle vint à Chelles, où la communauté était nombreuse, édifiante et composée de filles de qualité. La veuve chrétienne se fit couper les cheveux. Élue abbesse par les religieuses, elle reçut la bénédiction vers l'an 825 ou 826.

En 829, les Pères du Concile de Paris lui notifièrent les nouveaux décrets qu'ils venaient de porter relativement aux couvents de femmes. Voici dans quelles circonstances se fit cette assemblée d'évêques. L'empereur Louis, prince dépourvu de caractère et de génie, mais bon et pieux, était profondément affligé des désordres dans lesquels les esprits

(1) Ou Hegivilde, d'après le *Calendrier de Paris*.

et les cœurs étaient plongés. Des malheurs venaient de fondre sur son empire; la peste, la famine, les périls de la guerre débordèrent de toute part. Louis imputa le concours de tant de fléaux aux péchés du peuple et à la dépravation de tous les ordres de l'État.

Pour remédier à ces maux, l'empereur fit tenir quatre conciles dans le cours de l'année 829. Mayence, Paris, Lyon et Toulouse furent les lieux indiqués où s'assemblèrent les évêques. On fit des règlements d'une grande sagesse, capables de sauver l'empire s'ils eussent été observés. Mais trop débonnaire, le prince ne sut pas profiter du glaive que Dieu avait mis entre ses mains pour le châtiment des méchants et le repos des bons. Les ordonnances manquèrent d'autorité et de sanction. Celles du concile de Paris ont été conservées. Helvide les reçut et mit en vigueur dans son monastère les décrets qui le concernaient :

1° Défense de donner aux religieuses des veuves pour abbesses, à moins qu'elles n'aient été préalablement novices et professes. 2° Défense aux prêtres et aux abbesses de donner le voile aux veuves et aux vierges sans la permission de l'évêque. 3° Défense aux chanoines et aux moines d'entrer dans les monastères de femmes sans la permission de l'Ordinaire ; si c'est pour leur parler, ce sera dans le parloir, en présence de témoins ; si c'est pour prêcher, ce sera publiquement; si c'est pour dire la messe, ils entreront et sortiront avec leurs ministres ; si c'est pour confesser, ce sera dans l'église, devant l'autel, en présence de témoins peu éloignés. 4° Défense aux femmes de servir à l'autel, de toucher les vases sacrés, et encore moins de donner la communion au peuple (1).

La communauté de Chelles paraît avoir été trop édifiante, à cette époque, pour s'être écartée de la sagesse de ces règles. Elles n'ont pu qu'affermir l'esprit de docilité aux observances monastiques et servir de préservatif contre les défaillances de la faiblesse humaine. On trouvera dans le

---

(1) Conc. Paris, lib. Ier, can. XLIII-XLVI.

récit suivant un témoignage de la piété qui régnait dans le monastère.

Helvide comptait huit années de prélature, quand Louis le Débonnaire, son gendre, passa à Chelles, se rendant du Mans à Aix-la-Chapelle, au commencement de l'an 833. L'empereur s'informa des vertus de sainte Bathilde, s'en fit lire la vie et visita son tombeau. Ce monument demeurait ignoré sous le pavé de la petite église de Sainte-Croix. Touché de vénération à l'égard de la pieuse reine, Louis donna des ordres pour la translation du corps sacré dans la basilique. Erkenrad, évêque de Paris, accompagné d'un grand nombre de prélats et de seigneurs, se rendit à Chelles où l'attendaient une foule de prêtres, de vierges et de fidèles. La cérémonie avait été fixée au 17 mars.

« On tira, dit notre vieil historien, et on ouvrit le corps sur le pavé, et on le trouva, après avoir été cent cinquante ans dans la terre, aussi entier et aussi beau, comme s'il fût mort ce même jour-là. Le bruit de ce miracle étant venu à Paris, tous les Parisiens, même toute la cour, y accoururent avec des dévotions et des acclamations sans pareilles (1). »

Deux paralytiques obtinrent le bienfait d'une guérison miraculeuse en présence des reliques : une religieuse « qui était percluse de tous ses membres depuis longtemps » et « un nommé Baudran qui n'avait jamais eu l'usage de ses membres et qui marchait sur les genoux. » Les prêtres transportèrent les ossements vénérés dans l'église abbatiale et les déposèrent derrière l'autel. Ils y demeurèrent jusqu'au onzième siècle, époque à laquelle le pape Nicolas II canonisa sainte Bathilde.

L'évêque de Paris, voyant l'abbesse inquiète de ce qu'on ferait de la pierre qui avait servi de cercueil à la sainte, lui persuada de la laisser dans le lieu de sa première sépulture avec le petit corps de Radegonde. Depuis ce temps, la pierre sépulcrale resta toujours sous le pavé de Sainte-Croix. On l'y voyait encore au siècle dernier. La crypte était située

---

(1) *Hist. de sainte Bath.*, provenant du couvent.

au-dessous du chœur des religieux. Afin d'en conserver la mémoire et de lui rendre le respect qui lui était dû, on avait attaché à la muraille extérieure, donnant sur la rue Saint-Georges, une inscription datée de l'an 1690, qui indiquait aux passants le lieu de la sépulture de la patronne de Chelles et les engageait à le révérer. Les pèlerins, d'après le souvenir de vieillards disparus depuis peu, descendaient dans la crypte pour y faire leur prière.

Avant de quitter Chelles, l'empereur, en souvenir de son passage, dota le monastère de la terre de Coulombs. Ce village est situé dans l'ancien doyenné de Gandelu, au diocèse de Meaux, et relève aujourd'hui du doyenné de Lizy-sur Ourcq. Une note du cartulaire de Chelles nous rappelle cette donation dans les termes suivants : « L'an huict cens trente-cinq, en ce temps feut faicte la première translation de notre bonne mère et fondatrice madame sainete Beaulteur et par la singulière dévotion que avoit le roy Loys-débonaire et la royne Judith sa femme, fille de la susdicte bonne abesse Hégilvich à la saincte royne donnèrent en ce monastère de Chelles la seigneurie de Coullons et toutes les appartenances d'icelle (1). »

On trouve la preuve de la propriété d'une autre terre appartenant à l'abbaye dans un cartulaire de l'église de Vienne, en Dauphiné. Cette charte, datée de l'an 843, porte que le lieu dit : « *Octaviensis in loco qui dicitur Cycomingus* » appartenait à Saint-Georges de Chelles. Nous voyons en effet que, pour indication des aboutissants à une terre récemment léguée à la cathédrale de Vienne, sous l'archevêque Odon, il est dit : « *Partibus meridiè, terra Sancti-Georgii Caleñsis, partibus septentrionis via publica et fluvio Alsoni.* La dite propriété tient, au midi, à la terre appartenant à l'église Saint-Georges de Chelles, et, au nord, à la voie publique et à la rivière d'Alson (2). » D'où il suit que le monastère de Chelles n'était point encore connu sous son nouveau vocable de Notre-Dame.

(1) *Cart. de Chelles*, Ier vol.
(2) L'abbé Lebeuf, *Chelles*.

L'ancien nécrologe de Saint-Denis fixe la mort d'Helvide au 17 février, sans en indiquer l'année ; mais, d'après la *Gallia Christiana*, on sait qu'elle vivait encore en 835.

HERMINTRUDE

XI⁰ ABBESSE

855-869

Le concile de Paris avait sagement interdit la prélature aux veuves, avant d'avoir préablement passé par les épreuves du noviciat et de la profession religieuse. Ces femmes ne pouvaient qu'introduire le relâchement dans la vie monastique. Comment, en effet, maintenir les saintes rigueurs d'une règle que l'on ne connaît pas ? Comment diriger les âmes dans les voies si délicates de la profession religieuse quand on n'en a aucune expérience ?

Mais un abus d'une autre espèce, en détournant les fondations pieuses de leur destination, conduisait nos monastères à une ruine prochaine. Les revenus, dont la libéralité des princes et la piété des hauts personnages les avaient dotés, devinrent un appât à la cupidité et à l'intrigue. On nomma des hommes et des femmes mariés abbés et abbesses, pour jouir des biens des couvents et faire servir les œuvres pies au luxe et souvent à la débauche des grands. Ainsi, Charles le Chauve donna à son épouse Hermintrude (1) le brevet d'abbesse de Chelles en commende.

« Ces princesses, ces reines, dit M. le chanoine Denis, qui se succédaient alors, sous le titre d'abbesses, tout en gardant leur condition et sans s'astreindre à la vie religieuse, agissaient-elles ainsi par principe de dévotion, ou pour s'honorer elles-mêmes, ou pour protéger les monastères, ou pour en tirer des avantages temporels ? C'est ce qu'il serait difficile de bien préciser. Nous ne voyons pas cependant que l'histoire ait consigné de leur part des abus d'autorité.

(1) Ou Hermentrude.

Hermintrude, femme de Charles le Chauve, qui possédait à la fois les quatre abbayes de Chelles, de Notre-Dame de Soissons, de Faremoutiers et de Jouarre, se montra très généreuse pour ce dernier monastère; les souvenirs de sa magnificence sont constatés par les monuments qu'elle restaura ou qu'elle sut embellir. Quoi qu'il en soit, il y avait là une grave irrégularité au point de vue de la vie religieuse. C'est à l'exemple de ces princesses que plusieurs séculiers, soit ecclésiastiques, soit laïques et même mariés, gouvernèrent à cette époque l'abbaye de Saint-Denis et d'autres monastères tout à la fois. On voit là le principe de ces commendes que les papes autorisèrent au seizième siècle pour les monastères d'hommes, moyennant des conditions déterminées, mais dont les gouvernements et aussi les titulaires abusèrent trop souvent (1) ».

Charlemagne mit un frein à la cupidité des grands en rendant les abbayes aux clercs, aux moines et aux religieuses ; mais la trève des commendes ne dura qu'un court espace de temps. Charles le Chauve et Louis le Bègue les rétablirent, ce qui attira à ce dernier prince les plus vives représentations de la part d'Hincmart, archevêque de Reims. Le sixième concile de Paris avait déjà prié Louis le Débonnaire de remédier au mal ; celui de Mayence ordonna que, pour amoindrir le mauvais effet des commendes, on nommerait des prévôts ou prieurs choisis par les moines, bien instruits des règles monastiques, pour gouverner les religieux (2). Tout porte à croire que cette loi a été observée à Chelles, pendant le gouvernement des abbesses en commende, car nous ne voyons pas que le couvent ait donné lieu à des scandales sous l'administration d'Hermintrude.

Elle paraît en qualité d'abbesse dans un diplôme de Charles le Chauve, portant confirmation d'un échange fait avec Aimard, abbé de Saint-Maur-des-Fossés, d'un courtil (jardin), et d'une terre qu'elle possédait à Douvres, *Dubrum*,

---

(1) Note manuscrite.
(2) *Encyclopédie théologique*, de Migne. *Droit Canon. Commende.*

villa située sur le territoire de Torcy et détruite postérieurement par les Normands (1).

Saint-Georges de Chelles — c'est toujours sous ce nom qu'était connue l'église abbatiale — possédait en ce temps-là des terres près de Pontoise, dans le Vexin, qui tenaient à celles de l'abbaye de Saint-Denis et qui ont appartenu au monastère jusqu'à la Révolution.

Hermintrude eut la jouissance des biens du monastère, sa vie durant. Le plus ancien de nos manuscrits ne l'admet pas au rang des abbesses et la passe sous le silence. Cette princesse mourut le 6 octobre 869, à Saint-Denis, un mois après le couronnement de son époux, à Metz, comme roi de Lorraine. Son tombeau se trouvait dans le chœur de la basilique, à côté de celui de Carloman, roi d'Austrasie, avec cette épitaphe :

Hermintrudis Regina Uxor Caroli Calvi.

ROTILDE

XIIe ABBESSE

869-925

Après l'épouse, c'est à la fille qu'échut le bénéfice de l'abbaye de Chelles, au même titre.

Rotilde, née pendant la première invasion des Normands dans nos contrées, fut élevée au monastère de Soissons. Elle ne quitta cette maison que pour son mariage avec un seigneur de la Cour, dont on ignore le nom. De cette union naquit une princesse qui fut dans la suite femme d'Hugues le Grand, comte d'Anjou et père du fondateur de la troisième race de nos rois, Hugues Capet.

Son mari étant mort, Rotilde se retira dans son ancien monastère. Selon certains auteurs, elle en serait devenue

(1) *Cart. de Chelles*, Ier vol., p. 802.

abbesse pendant qu'elle possédait déjà Chelles en commende (1). Plus tard, elle vint habiter notre abbaye, soit pour se rapprocher de la Cour, soit pour réparer les désastres infligés par les incursions des Normands.

Ces hommes du Nord, resserrés dans leurs froides solitudes de la Cimbrie et de la Scandinavie par l'empire de Charlemagne, s'étaient faits navigateurs sur les fleuves et les rivières pour se répandre vers des pays plus chauds. Fanatisés par la religion guerrière d'Odin, ils ne respiraient que les combats, le sang et le pillage. Les rives fécondes de la Seine et de la Marne excitèrent principalement leurs convoitises. Maîtres de Paris en 845, ils durent céder la place devant les armes victorieuses de Robert le Fort. Mais bientôt les pirates reparurent de nouveau et tombèrent avec fureur sur le pays parisien pour le ravager : églises, monastères, villages, campagnes situés sur les bords de la Marne, depuis Saint-Maur jusqu'à Meaux, tout fut pillé, saccagé, détruit (876-889). Chelles subit les mêmes traitements et c'est pour en réparer les ruines que Rotilde serait venue l'habiter.

Il est presque certain qu'elle ne posséda pas Chelles seulement en commende, mais réellement en qualité d'abbesse. La communauté, en l'élevant à la prélature, préservait la maison du gouvernement d'une supérieure séculière. D'autre part, Rotilde n'avait rien à dédaigner dans la dignité d'abbesse de Chelles que d'illustres princesses avaient honorée avant elle. Aussi le catalogue de notre monastère, comme celui de Soissons, l'admet-il au rang de ses abbesses (2).

Cependant Charles le Chauve, père de l'abbesse, venait de mourir (877) et Louis II le Bègue son fils était monté sur le trône.

Le cartulaire contient, à propos de ce prince, l'anecdote suivante :

(1) *Ann. Bénéd.*
(2) *Hist de l'Abb. royale de Soissons.*

« En l'an huict cens quatre vingts et dix, feut prins p le Roy Loys faictnéant, d'une religieuse p force au monastère de Chelles, la quelle il épousa, et elle saichant de vray les grands biens que avait donné la saincte royne Beaulteur au dict lieu, faignit y aller p bonne dévotion et demanda à l'abbesse, qui estoit pour lors, veoir toutes les chartres du monastère lesquelles lui furent pntées, et à la propre heure mist le feu dedans en disant q l'abbaye de Chelles vallait myeulx en son endroict que le royaume de France au syez. Et depuis le dict temps na esté possible recouvrer les terres grandes pocessions et héritages que avoit donné la saincte royne qui a esté grosse pte au dict monastère. Et e le mesme heure la dicte religieuse regniée feut fouldroyée du Ciel.

« Ce faict merveilleux ne nous a esté déclaré p escriptures pour aultant que p les guerres qui ont esté depuis le dict temps la pluspart des papiers ont été brûllés, mays le sçavons p le recit des bonnes mères du temps passé qui ont tousiours tenu le faict estre vray et advenu de la manière cy dessus escript. »

Dom Bouquet rapporte le même récit et l'attribue à Louis le Bègue. C'est à ce mariage qu'il fait remonter la cause du réfus que le pape Jean VIII opposa au roi de couronner sa femme, la reine Adélaïde (1).

Que doit-on penser sur la vérité historique de cet enlèvement? Nous ne saurions nous prononcer. Deux rois appelés Louis ont porté le surnom de *fainéant* : Louis II dit le Bègue et Louis V. Or le premier est mort en 879, c'est-à-dire onze ans avant le fait, et le second n'est né qu'en 968, 78 ans plus tard. Le récit « des bonnes mères du temps passé » ne saurait donc être « tenu vray et advenu de la manière cy-dessus escript. »

Certains historiens cependant n'accusent le manuscrit que d'une erreur de date, et, adoptant l'authenticité de l'enlèvement de la religieuse, l'attribuent avec Dom Bouquet à Louis II le Bègue. Cette fille aurait été sa première femme

---

(1) T. IX, p. 21, 42, 137.

nommée Ansgarde. Tous les auteurs s'accordent à dire que le jeune prince, séduit par les charmes d'Ansgarde, fille du comte Hardouin, son favori, l'avait épousée en secret sans le consentement de son père. Deux enfants naquirent de cette union qui fut ensuite cassée. Mais, d'après la légende, la reine d'un moment aurait été « e la même heure fouldroyée du Ciel ». Comment a-t-elle pu mettre au monde deux enfants?... On peut supposer, entre l'enlèvement de la religieuse et la visite du roi, un laps de temps suffisant pendant lequel aurait eu lieu la naissance des enfants.

Nous laissons au lecteur le soin de porter un jugement touchant le récit du cartulaire où le doute égale le merveilleux.

Après la mort de Louis le Bègue (879), on voit, dans l'espace de moins de 20 ans, le trône occupé ou simultanément, ou successivement par Louis III, Carloman, Charles le Gros et Eudes en même temps que par Charles le Simple. Celui-ci reste seul roi de France en 898. Il était neveu de Rotilde. Après sa paix avec Rollon, duc de Normandie, ce prince voulut récompenser le ministre qui l'avait puissamment aidé dans ses conseils, son favori Haganon. Il enleva donc à sa tante le bénéfice de l'abbaye de Chelles, pour le remettre, contre toutes les lois de l'Eglise, aux mains d'un séculier et d'un laïque (922) (1).

Mais Robert, comte de Paris et père de Hugues le Grand, dont Rotilde était la belle-mère, comme nous l'avons dit plus haut, fut indigné de cette conduite. Tant pour venger l'injure faite à la princesse que par jalousie envers Haganon, il souleva les seigneurs français contre le monarque imprudent. Ceux-ci le déposèrent au *champ de mai* de Soissons, et ce n'est que grâce aux efforts d'Hervée, archevêque de Reims, que l'obéissance fut conservée à Charles le Simple (922).

Rotilde continua d'être abbesse de Soissons. Elle mourut vers l'an 925. L'ancien nécrologe de l'abbaye de Saint-Ger-

---

(1) Frodoard, *Chronique de l'an 922.*

main-des-Prés marque sa mort au 22 mars, sans en indiquer l'année.

« Rotildis, abbatissa, filia regis magni Caroli, xi kalendas aprilis ». L'autre plus récent se contente de dire : « Obiit Rotildis abbatissa. »

INTÉRIM

925-1097

Vers la fin du neuvième siècle, l'empire de Charlemagne était tombé en ruines entre les mains débiles de ses successeurs. L'Église de France se ressentit de cet état de décadence. Un malaise général gagnait tous les rangs du clergé et de l'état monastique aussi bien que du reste de la société. Malgré les efforts de l'épiscopat et de la royauté pour remédier par les conciles provinciaux aux ravages de ces temps malheureux, la fièvre continuait d'appauvrir le sang de cette jeune nation. Il s'épuisait dans les querelles des rois et des seigneurs, dans les luttes contre les Normands, dans la dépravation des mœurs encore barbares, dans les folles terreurs de la fin du monde prédite par les *Millénaires*.

Qu'est devenue notre abbaye au milieu de ce siècle si justement appelé le siècle de fer? A-t-elle continué d'être la proie des grandes dames, des hauts et puissants seigneurs? A-t-elle été préservée des scandales qui déshonorèrent sa sœur de Faremoutiers et tant d'autres monastères? Nous ne pouvons répondre à ces questions que par le silence.

Les renseignements nous manquent absolument pendant l'espace de plus de cent soixante-douze ans. On peut en attribuer la cause à l'incendie du treizième siècle, dans lequel toutes les chartes de cette époque ont sans doute été détruites; mais, s'il nous faut arrêter ici, pendant quelque temps, la narration des faits qui intéressent notre monastère, nous pouvons combler cette lacune par certains documents sur la villa royale.

Lorsque le chef de la troisième race de nos rois, Hugues

Capet, se fut affermi sur le trône, il donna des ordres pour le rétablissement de la métairie mérovingienne. Il en fit un beau palais. Son fils, Robert, continua cette restauration en ajoutant de nouveaux embellissements pour y tenir des assemblées d'évêques. Une lettre de Gerbert, archevêque de Reims, qui devint pape sous le nom de Silvestre II, annonce une de ces assemblées aux chanoines de Saint-Martin de Tours et les invite à s'y rendre. L'histoire de l'Église nous rapporte également qu'au mois de mai de l'an 1008, Robert ouvrit un Concile à Chelles, auquel souscrivirent : Léthéric, archevêque de Sens, dont le sacre avait eu lieu, l'an 1000, dans l'église abbatiale de Faremoutiers ; Hugues, archevêque de Tours ; Foulques, évêque d'Orléans ; Fromond, de Troyes ; Foulques, d'Amiens ; Gilbert, de Meaux ; Gui, de Châlons ; Robert, de Senlis ; et Beaudoin, de Tarbes. On a conservé de ce Concile le diplôme d'une donation faite par le roi à l'abbaye de Saint-Denis. Le prince et les prélats montrent une grande sollicitude pour le bon gouvernement spirituel et temporel de ce monastère (1). Comment douter que le même Concile, assemblé tout proche de notre abbaye, n'ait point porté des regards pleins d'un même intérêt sur une maison que les vertus des Clotilde et des Bathilde, des Giselle et d'autres princesses de sang royal avaient rendue si célèbre aux siècles précédents ? On peut donc conclure, des termes mêmes de cette charte, que le monastère de Chelles a dû recevoir, avec la visite du roi et des évêques, de paternels avis et des libéralités dont les preuves écrites ont disparu, soit par la destruction du temps, soit par les flammes de l'incendie.

Le bon roi Robert, comme l'appellent les chroniques du temps, aimait venir à sa villa de Chelles. Les habitants se ressentirent en particulier des générosités de ce roi bienfaisant. Il nourrissait tous les jours trois cents pauvres dans les villes principales de ses domaines. Chelles en faisait partie. On ne saurait douter de ses nombreuses libéralités,

---

(1) Félib, *Histoire de saint Denis*, p. 84.

surtout pendant son séjour des chasses. S'il consacra des sommes considérables à l'ornementation de son palais, pour recevoir les évêques, il n'a pas oublié l'église qui en dépendait, la basilique de Saint-Martin (1). Des offices solennels s'y firent, principalement pendant la réunion du Concile. Nous nous plaisons à considérer le pieux roi se rendant au temple, revêtu de ses habits royaux et la couronne sur la tête, pour diriger le chœur à matines, à vêpres, à la messe et chanter avec les évêques, comme il chantait avec les moines à l'abbaye de Saint-Denis.

Après le Concile, on connaît encore d'autres séjours que firent au palais royal Robert et Constance, son épouse. Une poésie satyrique des mœurs du temps contient, à propos d'un évêque de Laon, le passage suivant : « *Itur à Chala ad Verchios* « des courriers allaient de Chelles à Vorges. » Vorges était un domaine des évêques de Laon, situé à une lieue de la ville.

Nous trouvons également, dans l'histoire de l'Église de Paris, une charte datée de Chelles, l'an 1029, relatant une donation en faveur de l'abbaye de Saint-Maur (2).

Depuis ce moment, il n'est plus question de la villa. Nos rois l'ont abandonnée. Les revenus de ce domaine disparurent insensiblement par des donations successives. Chelles en bénéficia pour la plus grande partie. L'abbaye de Montmartre en eut aussi sa part, sous Louis le Gros (3). Du temps de Philippe-Auguste, en 1202, la couronne touchait encore six vingt-treize livres sur cette dépendance royale (4). Enfin, d'après un compte des baillis, en date du 12 avril 1248, le domaine de Chelles devait à saint Louis 104 sous 9 deniers parisis, pour le terme de l'Ascension (5).

---

(1) Les *Annales bénédictines* disent que le concile aurait été tenu dans une chapelle dédiée à saint Césaire. Dom Porcheron dit que cette chapelle, ainsi que celle de saint Léger, était située près de la basilique de Saint-Martin.

(2) *Analect.*, t. VII, p. 584

(3) *Hist. de Saint-Martin-des-Champs,* p. 329.

(4) Brussel, *Traité des Fiefs*, p. 149.

(5) Dom Bouquet, t. XXI, p. 270.

Les seuls vestiges qui nous restent de ces temps anciens, ce sont quelques pièces de monnaie. Les unes appartiennent à l'époque mérovingienne et les autres à l'époque carlovingienne.

Avant de reprendre le cours de l'histoire de nos abbesses, nous croyons à propos de donner ici quelques indications sur ces monnaies.

1. — *Monnaies mérovingiennes.*

C'est à la résidence de nos rois à Chelles qu'il faut attribuer le privilège d'avoir frappé monnaie. Les auteurs divisent les monnaies mérovingiennes en trois classes : celles portant le nom du roi, celles qui portent le nom du monnayeur et celles émises par l'autorité ecclésiastique.

1re *catégorie*. — S'il y a eu des monnaies appartenant à la première catégorie frappées spécialement dans la villa royale, comme cela est probable, on ne peut les reconnaître des autres, qui ont des provenances identiques. Ces monnaies ne portaient que ce seul signe : RACIO PALATII. Nous ne pouvons donc attribuer ces monnaies au palais de Chelles en particulier, puisqu'elles peuvent appartenir également à tous les autres palais royaux.

2e *catégorie*. — Aucun doute ne peut exister sur nos pièces de monnaie de cette catégorie, puisque, outre le nom du monnayeur, elles portent encore le nom de Chelles.

Trois types appartiennent à la collection de M. le vicomte Ponton d'Amécourt (1), et un quatrième à la bibliothèque nationale.

---

(1) Cette collection a été vendue, l'année dernière, à l'Hôtel des Ventes, à Paris.

N° 1.

N° 1. Buste diadémé à droite; type parisien, avec tendance au type de l'appendice perlé. Inscription : CAL FIT.

℞. Une croix ancrée élevée au-dessus de deux degrés. Inscription tronquée du nom du monnayeur : EBRO.... peut-être EBROALDUS.

La croix ancrée indique que cette monnaie est postérieure à saint Éloi. C'est le *triens* en or ou le *tiers de sol*.

N° 2.

N° 2. Buste diadémé à droite; type de l'appendice perlé. Inscription : OLAD.

℞. Une croix ancrée sur un globe. Inscription : CALAS IY. (sans doute FIT). Triens en or.

N° 3.

N° 3. Buste diadémé à droite; type de l'appendice perlé. Inscription : CALA.

℞. Croix ancrée, accostée de quatre globules. Inscription : BAVDE...... peut-être BAUDECHARIUS.

Il n'est pas certain que cette pièce appartienne à Chelles, M. d'Amécourt lit, au lieu de CALA, CELO.

N° 4.

N° 4. Tête à cheveux hérissés à droite. Inscription : CALECA.
℞. Croix ancrée, soudée sur une base et fichée sur un globe, accostée de deux globules. Triens en or. Inscription : + EL CIVS.

Telles sont les monnaies mérovingiennes connues et que les savants numismates s'accordent à attribuer au *vicus* ou bourg de Chelles.

3° catégorie. — La troisième catégorie des monnaies mérovingiennes est celle qui a été émise par l'autorité ecclésiastique ; or, cette autorité supérieure, à Chelles, se trouvait évidemment dans le monastère. L'église avait été consacrée sous le vocable de Saint-Georges. C'est sous ce nom qu'en général on désignait l'abbaye « *S. Georgius Calensis.* » Telle est l'opinion de M. d'Amécourt dans son livre intitulé : *Essai sur la numismatique mérovingienne comparée à la géographie de Saint-Grégoire de Tours*, 1864.

Voici les pièces qui portent le nom de Saint-Georges :

N° 1.

N° 1. Buste à l'épaule cintrée à droite, diadème de perles, double appendice derrière la nuque. Inscription : SCI IORGI.
℞. Croix latine pattée sur un globe. Inscription : BODOLENUS M. Triens en or, pesant 1 gr. 20. Collection de la Bibliothèque nationale.

N° 2.

N° 2. Buste à droite, un seul appendice. Inscription : SCI ORGI FITUR.
℞. Croix latine pattée, fixée sur un globe et accompagnée de deux étoiles. Inscription : BODOLENUS MO. Triens en or, pesant 1 gr. 35.

N° 3.

N° 3. Tête à droite. Type de l'appendice perlé. Inscription : sci iorgii
℟. Croix ancrée, fichée sur un globe. Inscription : bodoleno. Triens en
or, pesant 1 gr. 15.

En 1864, M. d'Amécourt attribuait toutes ces pièces de monnaie de Saint-Georges à Chelles, s'appuyant sur les trois motifs suivants : 1° le type est parisien ; 2° le monnayeur Bodolenus avait ses ateliers près de Chelles, à Claye ; 3° le monastère, bâti par sainte Clotilde, portait le nom de saint Georges, seul de ce nom dans les environs de Paris.

Nonobstant ce dire de 1864, M. d'Amécourt, en 1883, dans un grand ouvrage intitulé : *Recherches des monnaies mérovingiennes du Cenomannicum*, changeant d'opinion, les attribue au bourg de Dangeul (*Domnus Georgius*), dans la Sarthe, arrondissement de Saint-Mamers.

« Sainte Clotilde, dit le savant numismate, ayant construit un oratoire en l'honneur de saint Georges à Chelles, j'ai cru longtemps, avec d'autres auteurs, que les monnaies de Saint-Georges avaient été frappées dans la villa royale des bords de la Marne. Pourtant, aucun titre ne donne à Chelles le nom de *Sanctus Georgius*, et, certes, la résidence de Chilpéric et l'abbaye fondée par sainte Bathilde n'ont pas manqué de célébrité.

» Le petit oratoire, bâti vers l'an 500, par sainte Clotilde, à Chelles, était déjà abandonné au temps de sainte Bathilde, qui le restaura et l'agrandit, vers l'an 660, et rien n'autorise à identifier avec Chelles le *sanctus Georgius* des monnaies frappées au milieu du septième siècle. »

Contredire M. Ponton d'Amécourt sur une question des monnaies mérovingiennes, serait une témérité sans excuse. Mais, entre deux opinions exposées par le regretté numismate, l'une en 1864 et l'autre en 1883, serait-ce manquer de déférence à sa mémoire que de préférer la première à la seconde? En tout cas, l'amour du pays nous servira d'excuse. Cependant, nous pouvons appuyer notre pensée sur des raisons qui ne sont pas sans valeur.

S'il s'agissait ici d'une indication nouvelle, caractéristique, propre à la monnaie, qui ait fait revenir l'auteur sur sa première opinion, nous nous inclinerions en silence. Son jugement serait pour nous une loi. Mais il ne s'agit ici que d'une question topographique et historique.

Il nous paraît, et plusieurs seront de notre avis, que sous le rapport topographique, le type parisien et le monnayeur, dont les ateliers étaient à Claye, conviennent mieux au Saint-Georges de Chelles, dans la province de Paris, qu'à celui de Dangeul, dans la Sarthe.

Et, sous le rapport historique, est-il exact d'avancer qu'aucun titre ne donne à Chelles le nom de *Sanctus Georgius*? Nous ne pouvons, ici, pour prouver le contraire, que répéter ce que nous avons dit plus haut.

Après sainte Clotilde, Chelles a été très longtemps dénommé, dans les chartes mérovingiennes, sous le titre de Saint-Georges. Au temps de sainte Bathilde, cette église n'était nullement abandonnée; mais, comme elle était devenue insuffisante pour le nombre des religieuses, que la réputation du monastère avait conduites à Chelles, la reine dut l'agrandir. Si la nouvelle église a eu pour autel principal le vocable de Sainte-Croix, celui de Saint-Georges a survécu. Nous en donnons pour preuves :

1° La charte du septième siècle, par laquelle la dame Hermintrude donne sa vigne de Thorigny « *Basilicæ Domni Georgii Calensis.* »

2° Ce nom de Saint-Georges de Chelles persista longtemps encore, même sous les Carlovingiens, après la construction de la grande église de Notre-Dame, par Giselle. Dans une charte du Dauphiné, en 843, il est dit : *Terra Sancti Georgii Calensis.* »

3° Enfin, sous Charles le Chauve, les terres de l'abbaye, que possédait Hermintrude, sa femme, situées dans le Vexin, près de Pontoise, portent toujours, dans les chartes de l'abbaye de Saint-Denis, le nom de « *Saint-Georges de Chelles*. »

Ces motifs nous paraissent assez puissants pour nous déterminer, sans témérité, à nous en tenir à la première opinion de M. d'Amécourt et à revendiquer l'honneur des monnaies de saint Georges en faveur de l'église de Chelles.

2. — *Monnaies carlovingiennes.*

La concession de frapper monnaie semble avoir été accordée au monastère de Chelles par Charles le Chauve, lorsque Hermintrude, sa femme, ou Rotilde, sa fille, en étaient abbesses par commende.

On en possède six types, dont nous reproduisons le fac-similé, en grandeur naturelle, comme pour les monnaies mérovingiennes.

D'après l'inspection de ces monnaies, on remarque qu'elles sont ornées, dans le champ de la *face*, d'une croix avec une couronne de grennetis, et dans celui du *revers*, du monogramme du roi, également entouré d'une couronne de grennetis.

Les légendes se lisent de la manière suivante :

N° 1.

N° 1. Petit denier + d'argent. ALA MONASTE. On doit lire : « *Cala Monasterium* », en reproduisant les lettres qui manquent. Ces défauts sont très communs dans les monnaies anciennes. ℞. + GRATIA D-I REX.

N° 2.

N° 2. Petit denier d'argent. + KLA MNTR. ℞. + GRATIA D-I REX.

N° 3.

N° 3. Denier d'argent. + CARLVS REX FR. On doit lire : « *Carolus Rex Francorum.* » ℞. + CALA MONAS.

N° 4.

N° 4. Denier d'argent. + KLA MNTR. ℞. + GRATIA D-I REX.

N° 5.

N° 5. Obole au même type. + KALA MONASTE. ℞. † GRATIA D-I REX.

N° 6.

N° 6. Denier d'argent. + KALA MONASTERI. ℞. + GRATIA D-I REX.

Il faut traduire ces inscriptions comme il suit : à la face « *Monastère de Chelles ;* » et au revers : « *Charles* (dans le monogramme), *Roi par la grâce de Dieu.* »

CHAPITRE V

LE DOUZIÈME SIÈCLE

1097-1205

Mathilde I. — Vie de sainte Élisabeth-Rose. — Siège de Gournay. — Bataille du ru de Gondoire. — Mort de Mathilde. — Améline. — Fin du siège de Gournay. — Assassinat de Thomas de Saint-Victor. — Concile de Jouarre. — Mathilde II. — Helvide II. — Louis VII et Thibault IV. — Concile de Lagny. — Le monastère dévasté. — Famine. — Transactions. — Asseline II. — Marie 1 de Duny. — Une calomnie. — Les Saladines. — Excommunication. — Reliques de sainte Bertille. — Eméline. — Exemption. — 80 religieuses. — Les églises de Chelles. — Accommodements. — Pierre sépulcrale. — Sceau du douzième siècle.

MATILDE I

XIIIe ABBESSE

1097-1112

Vers la fin du onzième siècle, nous retrouvons, avec la généreuse époque des Croisades, la suite de nos abbesses. Une charte du cartulaire de Nanteuil-le-Haudoin, au diocèse de Meaux, nous apprend que Mathilde, ou Mahaut, se trouvait en 1097 à la tête du monastère de Chelles. « *Domina Mathildis, Kalensis ecclesiœ Abbatissa* (1) ».

On pense qu'elle serait originaire de la maison de Coucy. C'est l'opinion de Toussaint Duplessis. Voici ce qu'il dit à ce sujet dans une lettre écrite au R. P. Rafeline son ami : « Les

(1) Toussaint Duplessis, *Hist. de l'Egl. de Meaux*: Pièces justificatives, n° 22.

frères de Sainte-Marthe (*Gall. Christ.*), dans leur catalogue des évêques de Laon, parlent d'une Mathilde de Coucy qui doit avoir vécu en ce temps-là, et qu'ils disent avoir été abbesse de Jouarre. Je n'en ai trouvé aucun vestige dans les archives de cette abbaye que j'ai toutes parcourues ; mais, comme je suis sûr d'une Mathilde en 1097, je me suis imaginé que celle-ci pourrait bien être de la maison de Coucy, et qu'en ce cas les frères de Sainte-Marthe auraient confondu (1) ».

Mathilde naquit à Nanteuil-le-Haudoin, ou du moins en donna la terre à l'église du prieuré de Saint-Sanson, situé sur la paroisse de Baron, au diocèse de Senlis. La charte nomme les témoins de cette donation : Hildegarde, Richilde, Berthe et Eremburge, religieuses de Chelles.

La sève de sainteté, qui avait fécondé notre illustre abbaye aux temps anciens, ne s'était pas encore desséchée. Une jeune sainte va la ranimer et la faire s'épandre dans une vie aussi pure que merveilleuse. Au milieu des scandales de ce siècle, alors que le peuple était travaillé par l'amour du luxe et de la débauche, on aime à se reposer l'esprit et le cœur, en jetant les yeux sur le Ciel sans nuages de ces âmes généreuses dont les vertus s'épanouissent au soleil de la religion. Dieu, dans la sagesse de sa Providence, aime à montrer à ce monde charnel la sainte image des héros chrétiens. Leur vie pauvre et mortifiée, presque jusqu'à l'excès, peut paraître singulière, mais elle est une protestation vivante de la perfection évangélique, au milieu d'une société qui se déprave.

Notre jeune sainte était fille de Raoul, comte de Crépy, favori de Louis VI surnommé le Gros, et d'Adèle, comtesse de Bar-sur-Aube. Elle naquit au diocèse de Troyes et reçut le nom d'Élisabeth.

Le parfum des vertus que l'on pratiquait à Chelles avait charmé ses parents. Elisabeth y fut placée pour recevoir la nourriture saine d'une bonne éducation. Simple comme la colombe, douce, obéissante comme un agneau, pieuse comme

---

(1) Petite notice manuscrite sur les abb. de Chelles.

une sainte, pure comme un ange, l'enfant, à l'exemple du divin Maître, donnait en grandissant des marques toujours croissantes de piété, de sagesse et de sainteté. Elle était le modèle de ses compagnes, la joie de ses maîtresses, l'admiration de tout le monde ; elle sera plus tard l'honneur de la prélature de Mathilde, et l'une des fleurs les plus gracieuses attachées à la couronne sur le front de l'abbaye de Chelles.

Devenue jeune fille, Elisabeth voulut cacher les grâces de sa beauté sous le voile de la novice, pour les ensevelir ensuite dans le tombeau de la profession religieuse.

Mathilde reçut ses vœux. Dès lors sa vie est tout en Dieu. Elle annonce ces heureux présages d'une perfection qui va se manifester dans des voies extraordinaires, et dont Dieu seul possède le secret.

Il fallait à cette âme la solitude de la Thébaïde. Avec la permission de l'abbesse, elle quitta le monastère. Deux compagnes initiées aux vœux de son cœur la suivirent.

Les trois voyageuses n'emportent pour tout bagage que leurs livres de prières. Elles se dirigent vers Melun et traversent la forêt de Fontainebleau, mangeant le pain de l'aumône, buvant l'eau des fontaines, couchant à la grâce de Dieu. Leurs bons anges les protègent et contre la dent des bêtes fauves et contre la malice des méchants. Sans peur pour leurs personnes, comme sans reproche pour leur virginité, elles arrivent à Chateau-Landon. Poussées par l'esprit de Dieu, elles vont saluer le châtelain de l'endroit et lui exposent le pieux motif qui les amène. Celui-ci, touché de leur céleste vocation, leur accorde la permission de se retirer dans l'un de ses domaines, une sorte de désert situé au diocèse de Sens, entre Courtenay, Saint-Valérien et Ferrières en Gâtinais, nommé Rosoy.

C'est de ce lieu qu'Élisabeth reçut le nom de *Rose*. Elle l'embauma en effet du parfum de toutes les vertus. Là, les trois vierges se construisirent, de leurs faibles mains, de petites cabanes pour se mettre à l'abri de l'injure de l'air ; heureuses d'avoir trouvé leur terre promise, elles s'adonnèrent à l'oraison, aux austérités, aux exercices de la perfection des solitaires.

Mais le pays était malsain. De vastes marais s'étendaient autour d'elles et leur dérobaient le terrain nécessaire à la culture et à l'approvisionnement de la petite colonie. Accablées par la fatigue, l'ennui et la maladie, les compagnes d'Élisabeth se découragèrent. Jour et nuit, elles pleuraient au souvenir de Chelles et des solennités de son temple. La vie y était si douce, si tranquille, entre les exercices de l'oraison et les charmes de l'amitié !... Séduites par ces pensées, où la nature faisait oublier la grâce, les fugitives colombes revinrent à l'arche de leurs premières affections. Chelles leur ouvrit ses portes et l'abbesse son cœur.

Élisabeth, quoiqu'affligée du départ de ses amies, ne s'affermit que davantage dans la résolution de suivre les voies de Dieu. Elle quitta ces lieux, s'enfonça plus avant dans la solitude et vint se cacher dans le creux d'un vieux chêne. La sainte y demeura trois années entières, ne vivant que de racines crues et de fruits sauvages cueillis dans les bois. Sous les influences d'un reste de superstition païenne, les habitants de ces contrées avaient conservé l'habitude d'offrir à l'arbre sacré des Druides des sacrifices de pain d'orge. Les miettes éparpillées sur le sol servirent de nourriture à la pauvre solitaire. En retour, elle purifia cette terre consacrée à Satan par la prière, la mortification et de pieuses aspersions d'eau bénite. Cette vie parut étrange. On la regardait tantôt comme une grande criminelle qui fuyait la société, tantôt comme un monstre, un fantôme destiné à effrayer les hommes. On racontait que l'eau bénite qu'elle employait contre les démons et contre les bêtes fauves, lui servait à opérer des maléfices et des sorcelleries. Aussi on la chargeait d'injures et d'outrages. Les enfants se jouaient à lui lancer des pierres, à renverser, à casser le vase qui contenait l'eau sainte, et à lui causer mille tourments. Mais Élisabeth avait embrassé la folie de la croix ; ces injures, loin de l'affliger, lui causaient des joies incomparables qu'elle savourait au souvenir des opprobres du divin Maître.

Cependant l'opinion si mobile des hommes va bientôt se transformer et changer l'état des esprits. La patience d'Élisabeth finit par dompter les plus rebelles. Du mépris on passe à l'estime. Ce n'est plus une sorcière, c'est une sainte. On vient à elle pour implorer ses lumières, on lui apporte des malades à guérir ; elle prononce des prophéties qui se réalisent, elle opère des miracles qui transportent les âmes.

Une grande sécheresse désolait le pays ; la terre brûlée par le soleil était devenue stérile. Toutes les horreurs de la famine sont en perspective. Le peuple alarmé s'en vient en foule réclamer, à grands cris, la protection de la sainte auprès de Dieu. Elisabeth se met en prières et aussitôt le ciel se couvre de nuages, une pluie abondante tombe pendant plusieurs jours et plusieurs nuits, et la terre redevient féconde.

Tant de prodiges avec la renommée d'une vie si admirable dépassèrent les limites de la contrée. Ils parvinrent jusqu'à Chelles. Deux religieuses, Arcis, sa sœur, et Constance, s'éprirent du désir d'aller remplacer les compagnes qui l'avaient abandonnée. A leur arrivée, son cœur s'épanouit de la plus douce joie. D'autres jeunes femmes se joignirent à ces dernières. Le bon exemple attira de nombreux sujets.

C'est alors qu'Élisabeth, sous l'inspiration divine, conçut le dessein de construire un monastère dans ces lieux. Heureux de posséder ce trésor du ciel, les habitants s'empressèrent de lui venir en aide ; les bâtiments s'élevèrent comme par enchantement, et une belle église, sous le vocable de la Sainte-Vierge, réunit une foule nombreuse dans les fêtes d'une dédicace solennelle.

Les seigneurs du voisinage enrichirent la nouvelle abbaye de leurs pieuses libéralités. Louis VI le Gros, se trouvant à guerroyer dans le pays contre des vassaux rebelles, rendit plusieurs visites au nouveau monastère et le combla de ses faveurs royales. Mais Dieu fut plus libéral encore en répandant sur cette maison les plus abondantes bénédictions de sa grâce. Sous la pieuse direction d'Élisabeth, les religieuses atteignirent les plus hauts sommets de la spiritualité, et, après avoir elle-même donné les exemples d'une sainteté parfaite, comblée de vertus et d'années, elle rendit sa belle âme à Dieu, le 13 décembre de l'an 1130.

Plusieurs miracles s'opérèrent à son tombeau. Après quelques années, son corps fut exhumé, trouvé sans corruption et placé sur les autels.

L'abbaye de Rosoy subsista pendant plusieurs siècles. Pierre de Courtenay, l'un de ses bienfaiteurs et oncle de Philippe-Auguste, se signala par une magnificence vraiment princière. Son fils, Pierre, comte de Nevers hérita de son père une vénération profonde pour la communauté et voulut confirmer toutes les donations paternelles ; mais les guerres de la France avec l'Angleterre apportèrent la dévastation ; les religieuses, s'étant retirées à Villechasson, en Gâtinais, y fondèrent une autre abbaye. Pour rattacher au surnom d'Élisabeth le souvenir de ces deux établissements, on appela la sainte fondatrice : *Rose de Villechasson*. Sa fête, d'après le calendrier de Chelles, se célébrait autrefois le 13 décembre, sous le rit double. Le Propre de Meaux en a conservé seulement la mémoire au même jour.

Nous avons suivi, dans cette histoire de sainte Elisabeth-Rose, le récit de l'auteur du manuscrit de l'abbaye de Chelles. Ce dernier l'avait tiré lui-même des leçons du bréviaire et des renseignements puisés dans les parchemins du monastère.

Le comte Rodolphe n'oublia pas le berceau où sa fille avait reçu les premiers bienfaits de son éducation. Grâce à la protection de ce haut et puissant seigneur, Chelles put demeurer en paix pendant le siège de Gournay. En voici l'occasion.

Gui le Rouge, comte de Rochefort, était revenu de la croisade, couvert de gloire, comblé de biens. Sa fille venait d'être fiancée par le roi au prince Louis, qui devait lui succéder. Mais le pape cassa cette promesse de mariage pour cause de parenté. La sentence fut proclamée au concile de Troyes. Louis le Gros se soumit ; ce qui excita chez le comte un affreux ressentiment. Il jura de se venger. Son fils, Hugues de Pomponne, possédait le château de Gournay. Ce seigneur avait arrêté des marchands sur la grande route et pris leurs chevaux. Or cette route, qui conduisait de Paris à Lagny en passant par Chelles, était un chemin royal dont la police appartenait au roi. Louis le Gros, irrité de la violation de ses droits, vint à la tête d'une armée assiéger le château de Gournay. A cette nouvelle, une vive alarme se répandit dans le couvent. On avait tout à craindre des gens de guerre, aussi bien l'insulte à la virginité que le pillage aux vivres de la communauté. Rodolphe, averti à la hâte, accourut pour protéger le monastère. Louis accueillit sa requête, et tout danger cessa.

Le siège ne manqua ni de péril ni de gloire. Le château était situé dans une île. On ne pouvait l'attaquer qu'à l'aide de bateaux. Louis fait déshabiller ses soldats et, monté lui-même sur son cheval, il lance ses hommes à travers la Marne. Les assiégés les reçoivent à coups de pierres, de perches et de lances ; mais les soldats du roi, soutenus par leurs arbalétriers, s'avancent et mettent pied à terre dans l'île. Hugues de Pomponne, forcé de reculer, se retranche dans le château, que protège un large et profond fossé, et dont il coupe le pont. Louis le Gros fait alors approcher de nouvelles troupes, avec une grande tour en bois haute de trois étages et plus élevée que le château. A un moment donné, un pont volant placé sur la tour mobile s'abat par-dessus le fossé, et les assaillants s'élancent à l'assaut ; mais un infernal stratagème les arrête en leur causant des pertes cruelles. Hugues avait fait garnir le sol de pieux effilés, pointus comme des fers de lance et recouverts de paille, de sorte que les malheureux soldats tombés dans le piège se trouvèrent comme empalés.

Louis le Gros ne se découragea pas. Il fit enlever les pieux, creuser un souterrain, et mit en œuvre tous les moyens possibles pour arriver à ses fins. Cependant les assiégés résistaient opiniâtrement, mais les vivres commençaient à manquer, lorsque Gui le Rouge, qui tenait la campagne dans l'intention de porter secours à son fils, parvint à gagner l'appui de Thibaut IV, comte de Champagne.

Pour faire lever le siège, celui-ci s'engagea à attaquer les troupes royales. Le roi, instruit de ce projet, laissa un corps d'armée devant Gournay et vint présenter lui-même la bataille à l'ennemi. Elle eut lieu entre le village de Torcy et celui de Gouvernes, sur le bord d'un ruisseau appelé aujourd'hui ru de Gondoire. La déroute fut complète. Seigneurs et soldats en révolte s'enfuirent jusqu'au château de Lagny. Thibault abandonna son armée. Ses partisans n'échappèrent à la prison ou à la mort qu'en se cachant dans les vignes et les haies. Aussi, cette victoire, dit Suger, devint-elle fameuse par toute la terre « famosa ubique terrarum celeberrima » (1) (1112).

Le nécrologe de Saint-Denis fixe la mort de Mathilde à cette même année 1112, le 14 juillet, « obiit Mathildis kalensis abbatissa. »

Plusieurs auteurs ne parlent point de la prélature de Mathilde. Ils ont ignoré sans doute la trace évidente de cette abbesse marquée dans la charte de Nanteuil-le-Haudoin et dans le nécrologe de l'abbaye de Saint-Denis. C'est donc à tort qu'ils rapportent au temps d'Améline, qui lui a succédé, l'éducation et la profession religieuse de sainte Elisabeth-Rose. La vie de cette dernière appartient à Mathilde, depuis son entrée au couvent jusqu'à la mort de l'abbesse, et s'achève sous le gouvernement d'Améline.

AMÉLINE

XIV° ABBESSE

1112-1153 (environ).

Toute la prélature de cette vertueuse abbesse (2) fut troublée par les guerres de Louis le Gros contre les vassaux de la contrée.

C'est la gloire de ce prince d'avoir combattu la féodalité

(1) D'Arbois de Jubainville, *Hist. des comtes de Champ.*, t. II, p. 180. — Dom Bouquet, t. XII, p. 706.

(2) Elle porte aussi le nom d'Aveline et celui d'Avelie.

des grands seigneurs, pour la rattacher à sa puissance. Soutenu par l'Eglise, par le peuple, par tous ceux qui souffraient de l'anarchie, il lutta heureusement contre les vassaux turbulents, affranchissant la royauté de la tutelle des seigneurs et la faisant accepter, comme un pouvoir supérieur chargé de veiller au maintien de la paix publique. Un historien moderne a caractérisé l'œuvre de Louis le Gros d'une expression heureuse. Il fut en quelque sorte, dit-il, « le grand juge de paix du pays » (1).

Après la victoire du ru de Gondoire, le roi revint au siège de Gournay. Le château-fort, ne pouvant plus tenir, se rendit à merci. Son maître et seigneur, véritable forban, la terreur des mariniers qui descendaient la Marne, dut se soumettre et perdit sa charge de sénéchal de France. Les hostilités recommencèrent quatre ans plus tard avec un nouvel acharnement. Thibault, battu dans les environs de Meaux, se vit contraint et forcé de rentrer dans la ville. Louis le Gros tenta, mais en vain, de l'y poursuivre. Irrité de cet échec, il tomba sur Lagny. Une bataille se donna dans les plaines de Pomponne. L'armée royale mit encore le vassal insurgé en pleine déroute et culbuta l'ennemi dans la rivière. « La plupart des roturiers qui étaient armés à la légère purent gagner l'autre rive, mais les chevaliers furent arrêtés par le poids de leur lourde cotte de mailles. Les comtes, qui commandaient en second dans l'armée de Louis, s'amusaient à leur laisser faire deux fois le plongeon, puis on les tirait de l'eau après le premier plongeon et avant le troisième, pour les faire prisonniers, en leur donnant le surnom moqueur de *Rebaptisés*, mais le roi ne put approcher des murs de Lagny. Il se retira dans la plaine de Pomponne et accepta les propositions de paix du comte de Champagne » (2).

Cette paix n'était pas sincère. Thibault n'avait rien déposé de la haine qui l'animait. Dans son ressentiment, il se tourna vers l'ennemi de la France et fit alliance avec le roi

(1) Magin, p. 83.
(2) Dom Bouquet, t. II. p. 116. — D'Arbois de Jubainville, t II, p. 198.

d'Angleterre. Louis le Gros les trouva en présence au siège de Livry.

Suger raconte, dans sa vie de Louis le Gros, qu'Etienne de Garlande, seigneur de Livry, ayant pris parti pour Amaury de Montfort, autre vassal rebelle, le prince forma aussitôt le siège de son château. Henri Ier, roi d'Angleterre, et Thibault son allié volèrent à son secours et mirent dans la place une forte garnison. Louis ne devint que plus opiniâtre en son projet. Des deux côtés, on fit des préparatifs pour l'attaque et pour la défense. Les assiégeants livrèrent plusieurs assauts toujours repoussés. Un dernier effort cependant décida de la victoire; mais les pertes furent considérables. Raoul, comte de Vermandois, perdit un œil à l'attaque. Le roi lui-même reçut une blessure à la cuisse. Ces deux accidents inspirèrent au prince batailleur une telle colère qu'il ne fit aucun quartier et rasa le château (1).

Les dangers résultants de ce siège auraient pu être très funestes au monastère et à ses habitants. Toute la contrée était remplie de soldats. Les gens de guerre laissent toujours derrière eux le pillage et la dévastation; mais une protection royale mit encore le couvent à l'abri de tout péril. A la sollicitation de l'abbesse, le comte de Vermandois, qui était allié à la famille de sainte Elisabeth-Rose, obtint des lettres de sauvegarde. Ce fut même pour ce prince une occasion favorable de renouveler les privilèges et donations que les rois ses prédécesseurs avaient faits à l'abbaye. Un diplôme daté de l'an 1127 et signé par Raoul, par le connétable et par le chancelier de France, fixe le nombre des religieuses à 120, et leur octroie le droit d'élire l'abbesse.

Le calendrier historique de l'Église de Paris rapporte au 20 août 1133 l'assassinat du bienheureux Thomas, prieur de Saint-Victor, dans les circonstances suivantes :

Thibaud Notier, archidiacre de Paris, s'était rendu coupable de concussions criantes à la faveur de sa dignité.

---

(1) *Dictionn. des Environs de Paris*, p. 391.

Etienne de Senlis, évêque de Paris, dut l'interdire pour les faire cesser. L'archidiacre ne manqua pas d'en appeler à Rome. Mathieu d'Albano et Pierre de Léon furent chargés de juger cette affaire sur les lieux. Ils limitèrent les droits de Thibaud bien au-dessous de ses prétentions. Celui-ci parut s'y soumettre ; mais au fond il ne put supporter une décision si contraire à sa cupidité. Ses neveux aussi avides, mais plus audacieux, résolurent de s'en venger sur les promoteurs du jugement. Thomas, l'âme du conseil de l'évêque, fut la première victime de leur ressentiment.

Un jour, le prélat et le prieur, envoyés par le roi, vinrent à Chelles pour réformer certains abus dont on ignore la nature. A leur retour, comme ils passaient sur la route, près du château de Gournay, les neveux de l'archidiacre, vassaux du seigneur de ce lieu, fondirent à l'improviste sur l'équipage épiscopal et massacrèrent le prieur entre les bras de l'évêque. Thomas put faire sa confession et recevoir le saint viatique. Après avoir pardonné à ses bourreaux, ce martyr pour la justice mourut le même jour, un dimanche, 20 août 1133. Rentré à Paris, Étienne de Senlis excommunia les meurtriers ; ce qui les rendit plus furieux. Ils éclatèrent en menaces. L'évêque se vit contraint de chercher son salut dans la fuite et se réfugia à l'abbaye de Clairvaux. Sur les instances du prélat, de Geoffroy, évêque de Chartres, et de personnages de la plus éminente piété, le pape Innocent II convoqua un Concile à Jouarre. Les pères de cette assemblée frappèrent les coupables d'excommunication. Étienne de Senlis, trouvant cette peine trop légère, adressa de vifs reproches aux juges du Concile. On ignore ce que fit la justice séculière. Saint Bernard attribue à la victime de ce guet-apens la qualité de Bienheureux. Nous trouvons sa fête fixée au 17 août, dans le Martyrologe de France, revu et augmenté : « A Gournay-sur-Marne, au diocèse de Versailles, le Bienheureux Thomas, prieur de l'abbaye de Saint-Victor de Paris... » Par ordre du pape Innocent II, le corps du martyr fut placé dans le sanctuaire de l'église abbatiale de Saint-Victor. Une épitaphe, incrustée dans une table de marbre, en 1667, lui donnait également le titre de Bienheureux. (1)

Nous ignorons la date de la mort de l'abbesse Améline. On sait seulement qu'elle vivait encore à la mort de Louis le Gros (1137). A cette époque, il est fait mention, dans le cartulaire de Notre-Dame de Paris, que Chelles est placé parmi les églises soumises à l'évêque de Paris. Ce droit épiscopal est confirmé en 1144 et 1188.

MATHILDE II

XVᵉ ABBESSE

1155-1156

Une lettre de l'évêque de Senlis, qui se trouvait autrefois dans le charrier de Chelles, au sujet des dîmes de la seigneurie de Baron, nous fait connaître l'existence de Mathilde II (2). La *Gallia christiana* et le calendrier historique de l'Eglise de Paris admettent son nom parmi les abbesses de Chelles. Notre catalogue n'en parle pas. Peut-être n'a-t-elle pas vécu assez longtemps après sa nomination pour recevoir la bénédiction. Elle mourut au commencement de l'an 1156.

HELVIDE II

XVIᵉ ABBESSE

1156-1177

Il y avait près de dix-neuf ans que Louis VII, dit le Jeune, était monté sur le trône quand Helvide II (3), prieure du monastère, reçut la crosse abbatiale pour remplacer Mathilde II.

Les commencements du règne de Louis VII furent troublés

(1) *Calendrier hist. de l'Eglise de Paris*, p. 69, 330 et 331.
(2) On lit aussi Maale, Maulx ou Mauls et Mahault.
(3) Ou bien Helvise.

par de nouvelles querelles qu'il eut avec le redoutable adversaire de la royauté. Le comte de Champagne, Thibault IV, était oncle de la femme de Raoul de Vermandois. Celui-ci, déjà vieux, avait répudié son épouse pour se marier avec Pétronille, sœur puînée de la reine Éléonore. Le roi prit parti pour sa belle-sœur, et le comte de Champagne pour sa nièce. Dans un concile réuni à Lagny (1142), les Pères se prononcèrent en faveur de la première femme. Ives, évêque de Chartres et légat du pape, excommunia Raoul, Pétronille et les évêques qui avaient prononcé la dissolution du premier mariage (1).

Louis VII, irrité, voulut venger son sénéchal. Le pape mit l'interdit sur le royaume, et, malgré les efforts de saint Bernard, la guerre entre le roi et le comte de Champagne occasionna tant de pillages et d'incendies que, d'après Otton de Frissingue, sans les prières des personnes religieuses, la France eût été regardée comme perdue (2).

Du contre-coup de cette guerre intestine, résultèrent d'affreuses ruines pour un grand nombre d'églises. Celle de Chelles s'en ressentit violemment. Par surcroît, une horrible famine affligea toute la contrée (3). Aussi, lorsqu'Helvide fut placée à la tête du monastère, le trouva-t-elle dans un état déplorable.

Ne pouvant payer des rentes annuelles dues à Simon de Milly, archevêque de Sens, au chapelain de la terre de Rozière et à l'abbé de Saint-Martin de Pontoise, Helvide s'efforça de remédier à cette gêne par des accommodements avec ses créanciers. Des chartes en font foi. En voici une extraite de l'*Histoire de Pontoise* (p. 146, cart. 10).

« Au nom de la Sainte et Individue Trinité, Helvide, par la grâce de Dieu, abbesse de Chelles, et les religieuses du même lieu, nous voulons qu'il soit connu à tout le monde que, d'un commun consentement et de la volonté de notre cha-

---

(1) Rohrbacher, l. LXVIII, p. 397.
(2) *Chron.*, l. VII, cap. XXI.
(3) *Ann. de Lagny*, p. 141.

pitre, nous avons remis à l'abbé et aux religieux de Saint-Martin de Pontoise, le *paste* ou repas qu'ils nous devaient chaque année sur les terres qu'ils tiennent de nous, et qui relèvent de notre église. Or, ils nous payaient autrefois 80 sols de cens, pendant l'octave de Saint-Denis, de ces terres qui doivent le *paste*; et ils ont arrêté pour le cens tenant lieu de *paste*, de nous payer le troisième denier, c'est-à-dire 9 sols qui, étant joints avec les cy-dessus, en font 27. Ils nous doivent aussi, pour d'autres terres qui ne sont pas du *paste*, 3 sols de cens qu'ils nous payaient en différentes fêtes de l'année. Il nous a donc plu, et ils l'ont agréé avec plaisir, que les 3 sols et les 27 fussent réunis ensemble pour en faire le paiement à l'octave de Saint-Denis ; c'est-à-dire qu'ils paieront en ce temps-là les 30 sols de cens, tant pour le *paste* que pour les terres qu'ils tiennent de nous. Nous avons statué, de plus, que tout autre cens qu'ils pourraient nous devoir, en quelque terme qu'il arrive, qu'il soit également payé en l'octave de Saint-Denis. Nous voulons encore, et nous en faisons un commandement à nos vassaux du Véxin, que tout homme qui tient des terres sujettes au *paste*, en réponde et en satisfasse l'abbé et les religieux de Pontoise, autant qu'il appartiendra à un chacun, pour l'augmentation qu'ils nous font pour le *paste*.

» Fait publiquement, à Chelles, dans le chapitre de Sainte Bathilde, l'an de l'Incarnation du Verbe, 1167, étant présents au même lieu :

» Amulfède, chanoine de Saint-Georges de Chelles.
» Drogond, chanoine de Saint-Georges de Chelles.
» Drogond Roole, chanoine de Saint-Georges de Chelles.
» Pierre, chapelain de l'abbesse.
» Pierre Prévost.
» Guérin, de Lagny, et autres. »

L'abbesse obtint ensuite du pape Alexandre III, vers 1160, la confirmation en détail des épaves des biens du monastère.

Parmi les demoiselles nobles auxquelles elle donna le voile, on cite Aulès, fille de Raoul Vasleth, seigneur d'Osny, en Véxin, et Alix, fille de Guzon de l'Isle. Un accommodement fait entre cette dernière et le monastère, pour sa dot, a été confirmé par le pape Alexandre III, en 1172.

L'ancien obituaire de Saint-Denis marque la mort d'Helvide au 17 février 1177, en ces termes :

Obiit Helvisa abbatissa S. Bathildis.

ASSELINE II
XVII° ABBESSE
1177-1178

Le court passage d'Asseline (1) au monastère, en qualité d'abbesse, nous est indiqué par une note consignée dans le troisième livre de la *Police sacrée* de René Choppin. Cette note nous apporte une preuve nouvelle de la situation critique de l'abbaye. Dans l'impossibilité de liquider les dettes précédentes, Asseline se trouva obligée de vendre trois quartiers de vigne qu'elle possédait à Saint-Hilaire de Paris. Maurice de Sully, évêque de Paris, ratifia la vente, la dixième année de son épiscopat. Asseline mourut la même année, 1178.

MARIE I DE DUNY
XVIII° ABBESSE
1178-1190 (environ),

Nos manuscrits parlent d'une odieuse calomnie, sans la spécifier, qui aurait été portée contre Marie de Duny, nouvellement élue, et contre toutes les religieuses. Raoul, comte de Clermont, et Beaudoin, seigneur de Quesnel, ainsi que son fils, en seraient les auteurs. Cette épreuve fut très pénible à la communauté, mais elle en sortit avec honneur

(1) Le plus ancien manuscrit ne parle pas de cette abbesse.

Les coupables, ayant reconnu leurs torts, s'efforcèrent de les réparer et par une amende honorable et par des donations, entre autres une rente annuelle de 15 sols 4 deniers et 6 muids de blé.

Trois nouvelles fondations, ajoutées aux précédentes, rétablirent peu à peu les finances du monastère. La première fut apportée en dot par deux filles d'Elizande de Duny, parentes de l'abbesse, et qui vinrent recevoir le voile de ses mains. Elle consistait en deux arpents de vigne, la terre de Chemenary et la moitié du moulin de Thivel, dont l'autre moitié appartenait déjà au monastère. Aveline, sœur de Gauthier, chambellan de Louis VII, apporta la seconde. Ce seigneur voulut assister à la profession de sa sœur. Il lui donna une pension de 25 sols, et son père, Josselin, 15 sols de rente annuelle. La troisième a été faite par le comte de Soissons. C'est la terre de la *Pierre blanche*, située entre Mitry et Mory (1178).

Malgré l'aisance relative provenant de ces différents revenus, l'abbesse s'était abstenue de payer au roi les décimes de guerre dont son monastère avait été imposé.

Il s'agissait des *Saladines*. Cet impôt était un tribut de guerre dont Philippe-Auguste, dans une grande assemblée d'évêques et de seigneurs, avait frappé la nation pour subvenir aux frais de la troisième croisade contre Saladin. Quiconque se rendait réfractaire était soumis à l'anathème. Tous les Français sans exception furent obligés de payer, clercs et laïques, séculiers et réguliers. La loi n'exempta que les léproseries et les trois ordres religieux des Chartreux, de Cîteaux et de Fontevrault. De nombreux murmures s'élevèrent par tout le pays, et Pierre de Blois s'en fit l'interprète auprès du roi par l'entremise de Henri de Dreux, évêque d'Orléans, cousin du prince (1).

Marie de Duny, à l'exemple de beaucoup d'abbés et d'abbesses, négligea de s'acquitter de l'impôt. Elle partagea la censure commune, c'est-à-dire l'interdit : plus d'offices, plus

---

(1) Epist, 112.

de messes, plus de sépulture ecclésiastique, plus de sacrements, si ce n'est pour les malades. L'abbesse alors s'empressa d'adresser au pape une supplique pour se faire relever de la censure. Sa Sainteté consentit à en suspendre les effets, sous la condition expresse qu'on paierait sans délai la taxe imposée. Marie de Duny s'exécuta, et l'anathème fut levé.

Les trois manuscrits attribuent au pape Alexandre III le bref qui accorda au monastère l'absolution de la censure. L'erreur est évidente. Alexandre III était mort à cette époque, déjà depuis sept ans. C'était le pape Clément III qui occupait le trône pontifical.

On rapporte encore que Marie de Duny aurait eu un différend d'une autre espèce avec les Templiers, quelques années auparavant (1183) (1). Nous en ignorons la cause, mais nous savons qu'il tourna à l'avantage de l'abbesse. Un fait plus consolant termina les dernières années de son administration.

« Madame Marie, abbesse de Chelles, l'an mil cent quatre vingts et cinq, en ce temps a esté faite la translation de Madame saincte Bertille, première abbesse de ce monastère Notre-Dame de Chelles sainte Beaulteur (2) ».

Un parchemin déposé dans cette châsse, en l'an 1185, rapportait que la translation avait eu lieu, le 26 mai, sous Philippe-Auguste ; que l'évêque de Paris, Maurice de Sully, présida à cette cérémonie au milieu d'une grande affluence de fidèles, en présence de Marie de Duny, abbesse, d'Eméline, trésorière, d'Adélaïde d'Anet et de plusieurs autres personnes de qualité. Cette pièce trouvée dans le reliquaire, en 1711, a malheureusement disparu avec les autres procès-verbaux antérieurs à l'année 1721.

On fit donc l'ouverture du sépulcre qui se trouvait sous l'église Saint-Georges ; on recueillit les ossements sacrés, avec les habits de la sainte presque réduits en poussière ; on transporta solennellement la châsse dans la grande église où elle fut placée à côté de celle de sainte Bathilde.

(1) Une petite rue de Chelles porte encore le nom de rue du Temple.
(2) Cart. de Chelles.

La prélature de Marie de Duny a subi l'épreuve de l'adversité; ni les privations, ni la calomnie, ni les rigueurs des peines ecclésiastiques n'ébranlèrent son courage et sa confiance en Dieu. L'infortune rehaussa le prestige de ses vertus, et lorsqu'elle mourut (1190 environ), elle laissa une mémoire vénérée et son monastère plein d'édification devant Dieu et devant les hommes.

ÉMÉLINE

XIXe ABBESSE

1190-1205

Eméline (1) succéda à Marie de Duny. Elle eut pour assistantes dans l'administration du monastère Mathilde de Berchères, en qualité de *prieure*, et Mathilde de Corbeil, en qualité de *trésorière*. Ces deux religieuses monteront elles-mêmes à leur tour sur le siège abbatial. La première reçut, comme pension particulière destinée à ses besoins privés, 14 livres de rente annuelle, et la seconde en eut 12. Telle est l'origine d'un abus aussi déplorable, au point de vue de la discipline monastique, que contraire au vœu de pauvreté (2). Plût à Dieu, cependant, que cet abus n'eût pas causé plus de mal ailleurs qu'à Chelles !

D'autres soucis étaient réservés au gouvernement d'Eméline. Sa prélature a été absorbée par des procès, et c'est au milieu de ces difficultés extérieures que la communauté va voir s'achever les dernières années du douzième siècle.

Eméline engagea la première lutte avec les églises des paroisses situées dans le pays *chellois*, et qui voulaient se soustraire à son autorité. Sur les décisions rendues par Geoffroy, évêque de Senlis, et Pierre de Villevaudé, arbitres désignés par le roi, l'abbesse souscrivit à leur jugement en appo-

---

(1) Ou Emme, ou Améline.
(2) *Hist. Eccl. paris.*, t. XXI

sant le sceau de l'abbaye. Ce sceau imprimé sur une cire verte représentait l'image de sainte Bathilde (1194).

Mais le procès le plus important a eu pour cause la grande question de l'exemption.

D'après le droit canon, l'exemption est un privilège qui soustrait une église, une communauté séculière ou régulière à l'autorité de l'évêque. Primitivement, l'autorité épiscopale était si vénérée et si obéie que, suivant la remarque du père Thomassin, les moines se faisaient gloire de dépendre des évêques, comme les plus saintes portions de leur troupeau, et comme étant pour le moins aussi asservis à la stabilité de leur monastère que les clercs l'étaient à celle de leur église (1). Par l'effet de cette étroite subordination, l'évêque exerçait sur les moines tous les droits de sa juridiction. Il confirmait l'élection des supérieurs, approuvait les professions des novices et connaissait des causes civiles ou criminelles des religieux et des abbés.

Mais certains excès d'autorité provoquèrent de justes réclamations ; rien ne l'apprend mieux que les *formules* de Marculphe, moine du huitième siècle, où l'on voit le parti que se virent obligés de prendre les religieux, de s'adresser aux papes et aux souverains contre les troubles que certains prélats apportaient dans leurs retraites.

Toutefois, les exemptions qu'ils obtinrent n'eurent jamais pour but de porter atteinte à la juridiction spirituelle des évêques sur les abbayes ; mais seulement de conserver leur liberté pour l'élection des abbés, d'assurer le temporel et d'empêcher que l'évêque, allant trop souvent dans le monastère avec une suite nombreuse, ne troublât le silence, la solitude et la paix qui doivent y régner.

Jusqu'au dixième siècle, les communautés qui réclamèrent l'exemption ne négligèrent aucune des formalités indispensables à sa validité. Mais, dans les trois siècles suivants, ces sortes de privilèges devinrent abusifs. Les prétentions furent sans nombre, sans limites, sans raison. De là les plaintes de

---

(1) *Droit Canon*. André.

saint Bernard et celles de Richard, archevêque de Cantorbéry, adressées au pape Alexandre III, au nom de tous les évêques de sa province : « Le mal, dit ce dernier, s'étend très loin ; les abbés s'élèvent contre les primats et les évêques, ils ne veulent avoir personne qui réprime leurs désordres, ni qui s'oppose à leurs désirs... Il est à craindre que si vous ne remédiez promptement à ce mal, que les évêques ne se retirent aussi de la sujétion des archevêques, les doyens et les archidiacres de leurs prélats, et qu'il n'y ait plus enfin de subordination (1). »

A l'exemple des abbayes de Faremoutiers et de Jouarre, Chelles s'efforça d'obtenir les mêmes privilèges.

L'abbesse Eméline envoya à Rome un prêtre attaché à son église, nommé Martin. Il fut assez habile pour obtenir du pape un bref d'exemption ; mais l'évêque de Paris, Maurice de Sully, prélat d'une vie exemplaire, fit des protestations. On choisit des arbitres de part et d'autre. Etienne, évêque de Tournay et Thibaut d'Amiens, les abbés Hugues, de Saint-Denis, et Robert, de Saint-Germain-des-Prés, après avoir examiné attentivement les raisons et les pièces apportées au débat, se prononcèrent pour les droits de l'évêque (3).

« Cette sentence, dit l'abbé Lebeuf, était appuyée sur ce motif que l'abbesse ayant signé sa profession sur l'autel de la cathédrale, et ayant prêté serment d'obéissance à l'évêque de Paris, lors de sa bénédiction, elle ne devait pas être plus exempte de la juridiction épiscopale que ne le sont les abbés de Lagny et de Saint-Maur, et les abbesses de Montmartre et d'Hyerre. »

Eméline, forte de la décision de Rome, ne se rendit pas aux raisons de ses juges. Elle en appela au pape Célestin III comme arbitre souverain. Celui-ci confia l'examen de la cause à deux princes de l'Église, l'un cardinal-prêtre du titre de Sainte-Marie au Portique, l'autre cardinal-prêtre du titre de Sainte-Marie au delà du Tibre. Leur jugement confirma

(1) Pierre de Blois, Ep. LXVIII.
(2) *Hist. Ecclés. paris.*, t II.
(3) *Cart. Eccles. paris.*, t. I, p 57

celui de Paris. Ce tribunal ne devait point avoir d'appel. Mal conseillée sans doute, l'abbesse tenta un dernier effort auprès de la cour royale, s'appuyant toujours sur son bref d'exemption. Le pape dut nommer de nouveaux reviseurs du procès : l'évêque de Chartres, l'abbé de Saint-Victor de Paris et le prieur de Saint-Martin-des-Champs. Le droit épiscopal était incontestable. C'était, à l'aide d'une pièce fausse, que le prêtre Martin avait obtenu une sentence d'exemption. Pour la troisième fois, Eméline fut condamnée, et de la manière suivante :

« Célestin III, serviteur des serviteurs de Dieu ; à notre vénérable frère l'évêque de Chartres, et à nos chers fils les abbé de Saint-Victor et prieur de Saint-Martin-des-Champs de Paris ; Salut et Bénédiction apostolique.... Martin, prêtre de l'église de Chelles, ayant comparu personnellement en notre présence, Nous a exposé, il y a quelques années, que la dite église était exempte de la juridiction de l'évêque de Paris et Nous a présenté une pièce signée et scellée de plusieurs personnes considérées ; Nous rapportant à l'authenticité de cet écrit, Nous avons confirmé le droit d'exemption en faveur de cette église. Mais le même ayant voulu depuis obtenir d'autres avantages, la connaissance en parvint à l'évêque de Paris, qui protesta contre l'exemption obtenue au moyen d'une pièce fausse. Les mandataires de l'évêque en ayant appelé en notre présence, après nouvelles informations, l'église de Chelles fut déboutée de ses prétentions et condamnée. L'abbesse elle-même reconnaît qu'elle avait demandé à l'évêque de la bénir et que sa maison et dépendances étaient soumises à l'autorité de l'évêque de Paris. La dite abbesse ayant voulu en appeler au roi, il lui fut répondu qu'elle ne pouvait en appeler d'un jugement d'arbitres. Mais, comme depuis, malgré ses serments, l'abbesse s'obstine à ne pas reconnaître la juridiction de l'Ordinaire sur cette église, Nous vous donnons charge à tous, et même à l'un de vous, de l'obliger à l'obéissance et de l'y contraindre par la voie des censures ecclésiastiques. Donné à Latran..... 1196 (1) ».

(1) *Cart. de N.-D. de Paris*, Ier vol., p. 63.

Ainsi l'excommunication était au bout de cette sentence. Il fallut bien se soumettre. Par des lettres authentiques, datées de l'an 1196, Eméline reconnut, tant en son nom qu'au nom de la communauté, l'obéissance qu'elle devait à la juridiction des évêques de Paris (1).

L'autorité d'un pareil jugement et une reconnaissance si solennelle devaient, ce semble, mettre fin pour toujours aux vaines prétentions des abbesses de Chelles. Nous les verrons malheureusement renaître, avec une nouvelle opiniâtreté, pendant tout le cours du quinzième siècle, jusqu'à ce que la réforme monastique en fasse bonne justice pour la dernière fois.

Outre ce procès avec l'Ordinaire, Eméline en soutint un autre, mais plus heureusement, avec l'archidiacre. Il s'agissait des droits de visite ou de procuration. Ces droits consistaient en une certaine somme d'argent ou une quantité de vivres, que les églises étaient obligées de donner aux évêques ou autres supérieurs ecclésiastiques, à l'occasion de leurs visites annuelles. Par sa soumission à la juridiction épiscopale, l'abbesse s'en était rendue tributaire.

Des plaintes s'étaient élevées à ce sujet. Le concile de Latran (1179), dans son quatrième canon, avait cherché à remédier aux exactions, en limitant la procuration à de justes bornes. Peut-être les réclamations de l'archidiacre étaient-elles excessives, du moins l'abbesse le jugea ainsi. L'évêque de Paris confia l'examen du différend à trois ecclésiastiques de distinction : Hugues, doyen du chapitre ; Robert, prieur de Saint-Martin-des-Champs, et Pierre, chantre de l'église cathédrale. L'abbé Lebeuf ajoute un quatrième arbitre, Pierre, évêque d'Arras, et rapporte la sentence suivante :

« L'archidiacre n'aura pas plus de huit chevaux pour lui et sa suite, même dans le cas où le doyen rural viendrait avec lui. S'il est mal reçu, il ne prononcera pas de sentence ni contre l'abbaye, ni contre aucun de ses membres, mais il aura recours à l'évêque ; quand il mettra une abbesse en pos-

---

(1) *Cart de N.-D. de Paris*, Ier vol., p. 65.

session, il ne pourra exiger d'elle son palefroi, ni la somme de cent sous, en place de ce cheval. »

C'est dans cet acte que l'on trouve la fausse dénomination de l'église de Chelles « *Scalensis Ecclesiæ* (1) ».

Un bref de Rome, daté de l'an 1200, confirma cet accommodement.

Au milieu des préoccupations occasionnées par ces démêlés, Eméline ne perdit rien de sa sollicitude dans la direction spirituelle du monastère. La règle était strictement observée; les religieuses menaient une conduite exemplaire, digne de leur sainte vocation. Aussi, grand nombre de filles de qualité briguaient-elles l'honneur de prendre le voile à Chelles; mais les revenus devenaient insuffisants, et la place manquait. Il en coûtait cependant à l'abbesse de laisser à la porte celles qui frappaient pour entrer. Afin de se prémunir contre la charité de son cœur, elle sollicita du roi une ordonnance qui mit un terme aux trop nombreuses requêtes. Philippe-Auguste fixa le personnel de la communauté au nombre de soixante professes (1192). Cette ordonnance fut inefficace. Eméline alors se vit obligée de recourir au pape. Innocent III la félicita de la bonne réputation de son monastère et des pieuses importunités dont il fallait plutôt se réjouir que se plaindre. Se rendant toutefois aux raisons de nécessité, le pontife, plus généreux envers les âmes que le roi, décréta que l'abbesse accepterait les vocations jusqu'au nombre de quatre-vingts religieuses; mais la bulle pontificale ordonna expressément de n'accorder désormais de nouvelles prébendes qu'au fur et à mesure des vacances.

Nonobstant ces défenses, les demandes les plus pressantes continuèrent d'assiéger l'abbesse. En vain opposait-elle, pour mettre sa responsabilité à couvert, et l'ordonnance du roi et les décrets de la Cour romaine. On employa même la contrainte.

Une famille puissante, ayant échoué devant la résistance d'Eméline, s'adressa aux légats du Pape qui se trouvaient en

---

(1) *Gallia christ.*, p 567. — *Cart. de N.-D de Paris*, Ier vol, p. 57

mission à Paris. Ceux-ci envoyèrent la supplique à Chelles. L'abbesse s'excusa : la communauté était au complet et la postulante, d'ailleurs, n'avait pas encore atteint l'âge canonique pour entrer en religion. Froissés de cette réponse, les légats citèrent l'abbesse récalcitrante à leur tribunal. Deux religieuses munies de pleins pouvoirs s'avancèrent, conformément au droit, à deux journées de Chelles pour venir au rendez-vous assigné. S'étant présentées par deux fois, deux fois les juges firent défaut. Eméline alors confia la bulle pontificale à son procureur, avec ordre d'en donner connaissance aux légats en personne. Celui-ci, pour toute réponse, reçut une sentence d'excommunication.

La censure était abusive. Eméline en appela à Rome. Innocent III cassa la procédure de ses légats, leva l'excommunication et défendit à l'avenir qu'on pût contraindre l'abbesse ou ses religieuses à comparaître devant un juge éloigné de plus d'une journée de marche.

Cette affaire était à peine terminée que le curé de Saint-André en suscita une autre. L'évêque avait soumis le monastère à sa juridiction, le curé voulut soumettre à la sienne le personnel du dehors employé au service du couvent. « Les familiers de l'abbaye, disait-il, ont leur domicile sur le territoire et la paroisse de Chelles, ils doivent donc, d'après le droit commun, être soumis à la juridiction curiale : le chefcier de Saint-Georges commet un abus de pouvoir en exerçant l'office de cette juridiction. »

Le chefcier était autrefois le chef d'une église collégiale. On l'appelait ainsi parce qu'il était inscrit le premier sur le tableau en cire qui contenait les noms des clercs. A Chelles, c'était le supérieur des prêtres réguliers du second monastère, chargés du service divin dans l'église abbatiale, qui avait ce titre. Or, de temps immémorial, il avait toujours exercé sans conteste la juridiction curiale sur toutes les familles des officiers du couvent. Aussi l'évêque trancha-t-il la question en faveur du chefcier.

On lisait autrefois, gravée sur une plaque de cuivre et attachée à la muraille, dans l'église Saint-Georges, une inscription qui relatait les droits du chefcier. Cette inscription en caractères gothiques remontait à cette époque.

Depuis le commencement de notre histoire, nous n'avions pas encore trouvé une seule mention de la paroisse Saint-André. Son existence, cependant, remonte d'une manière incontestable à l'origine du christianisme à Chelles. Son église actuelle est située sur une petite éminence, à l'extrémité de la ville, tout près de la route de Lagny. Elle était autrefois le centre d'une certaine agglomération de maisons. Ces habitations occupaient tout l'espace de terrain borné au sud par la petite rivière de Chelles, dit le Chenal, et qui séparait la paroisse Saint-André de celle de Saint-Georges ; au nord, par le Mont-Chalas ; à l'ouest, par les marais, et s'étendaient à l'est vers la plaine de Brou. Les constructions du nord et de l'est, dont on trouve encore quelques vestiges, ont été brûlées ou bien démolies à une époque assez reculée ; de sorte qu'aujourd'hui l'église placée au milieu du cimetière est entièrement isolée du côté du levant et du septentrion.

L'architecture n'offre rien de remarquable. Par suite de vétusté, les trois nefs à plein cintre ont été reconstruites, au siècle dernier, comme nous le dirons en son lieu. Les nervures de la voûte de la chapelle actuelle de la Sainte-Vierge accusent le seizième siècle, celles du chœur et de l'abside le quinzième, et celles du clocher, avec les chapiteaux de ses piliers massifs, indiquent une époque plus reculée. « La simplicité des chapiteaux du chœur, dit l'abbé Lebeuf, désigne qu'elle a été bâtie sur la fin du douzième siècle, au commencement du règne de Philippe-Auguste. Cet édifice n'est revêtu d'aucun ornement de sculpture, et l'on n'y trouve rien de remarquable. »

Du côté méridional de l'église, s'élève une tour carrée sans architecture, flanquée de deux piliers à chaque angle et terminée, en forme de flèche, par une toiture à quatre pans. C'est le clocher.

Outre les quatre églises connues : Notre-Dame, Saint-Georges, Sainte-Croix et Saint-André, Chelles possédait encore six autres églises et quatre chapelles (1), savoir :

Églises : 1° Sainte-Bathilde, où l'on faisait l'office d'après l'usage de Fontevrault ; 2° Saint-Martin, à la villa royale (2) ; 3° Saint-Césaire, où s'assembla le Concile ; 4° Saint-Léger de Faiquepaix (3) ; 5° Saint-Michel ; 6° l'Hôtel-Dieu.

Chapelles : 1° Chapelle de Saint-Pierre *in baucheria*, dont le nom se trouve cité dans les registres de l'église de Paris ; 2° Sainte-Bertille, fondée en 1261, par Jean, chanoine de Saint-Georges ; 3° Notre-Dame de Souffrance (4) ; et 4° la chapelle Hutpin, sur la montagne ; ces deux dernières ont été bâties beaucoup plus tard.

La nomination à la cure de Saint-André appartenait à l'évêque de Paris ; nous en avons des preuves authentiques dans le Pouillé du treizième siècle, où l'on voit un accord passé, le 18 juillet 1442, entre l'évêque et Laurent Pasté, curé de cette paroisse, dans une copie du Pouillé du seizième siècle, et enfin dans celui qui a été imprimé en 1626 ; mais en 1648, cette cure est placée parmi celles qui appartiennent à l'abbesse.

Éméline n'avait pas même le droit de patronage sur l'église Saint-André. C'était Jean, seigneur de Pomponne, qui en était le collateur, parce qu'il l'avait fait construire (5). On peut remarquer, en effet, que le clocher termine en ligne droite l'horizon de la grande avenue encore existante du château de ce lieu. Cependant, en 1202, l'abbesse acheta ce droit, ainsi que les rentes et les dîmes que Hugues de Pomponne possédait sur le territoire de Chelles, entre les saules de Gagny, le ruisseau de Villevaudé et la Marne. Cette vente a été ratifiée par Roger de Meulant, confirmée par lettres patentes de Philippe-Auguste et scellée du grand sceau (6).

---

(1) *Hist. du diocèse de Paris*, par l'abbé Chastelain
(2) Archives de Melun, 1300.
(3) *Ibid.*, 1351.
(4) *Ibid.*
(5) *Gall. christ.*
(6) Arch. de Melun.

Par l'acquisition dont nous venons de parler, Éméline mit fin à des contestations trop fréquentes avec les seigneurs voisins. C'est dans la même intention qu'elle acquit tous les droits de justice dont jouissait un seigneur de Soissons sur la terre de *Pierre-Aube*, ou *Pierre-Blanche*, entre Mitry et Mory (1).

Un autre accommodement, fait avec le seigneur de Livry, devait procurer au monastère un réel avantage au point de vue du temporel. L'église de Chelles possédait 600 arpents de bois dans la forêt de Livry. Mais cette propriété était affreusement ravagée par les habitants des villages voisins, de sorte qu'elle n'était d'aucun rapport pour la communauté. D'un mutuel accord avec Guillaume de Garlande, fondateur de l'abbaye de Livry, Éméline plaça les bois sous sa protection. Moyennant l'abandon de l'usufruit de la moitié de la vente, elle reçut le serment de fidélité du garde qui devait veiller sur le tout. Le contrat ne tourna pas à l'avantage du monastère. S'étant rendu coupable d'un grand crime, le seigneur fut condamné à mort et toute sa fortune confisquée au profit du roi, avec les 300 arpents de bois qui lui avaient été cédés. Cette propriété n'est rentrée dans la mense abbatiale qu'après cent ans de réclamations.

Enfin, après avoir terminé une dernière difficulté qu'elle avait eue avec le chapitre de Meaux, touchant les dîmes, Éméline mourut sur la fin de l'an 1205.

Parmi les religieuses auxquelles elle donna le voile, nous trouvons une fille du seigneur de Voulangis, qui apporta en dot 20 arpents de bois, et celle du vicomte de Corbeil, qui reçut 20 sols de rente perpétuelle, au profit de la maison.

La prélature d'Éméline a été remarquable. Son application à maintenir la règle et la fermeté au milieu des difficultés nombreuses qu'elle a eu à supporter, placent cette abbesse parmi les femmes fortes du monastère. L'opiniâtreté, poussée à l'excès, qu'elle manifesta dans la question de l'exemption, forme sans doute une tache regrettable dans sa vie;

---

(1) Invent. des Archives de Melun.

mais l'erreur dominante de l'époque et la bulle pontificale, qu'elle croyait légitime, ne pourraient-elles pas, ne doivent-elles pas apporter en sa faveur des circonstances atténuantes?

Nous avons eu la bonne fortune de retrouver la pierre tumulaire qui indiquait sa sépulture, ainsi que celle d'Helvide II. Elle se trouvait dans la propriété de M. Delamarre, conseiller municipal, qui a bien voulu nous la remettre.

On y lit l'inscription suivante :

† hic ⁞ IACET ⁞ HELWID
ISA ⁞ ABBATISSA ⁞ †
† hic ⁞ IACET ⁞ EME
LINA ⁞ ABBTISSA. †

Reproduction d'un sceau de l'abbaye du douzième siècle qui se trouve aux Archives nationales, sous le n° 8446.

« Ogival, en cuvette. 70 mill. de haut.

» Femme debout, vue de face, tenant une fleur de lys à droite et une fleur de lys à gauche.

« Légende : SIGILLVM (beatæ Mariæ de) CHELA. »

CHAPITRE VI

PREMIÈRE MOITIÉ DU TREIZIÈME SIÈCLE

1205-1250

Marie II de Néry. — Bulles d'Innocent III. — Armoiries. — Mathilde III de Berchères. — Le servage. — Mathilde IV de Corbeil. — Les chanoines de Saint-Georges. — Hugues, Pierre et Philippe de Chelles. — Florence. — — Les rotulaires. — Accommodements. — Incendie. — La nouvelle abbatiale. — Un portail roman. — Tombeau de Clotaire III. — Marguerite I de Néry. — Sa justice. — Fondations de services. — Pétronille I de Mareuil. — Bulle de Grégoire IX. — Conflit. — Acquisitions. — Rentes privées.

MARIE II DE NÉRY

XXe ABBESSE

1206-1208

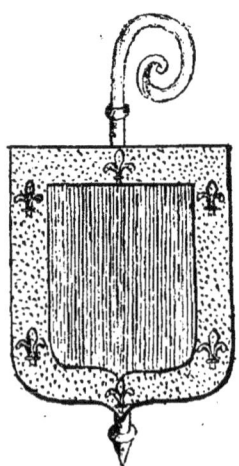

De gueules, à 6 fleurs de lys d'or à la bordure du même.

Pendant toute la durée du treizième siècle, tandis que la France accomplit sa mission divine en faisant pénétrer, d'une manière plus abondante, l'esprit du christianisme dans la monarchie, dans les universités, dans l'architecture, dans les sciences et les arts, notre abbaye va jouir d'une grande paix. Elle aussi, sur ce petit coin de terre que lui a légué sainte Bathilde, elle accomplira la mission qu'elle a reçue du ciel. Loin du monde, de ses plaisirs et de ses grandeurs, dans le calme de la retraite et du silence, ses pieuses abbesses vont faire circuler dans le cœur de leurs filles spirituelles la sève mystérieuse de la perfection évangélique, et nous verrons germer, fleurir et fructifier les plus nobles vertus, pour la gloire de Dieu et la sanctification du peuple chrétien.

Ce sont de précieux exemples de ces vertus qui élevèrent Marie de Néry à la dignité d'abbesse, humble fille dont on ne connaît pas la famille. Elle avait une sœur, religieuse comme elle ; comme elle, ses mérites l'élèveront un jour à la même dignité, sous le nom de Marguerite de Néry.

Marie, bénie au commencement de l'année 1206, ne gouverna que deux ans. Elle mourut en 1208. Dans ce court intervalle, le pape Innocent III l'honora de deux bulles. La première renouvelle celle qui fixait à 80 le nombre des religieuses, avec défense en plus d'admettre des surnuméraires, sans une permission expresse du Saint-Siège. La seconde abroge l'usage des pensions particulières ; sage mesure qui eût dû toujours être fidèlement observée.

Nous trouvons encore, sous l'administration de Marie de Néry, une donation faite en faveur du monastère, par Gauthier de Châtillon, en 1206, de toutes les dîmes de Messy et du huitième de celles du Pin (1).

Le petit Abrégé manuscrit de l'histoire de Chelles fait mention, pour la première fois, des armoiries des abbesses ; c'est sur les légendes qu'il nous donne que nous avons reproduit le plus fidèlement possible un bon nombre de ces armoiries.

L'origine du blason remonte à Philippe Ier, au temps de la première croisade. Il fallait, à la foule des seigneurs de

---

(1) Invent. des Arch. de Melun.

toutes nations qui se croisaient, des bannières différentes à l'aide desquelles on pût les distinguer de leurs vassaux. En outre, comme ils étaient couverts de fer, ils avaient encore besoin de quelques marques pour se faire reconnaître de ceux qui marchaient sous leurs ordres. Chaque seigneur mit donc un emblème particulier sur sa bannière et sur son écu ou bouclier. Après les croisades, on conserva ces symboles comme des titres d'honneur. L'usage d'en porter devint une des marques distinctives de la noblesse.

Nos abbesses, qui étaient en général des filles de haute maison, conservèrent le blason de leur famille, le sommèrent d'une crosse et s'en servirent comme d'un sceau particulier.

MATHILDE III DE BERCHÈRE

XXIe ABBESSE

1208-1220

Lorsque les derniers devoirs furent rendus à la défunte, la communauté porta son choix sur la prieure. Mathilde (1) de Berchère en était digne. Les douze années de sa prélature se sont passées dans une paix profonde. Nous n'avons que cinq faits de peu d'importance à raconter.

1° La cession, au profit du couvent, par l'abbesse Flandrine de Malnoue, monastère de bénédictines, fondé vers 1125, à deux lieues de Chelles, d'une prestation consistant en deux muids de blé, qu'elle avait le droit de prélever sur la grange de Coulombs.

2° Une vente de deux moulins, situés au-dessous de Champs, et d'une maison près l'église Saint-André (2).

3° L'arbitrage confié à la sagesse de l'évêque de Senlis pour régler un différend survenu entre deux titulaires des chapelles de Sainte-Bathilde et des cordonniers, dans l'église Notre-Dame. Par une sentence bien motivée, le prélat régla

(1) Ou Mahaut.
(2) Arch. de Melun.

l'affaire en faisant un partage équitable des revenus et des charges entre les deux chapelains auxquels il imposa l'obligation de la résidence.

4° Plusieurs échanges faits avec les abbayes de Saint-Faron de Meaux et de Jouarre, en 1210, 1211 et 1215. Nous n'en trouvons aucune trace dans Toussaint Duplessis. On pense qu'il s'agissait de serfs ou hommes de corps.

Les serfs étaient des hommes destinés à la culture de la terre. Le rang qu'ils occupaient dans la société était intermédiaire entre l'ancien esclavage et la liberté. Ils n'étaient point esclaves, parce que leurs maîtres n'avaient pas droit de vie et de mort sur eux, mais ils n'étaient pas libres, parce que, immeubles comme la terre qu'ils cultivaient, ils ne pouvaient la quitter et vivaient sous la dépendance presque absolue de leurs maîtres. Des lois déterminaient les obligations du serf vis-à-vis du propriétaire et celles du propriétaire vis-à-vis du serf.

« L'usage de donner des serfs aux églises, usage pratiqué dès les temps primitifs de la monarchie, se continua jusque dans la première moitié du treizième siècle. Il semblait qu'en disposant ainsi des serfs, appelés depuis le commencement du douzième siècle : *hommes de corps, femmes de corps*, on faisait une chose agréable à Dieu. Leur sort devenait ainsi plus assuré et il était bien plus supportable. Souvent même des individus libres s'offraient à accepter cette condition » (1).

On a écrit beaucoup de choses fausses ou exagérées sur le *servage*. Est-ce ignorance des lois qui le régissaient, est-ce mauvaise foi ?... Il est certain qu'un grand nombre de seigneurs ont indignement violé ces lois ; mais c'étaient des abus. Or, les abus se rencontrent partout, sous tous les régimes ; de nos jours surtout, où la liberté religieuse subit d'odieuses violences. Est-ce à dire qu'il faut approuver le servage ? A Dieu ne plaise ! l'esprit de l'Évangile s'y oppose.

Pourquoi donc, dira-t-on, l'Église semble-t-elle l'avoir favorisé au moyen âge ?

(1) *Lectures sur l'histoire de l'Agriculture*, par M. le chanoine Denis, p. 146.

C'était, de sa part, sagesse et modération. Lorsque l'Église parut au grand jour, la civilisation romaine lui légua l'esclavage. Devait-elle, pouvait-elle l'abolir aussitôt ? Une telle révolution dans la société eût précipité le monde dans d'épouvantables catastrophes. On sait que le nombre des esclaves l'emportait de beaucoup sur celui des hommes libres. La brutalité des instincts, la soif de la vengeance et des représailles trop justifiées par le souvenir des mauvais traitements reçus, eussent ensanglanté les peuples. L'Église comprit son rôle modérateur. Elle devait, tout d'abord, préparer les voies par l'adoucissement des mœurs. Ce fut le travail des siècles.

Dès le commencement, elle s'efforce de réhabiliter l'esclave aux yeux du maître, en montrant à l'un et à l'autre une commune origine, une commune destinée, une commune rédemption. Bientôt l'antique esclavage disparaît et le servage lui est substitué. Sainte Bathilde opère cette transformation dans la nation française.

Le maître n'a plus le droit de vie et de mort sur son serviteur. S'il l'attache à la glèbe pour la cultiver, il ne peut rien exiger au delà de la redevance, ni le distraire de sa famille, ni le maltraiter. Le serf peut posséder. Aux temps féodaux, l'influence de l'Église s'exerce activement sur les puissants du jour par la force de sa parole, par l'autorité de ses décrets et surtout par ses exemples de douceur, de mansuétude et de respect envers le corps et l'âme des petits. Son action bienfaisante prépare l'affranchissement général. Une abbesse de Chelles, Mathilde de Berchère, entre, une des premières, dans ce mouvement ; et nous sommes heureux de la saluer comme une digne émule de sa mère, sainte Bathilde, comme une bienfaitrice des petits et des pauvres.

Mais l'Église, en dirigeant les âmes vers les aspirations légitimes de la liberté chrétienne, maintient toujours les droits imprescriptibles de l'autorité. Une démocratie qui tenterait de s'en affranchir courrait aux abîmes. Aussi, la maxime insensée de *Ni Dieu ni maître*, si elle venait à prévaloir, ferait rétrograder l'humanité aux époques sauvages de la barbarie.

5° Enfin, le dernier fait que nous ayons à enregistrer sur l'administration de notre abbesse, c'est la juste réclamation du prieur de Mortcerf, au sujet de quelques pièces de vignes sises au territoire de Villiers-sur-Morin. Guillaume de Garlande, dont nous avons parlé plus haut, avait disposé de ces vignes en faveur de Chelles. Ce bien ne lui appartenait pas. Il dépendait de Saint-Martin de Pontoise, et l'abbé de ce monastère l'avait cédé au prieur de Mortcerf (1). On présenta les pièces justificatives ; Mathilde, de concert avec la communauté, se hâta de renoncer à un bien involontairement mal acquis. L'acte est daté de l'an 1218 et marqué du sceau de l'abbaye.

En 1194, il est dit que le sceau de l'abbaye représentait l'image de sainte Bathilde ; cette fois, la *Gallia christiana* nous en rapporte l'inscription : « *Sigillum abbatissæ et domûs S. Bathildis Cal.* » On ne le trouve pas aux archives nationales.

Mathilde de Berchère mourut en 1220.

MATHILDE IV DE CORBEIL

XXIIe ABBESSE

1220-1223

Après l'ancienne prieure, les religieuses élurent la trésorière. Mathilde de Corbeil occupait cette charge depuis vingt-deux ans. La sagesse de son administration dans les finances la désigna aux suffrages de la communauté.

Mathilde était originaire de l'antique maison de Corbeil. Son frère en était comte. Plusieurs personnages de distinction l'illustraient à cette époque. Égidius de Corbeil s'était fait remarquer par plusieurs ouvrages qu'il écrivit sur la médecine, ouvrages encore appréciés de nos jours par les maî-

---

(1) Charte de Saint-Martin de Pontoise.

tres de la Faculté. Michel de Corbeil, doyen du chapitre de Meaux, puis de celui de Paris, patriarche de Jérusalem, mourut archevêque de Sens en 1198. Le pape honora sa mémoire en faisant de lui ce bel éloge : « Il fut plus illustre encore par sa piété que par la noblesse de sa science.» Pierre de Corbeil se distingua également par la sûreté de sa doctrine, non moins que par la pureté de ses mœurs. Docteur de cette Université de Paris, dont la réputation était alors incomparable, il eut pour élève Lothaire, devenu plus tard Innocent III. Les leçons du maître eurent une influence signalée sur la direction et le développement de l'esprit du grand pape. Pierre de Corbeil occupa le siège épiscopal de Cambrai d'abord et ensuite celui de la métropole de Sens (1220).

En cette même année, Mathilde de Corbeil reçut la bénédiction abbatiale. Ni la haute réputation de sa famille, ni la dignité de sa prélature ne lui firent oublier l'humilité de la religieuse. Si elle se servit parfois de l'autorité qui s'attachait à son nom et à ses mérites, ce ne fut jamais que pour maintenir au dedans la pureté des vertus chrétiennes et au dehors les droits du monastère.

Le prieur de Gournay ayant élevé des prétentions excessives sur le droit de pêche, Mathilde, de concert avec lui, pria Barthelemy de Moursy de fixer des limites selon les droits de chacun (1).

D'autres prétentions firent surgir une discorde plus regrettable entre la communauté et les prêtres chargés de ses besoins spirituels. Ceux-ci logeaient dans un cloître séparé du monastère, comme cela se pratiquait dans les collégiales et les cathédrales. Primitivement ils vivaient, nous l'avons déjà dit, sous une règle commune. L'église Sainte-Croix leur était réservée pour leurs offices particuliers. Ensuite ils se sécularisèrent, prirent des titres de chanoines de Saint-Georges, et leur chefcier devint curé de la seconde paroisse.

Nous lisons dans l'histoire de l'église de Meaux, par

(1) Arch. départ. Melun.

Toussaint Duplessis, que les chapelains de Jouarre et de Faremoutiers s'attribuèrent les mêmes titres. A l'exemple des chanoines de Saint-Georges, ils fabriquèrent un sceau et prétendirent également au droit de suffrage dans l'élection des abbesses (1).

Le principal motif de leur fondation avait été la célébration des saints mystères dans l'abbatiale, l'administration des sacrements et les autres fonctions ecclésiastiques que peut réclamer une communauté religieuse. En retour, ces prêtres avaient droit à la nourriture, à certains revenus provenant de leurs prébendes et destinés à leurs besoins personnels.

Ces obligations, ces devoirs réciproques, si justement établis, ont été sans doute souvent violés. D'une part, en effet, la communauté se plaignait du peu de régularité et d'exactitude apporté dans la célébration des offices. De leur côté, les chanoines accusaient les religieuses de certaines exigences abusives et d'excessive parcimonie soit dans la ration des repas, soit dans la solde des revenus.

Ainsi la paix, si nécessaire à la prospérité des observances monastiques, fit place à de mesquines querelles d'intérieur. Les deux maisons sœurs entrèrent en lutte, et, au milieu du conflit, on vit paraître le cortège des petitesses humaines, triste apanage de la nature déchue abandonnée à elle-même. Cependant la voix de la conscience se fit entendre. Chacun sentit le besoin de mettre fin à une situation où Dieu était absent et où les âmes timorées se trouvaient mal à l'aise. On tomba d'accord pour en appeler à un tribunal d'arbitres présidé par Jacques, chanoine de Saint-Victor, qui prit conseil du chapelain et du légat du pape dont il était lui-même le pénitencier. Afin de donner une sanction à la sentence du juge, on convint, d'un consentement unanime, que la partie récalcitrante paierait cent marcs d'argent à sa rivale.

Après une étude approfondie des mémoires écrits et présentés par la communauté et les ministres, le juge rendit une sentence dont voici le résumé :

(1) P. 137, 209, 314 et suiv.

1° Les prêtres de Saint-Georges ne porteront plus le titre de chanoines, mais celui de chapelains ou de clercs.

2° Les chapelains, autrefois au nombre de seize, ne seront plus que six avec le service des chapelles suivantes : Saint-Jacques, Saint-Barthélemy, Saint-Laurent, Saint-Denis, Saint-Thomas et Sainte-Madeleine. Mais, dans le cas où les revenus des prébendes seront plus abondants, l'abbesse aura le droit d'augmenter le personnel des chapelains.

Ces revenus des prébendes se composaient alors : 1° de vingt-cinq sous de rente ; 2° du produit de dix-huit arpents de terre et de vigne et de neuf setiers de blé. Le tout sera partagé, par portions égales, entre les six chapelains, et, si la part de chacun est insuffisante, l'abbesse, conformément au troisième concile de Latran, y pourvoira de façon à ce que chaque prêtre possède l'équivalent de quinze livres de rentes.

3° En outre, les chapelains auront la jouissance de cinq arpents de terre sur le domaine de Saint-Georges, avec dispense du cens ; mais ils n'exigeront aucune redevance des paroissiens qui dépendent de l'abbaye. Quant aux revenus des terres de Noisy en Gâtinais et de Bernes, les chapelains sont déboutés de toute réclamation à ce sujet.

4° Les chapelains n'auront pas d'autre sceau que celui de l'abbaye ; ils n'élèveront aucune prétention au droit de suffrage à l'élection des abbesses ; ils n'érigeront aucun autel, ni ne feront aucune procession extraordinaire dans l'église Saint-Georges, sans la permission de l'abbesse ; ils n'enterreront dans le cimetière de leur paroisse aucun défunt étranger ou dépendant de l'église Saint-André ; ils auront une nourriture absolument semblable à celle des religieuses, tant pour les jours ordinaires que pour les jours de fête, de professions ou de funérailles ; c'est-à-dire qu'ils recevront le pain, le vin, la viande et les autres choses nécessaires à la vie. On appelait cet usage *le Pain du chapitre*.

On lit dans les règlements faits à cette occasion qu'on ne mangeait de la viande que les jours de fête, et d'un plat seulement. Toutefois, par exception, on en servait deux, le jour de Sainte-Bertille, et trois à la grande solennité de Sainte-

Bathilde. On faisait maigre tous les autres jours de l'année. Dom Martène remarque que les légumes n'étaient préparés avec de la graisse que trois fois par semaine, les dimanches, mardis et jeudis. « En quoi, ajoute-t-il, on est plus attentif à la règle, à Chelles qu'à Cluny où on s'en servait tous les jours ; en sorte que Pierre le Vénérable se crut obligé d'en interdire l'usage à cause du scandale des séculiers qui ne s'en servaient pas eux-mêmes les autres jours. »

5° Les chapelains diront régulièrement la messe tous les jours dans les chapelles prébendées, mais ils jouiront du privilège d'une semaine de libre par mois. Dans le cas d'une vacance, la célébration de la messe ne sera exigible que quatre fois par semaine, sur chacun des six autels.

L'habit de chœur, c'est-à-dire la chape fourrée de peau, sera de rigueur pour l'entrée dans l'église abbatiale et dans celle de Saint-Georges, pendant les offices. Toute absence sera punie de deux sous d'amende, au profit de l'église Saint-André. En retour, si la communauté ne rend point aux chapelains ce qui leur est dû, l'abbesse recevra un avertissement officiel, et si, après dix jours écoulés, la réclamation n'est point satisfaite, les prêtres pourront refuser leur ministère, jusqu'à ce que les religieuses aient fait droit à leur demande et aient payé deux sous d'amende, en faveur de l'église Saint-Georges.

L'esprit de conciliation qu'apporta Mathilde dans le règlement de cette affaire prouve son amour pour la paix. Sa prélature fut trop courte. D'après la *Gallia christiana*, une mort prématurée l'enleva à l'affection de la communauté, trois ans après sa bénédiction, au commencement de l'an 1223.

Nous trouvons, à cette époque, trois personnages de distinction en dehors du monastère, et qui méritent une mention dans le cours de cette histoire.

Le premier est un nommé Hugues de Chelles, cité, en 1219, dans le cartulaire de Notre-Dame de Paris, en qualité de chanoine de cette église. Le deuxième est désigné dans l'abbé Lebeuf de la manière suivante : « Pierre de Chelles était, en

1223, chanoine de Champeaux et bailly de l'évêque de Paris. Il reste une de ses sentences de cette année-là. » Cet ecclésiastique possédait plusieurs arpents de pré sis au territoire de Chelles, entre autres un arpent qu'il avait acheté à Raoul, dit Cou-de-Moine, et à Héloïse sa femme, moyennant trois livres cinq sous; deux arpents à Jean, dit Prévot; un demi-arpent à Guillaume, fils d'Arnoul, cirier, et un arpent à Jean, dit Estas (1). Il possédait en outre une rente de neuf setiers de blé sur les greniers de l'abbaye (2). Le troisième personnage se trouve également nommé dans l'abbé Lebeuf : « Philippe, prêtre, directeur des religieuses de Chelles. Du Saussay l'a mis au 3 mai, dans le supplément de son martyrologe, en ces termes : *In territorio parisiensi, Kalæ monasterio, sancti Philippi presbyteri virginum sacrarum pædagogi, viri angelicæ puritatis et gratiæ*, sans marquer le temps où il vivait. »

M. Pruneau, ancien supérieur du grand séminaire de Meaux, dans son procès-verbal sur la vérification des Reliques de Chelles en 1826, dit à propos de ce personnage : « On ne trouve dans le manuscrit de Chelles aucune trace de saint Philippe de Chelles, dont parle l'abbé Lebeuf après du Saussay. Il est bien probable que ce dernier aura pris pour un saint de Chelles saint Philippe de Celles, honoré dans le Palatinat du Rhin et dont parle Godescard (3). »

FLORENCE

XXIIIe ABBESSE

1223-1230

Le Cartulaire de Chelles marque l'élection de Florence avant la fête de Pâques, en l'année 1222. Il paraît y avoir contradiction avec la date de 1223, indiquée par la *Gallia*

---

(1) *Cart. de N.-D. de Paris,* 1258, Ier vol., p. 201 et 399; IIe vol., p. 351.
(2) Invent. des Arch. de Melun, 1272.
(3) T. II, p. 45.

christiana ; mais la contradiction n'est qu'apparente et s'explique aisément par la manière de compter les années au treizième siècle. On suivait alors la coutume de Rome qui fixait le premier jour de l'an à la fête de Pâques. D'où il suit que l'élection ayant été faite avant cette solennité, c'est bien en 1223, selon l'usage actuel, que Florence a reçu la bénédiction abbatiale.

Vivement pénétrée du sentiment de sa faiblesse dans le gouvernement des âmes, la nouvelle abbesse songea d'abord à réclamer aide et protection auprès de Celui qui seul peut donner conseil, sagesse et force.

Au nom de la solidarité chrétienne, mystérieuse émanation du dogme de la Communion des saints, elle voulut entrer dans une pieuse association de prières avec la communauté de Saint-Germain-des-Prés. Telle est la première trace que nous rencontrons de ce vieil usage dans les monastères. Nous le verrons par la suite s'accroître et réunir, dans une vaste congrégation, un grand nombre de communautés appartenant à l'ordre de Saint-Benoît.

L'association avait pour but d'entretenir la charité mutuelle en cette vie et d'obtenir en l'autre les suffrages les plus abondants pour le repos des âmes des trépassés.

Voici, d'après Dom Mabillon, comment s'exerçaient les devoirs de cette union de prières. A la mort d'une personne professe dans un monastère associé, on expédiait immédiatement une lettre uniforme de faire-part appelée *rotulaire*. On la nommait ainsi, parce qu'elle était en forme de rouleau, sur lequel étaient inscrits les noms du défunt ou de la défunte : « Le..... des Calendes de..... mourut N..... » On indiquait ensuite les prières qui devaient être célébrées, selon la qualité et le rang qu'occupait dans la communauté la personne décédée. Ces prières consistaient en un certain nombre de messes, de psaumes et de *pater*, avec quelques autres obligations réciproques.

Entre Chelles et Saint-Germain-des-Prés, il était stipulé qu'à la réception du rotulaire, on sonnerait les cloches, on chanterait une messe de *Requiem* et on servirait à table l'ordinaire des services solennels. En outre, chaque année, le vendredi après les Cendres, on fixait encore un autre service et on disait un *trentain* de messes basses, pour le dernier abbé ou pour la dernière abbesse.

Le rotulaire contenait aussi la liste de toutes les maisons qui faisaient partie de l'association. Des messagers spéciaux étaient chargés de porter ces rouleaux à destination. Ils avaient droit à des rétributions convenues et proportionnées à la distance des lieux.

Trois ans après son élection, Florence vit surgir une contestation, pleine de respect et de charité d'ailleurs, entre elle et sa communauté. Il s'agissait de la collation des bénéfices. Outre les six prébendes de ses chapelains et la chefcerie de Saint-Georges, d'autres cures et chapelles étaient encore à la nomination de l'abbaye. Florence prétendait que ces nominations appartenaient à l'abbesse seule, et les religieuses soutenaient que la communauté devait partager avec elle ce privilège.

On s'en rapporta à l'arbitrage de l'évêque de Chartres. Ce prélat rendit l'arrêt suivant : « L'abbesse ne devra conférer les bénéfices qu'après s'être assurée du consentement de la communauté. Dans le cas de dissentiment, le choix de l'abbesse prévaudra et ne pourra être annulé qu'autant que le bénéficier ne remplirait pas les conditions canoniques. »

Après ce point de litige résolu, le doyen de l'église de Noyon examina les griefs de Beaudoin, qualifié de *Prêtre de Chelles* ; probablement le chefcier de Saint-Georges. Beaudoin réclamait, à propos de sa prébende, une part égale à celle des chapelains relativement à la nourriture dans les cérémonies extraordinaires, aux revenus et au droit de pâture dans les bois du monastère. La requête parut juste. En conséquence, l'arbitre rendit une sentence favorable et lui concéda en outre une place au dîner des chapelains, dans l'intérieur du monastère, le jour de la fête de Sainte-Bathilde.

Ces querelles de peu d'importance se passaient en famille, sans altérer la paix, quand la Providence, dont les desseins sont impénétrables, frappa la maison d'une catastrophe qui la ruina de fond en comble. Un violent incendie se déclara subitement. En quelques heures, tous les bâtiments devinrent la proie des flammes. La belle et vaste abbaye ne présenta plus que le spectacle navrant d'un monceau de cendres (1226).

Dieu seul connait la cause de ce malheur, mais nous pouvons en mesurer l'étendue : ornements sacrés, argenterie, chartes, manuscrits, meubles, tout fut anéanti. On ne saura jamais les trésors de richesses, de sciences, d'antiquités accumulées depuis des siècles, que dévora cet effroyable incendie.

Les victimes infortunées sont réduites à l'extrême misère. Elles se réfugient dans leurs familles, elles demandent un abri à la charité publique. Leur pieux asile semble ruiné pour toujours. Cependant leur confiance en Dieu n'est point tombée. Elles adressent de ferventes prières à Celui qu'elles ont choisi pour Époux, le suppliant de leur rendre le foyer domestique. Ces vœux furent exaucés.

Mus par un sentiment de tendre compassion, les abbés de Saint-Denis, de Saint-Germain-des-Prés, de Sainte-Geneviève, de Saint-Victor, de Saint-Magloire, de Saint-Maur-des-Fossés, de Livry, de Saint-Faron de Meaux, de Rebais, de Châlis ; les prieurs de Saint-Martin-des-Champs, de Saint-Jacques et d'autres lieux ; les abbesses de Soissons, de Jouarre, de Faremoutiers, de Saint-Antoine de Paris, d'Hierre, de Senlis, de Saint-Corentin, de Gif; les prieures de Haute-Bruyère, de Fontaine, etc., etc., adressèrent collectivement une lettre circulaire dans laquelle ils exposent le pitoyable état où se trouve l'infortuné monastère. Ils font le plus touchant appel à la charité publique, en faveur d'une maison si célèbre par son antiquité et les saints personnages qui l'ont illustrée. L'évêque de Paris s'intéressa également à ce grand élan de charité, et, pour en développer le mouvement, il autorisa le transport, à travers la France, des saintes reliques qui avaient pu échapper aux flammes.

Touchant usage de ces temps de foi! On plaçait ainsi les

aumônes sous la protection des saints. Comment refuser son obole à sainte Bathilde, une reine de France, devenue pour ainsi dire mendiante, tendant une main royale pour la reconstruction d'une maison qu'elle avait bâtie et sanctifiée ?

Pareil spectacle avait été offert, au siècle précédent (1144), dans une quête faite avec les reliques de sainte Fare, au profit de Faremoutiers, incendié par une main criminelle.

Les offrandes furent généreuses. Elles affluèrent avec une telle abondance qu'elles suffirent au rétablissement du monastère. On commença par les bâtiments de première nécessité : les cellules d'abord, pour le logement des religieuses, les lieux réguliers ensuite, et enfin la réédification de l'église.

« A cette époque, le sol français se couvrait de magnifiques monuments. L'art gothique atteignait sa perfection, les abbatiales s'élevaient avec leur riche architecture, leurs forêts de statues, leurs splendides vitraux et leurs éblouissantes peintures. Le moyen âge était dans tout son épanouissement chrétien (1). »

Telle fut la nouvelle église de Chelles.

Reconstruite sur le plan de l'ancienne basilique de Giselle, avec des proportions toutefois moins vastes, elle conserva, autant que possible, les parties épargnées par le feu.

En voici un aperçu, dressé d'après nos manuscrits et un plan de 1688 reproduit dans le *Monasticon Gallicanum*.

C'est une croix latine dont le sanctuaire forme la tête, la nef la longueur et le pied, et le transept les deux bras. Il y a des bas côtés (2). Autour du sanctuaire règne une galerie de chapelles absidales avec des voûtes surbaissées. La chapelle du chevet était sous le vocable de sainte Bathilde, où se réunissaient les membres de la confrérie érigée en son honneur. A droite et à gauche se trouvent les chapelles de Saint-Vincent, de Saint-Pierre, de Saint-Jean-Baptiste et de Saint-Jean-l'Évangéliste. On y chantait des grand'messes, les jours des fêtes de ces patrons. Le déambulatoire était

---

(1) *Hist. de Fr. Chantrel*, t. I, p. 389
(2) *Mercure de France*, août 1743.

éclairé par de larges fenêtres basses, ornées de vitraux du treizième siècle, représentant les principaux actes de la vie du saint de chaque chapelle. Au dehors, la galerie est flanquée de six contreforts dont les arcs-boutants s'élancent par-dessus la toiture inférieure et vont s'appuyer sur les murs latéraux du chœur. Les voûtes du rond-point du sanctuaire, comme celles du transept et de la nef, sont beaucoup plus élevées. Le jour arrivait d'en haut par un second rang de fenêtres ogivales.

Les deux bras du transept ont à peu près la même profondeur que le sanctuaire, c'est-à-dire deux travées de construction chacun. Au lieu d'être en droite ligne, les deux pignons du nord et du midi offrent un plan oblique, d'après l'architecture du neuvième siècle, ce qui indique des restes de l'ancienne abbatiale. Ces pignons sont entièrement découpés à jour, par de grandes verrières étagées de trois rangs de fenêtres superposées, dont les meneaux forment six arcades de front.

D'après le plan que nous avons sous les yeux, on voit peu le portail de l'Église, mais on lira avec intérêt une description de celui de l'église romane. La nouvelle nef étant plus courte que l'ancienne, ce portail était isolé dans la cour du couvent; il a été conservé jusqu'au dix-huitième siècle comme un monument très remarquable aux yeux des archéologues.

« Si l'on veut voir, dit l'abbé Lebeuf, dans le monastère de Chelles, quelques morceaux plus anciens que tous ceux qui composent l'église d'aujourd'hui, il faut s'arrêter à un portail qui est dans la première cour et qui a pu être détaché de l'église où il paraît avoir été conservé de l'ancienne du neuvième siècle, lorsqu'on la rebâtit dans le treizième. Ce qui me le fait dire, c'est que la place où était l'entrée de la nef, du côté du couchant, a été bouchée dans le temps de quelque réforme, afin que le peuple n'entrât plus par les ailes, et qu'il y a apparence que, pour ne pas perdre ni gâter l'architecture de ce portail, on le transporta où il est aujourd'hui; de même que l'on a vu celui de l'abbaye de

Nelli-la-Reposte, du diocèse de Troyes, transporté à Villenoce, dans le siècle dernier.

» Ce portail est tout à fait en demi-cercle ou anse de panier. Ce demi-cercle est subdivisé en deux. Dans l'un, le sculpteur paraît avoir voulu représenter les travaux des hommes durant chaque mois, et à l'autre, les douze signes du zodiaque. Celui des poissons est très facile à remarquer. Le tout est orné de cordons artistement entrelacés. Au reste, l'ouvrage de ce portail peut n'être que du dixième ou du onzième siècle. On en trouve ailleurs de semblables dont on sait l'époque. L'abbé Chastelain regardait les figures de ce portail comme des hiéroglyphes égyptiaques; je ne crois pas qu'il fut fondé (1). »

(1) Madame d'Orléans, abbesse de Chelles, a fait graver un plan de ce portail en 1720. L'explication donnée dans le manuscrit de Dom Porcheron n'est pas conforme à celle de l'abbé Lebeuf. Nous y lisons :

« Explication des figures hiéroglyphiques sculptées sous un double rang de voussoirs d'un ancien portail de l'abbaye de Chelles, que l'on a été obligé d'abattre en 1752 :

» Figures du cintre extérieur cotées 1, 2, 3, 4, 5..... dans le plan tiré et renfermé dans un volume in-folio (ce plan n'existe plus).

1° Mufle d'un tigre, d'où sortent plusieurs ornements et rinceaux ;

2° Deux cigognes mortes, entortillées par le col ;

3° Samson qui déchire la gueule du lion ; — on lui fait beaucoup de cheveux ;

4° Une femme estropiée qui est tétée par deux monstres qu'elle soutient ;

5° Un coq qui a les ailes déployées — pour marquer la vigilance ;

6° Samson qui attache les brandons à la queue des renards ;

7° Un oiseau qui grimpe ;

8° Des entrelacs ;

9° Tête de bouc entourée de lambrequins ;

10° Bouc rampant contre un arbre ;

11° Nœud entrelacé ;

12° Monstre qui n'a qu'une tête sur deux corps ;

13° Trois poissons suspendus ;

14° Une espèce de chérubin avec deux bandelettes ;

15° Espèce d'entrelacs ;

16° Des feuilles en ornement ;

17° Un bouc passant sur un arbre et tournant la tête pour brouter ;

, Nous puiserons encore dans l'abbé Lebeuf les renseignements qui suivent sur l'intérieur de cette église. « Il est embelli, dit-il, de galeries à l'antique, d'un gothique grossier. Les vitrages sont colorés, comme ceux de l'abbaye de Saint-Denis ou autres églises du treizième siècle, c'est-à-dire d'un rouge très foncé.

« Dans le côté septentrional de la croisée, est une chapelle dite de Saint-Éloi ou de Saint-Benoît, où l'on voit près de l'autel, à la corne du Lavabo, une tombe élevée de plus de deux pieds, qu'on dit couvrir l'ouverture d'un caveau dans lequel est le tombeau du roi Clotaire III, fils de sainte Bathilde, mais qui porte plusieurs marques de nouveauté. »

La reine, comme nous l'avons dit plus haut (p. 35), l'avait fait inhumer dans l'église Sainte-Croix. On transporta plus tard ses cendres à Notre-Dame. Dom Mabillon, Dom Mi-

18° Une figure assise tenant des lambrequins ;
19° Un autel et une victime dessus;
20° Les deux dernières pierres sont totalement ruinées.

Explication d'un cintre intérieur dont les figures sont marquées A, B, C, D. .

A. Vestiges d'une tête et d'animaux très ruinés;
B. Deux figures de satyres très endommagées;
C. Une figure assise qui lit dans un livre;
D. Une figure qui arrête un bouc par les cornes ;
E. Tobie qui tient un poisson par la queue;
F. Noé et sa famille dans l'arche;
G. Caïn qui tue son frère Abel;
H. Le Seigneur qui reprend Caïn sur le meurtre de son frère;
I. Un monstre marin qui tient deux autres monstres ;
K. Un homme qui tient du fruit dans son vêtement;
L. Figure mutilée qui cueille des raisins;
M. Figure dans une tonne, et une autre qui ramasse quelque chose;
N. Figure dans une cave; autre figure qui tient un pot;
O. David fort âgé qui joue de la harpe, et la Sunamite appuyée sur lui.
P. Tout est ruiné; il ne paraît qu'un enfant renversé;
Q., R. Les deux pierres sont employées à deux figures de vieillards; l'un pourrait être Melchisédech qui tient le pain de proposition, et l'autre est appuyé sur lui.

Il y a de la broderie qui n'est pas terminée »

chel Germain, Dom Thierry Ruinart et Héricart attestent avoir vu un ancien bréviaire du quatorzième ou du quinzième siècle, conservé dans l'abbaye, où cette translation était indiquée avec l'année et le mois de la cérémonie. L'abbé Chastelain assure, dans le manuscrit de ses voyages, qu'il vit à Chelles, parmi les livres du monastère, ce bréviaire gothique et qu'il y aperçut, au premier avril, une fête intitulée : *Inventio sancti Clotarii* (1).

Leur témoignage est trop fondé pour supposer, avec quelques auteurs, que le corps du prince pourrait avoir été transporté à Saint-Denis. « La tombe est de pierre carrée, oblongue et non taillée, comme les anciens tombeaux plus étroits aux pieds qu'à la tête. Le roi qui est gravé a la tête vers l'orient, et les pieds étendus vers le couchant, et, pardessus, est figuré un lion. Il a son sceptre à la main droite et il pose la gauche sur l'agrafe de son manteau. L'écriture qui est autour de la tombe commence à son pied droit et finit à son pied gauche. Elle est en caractères gothiques capitaux, d'environ la fin du treizième siècle. Dom Martène dit y avoir lu : *Hic jacet Clotarius Balchildis Reginæ filius*.

« Il m'a paru qu'il y avait *Baolthildis*. On a eu soin de mettre à la tête de cette sépulture un tableau en petit gothique, d'environ deux cents ans, qui explique plus au long l'inscription latine, mais dont la date n'est pas juste (2). »

Pour terminer la description de l'abbatiale, disons que la nef avait trois travées et qu'elle servait de chœur aux religieuses, comme dans les autres abbayes de bénédictines. Ce chœur avait 130 pieds de pourtour (3).

Les restes du pignon qui fermait cette nef à l'occident, nous donnaient ces années dernières encore, par le bas de la rosace, une idée de la hauteur considérable de l'édifice. Il y avait 45 pieds du pavé à la naissance des voûtes (4). On voyait cette muraille servant de clôture, vers le couchant,

---

(1) Lebeuf
(2) *Id.*
(3) *Mercure de France*, août 1743.
(4) *Ibid.*

au jardin de la pharmacie actuelle, rue saint-Georges n° 7.

A cheval, sur le milieu de la toiture de la nef, s'élançait une belle flèche, qui mesurait une hauteur de 200 pieds au-dessus du sol.

Florence, avant de mourir, eut la consolation de voir son monastère entièrement rétabli. La collecte de l'aumône couvrit tous les frais de l'incendie. L'abbesse put même augmenter les biens du couvent par de nouvelles acquisitions en maisons, vignes et prés.

Mathieu de Montmorency, connétable de France, lui céda l'exemption des droits à payer pour les blés qui passaient sur le pont de Pontoise. Il y ajouta la donation d'un clos de vigne (1228).

L'abbesse Florence laissa la maison dans un état prospère. Après l'avoir gouvernée pendant huit ans, avec une élévation de caractère à la hauteur de l'épreuve, elle mourut en 1230, sous la régence de Blanche de Castille.

MARGUERITE I DE NÉRY

XXIVᵉ ABBESSE

1230-1231

Marguerite de Néry succéda à Florence. Elle était sœur de Marie, morte abbesse, en 1208, et portait les mêmes armoiries. Sa prélature a été de très courte durée. La *Gallia christiana* fixe son décès à la fête de Sainte-Madeleine de l'année suivante 1231.

Dans son article sur Pomponne, l'abbé Lebeuf dit que Hugues, seigneur de ce lieu, aliéna au profit de Marguerite plusieurs droits qu'il possédait encore à Chelles, tels que ceux de *péage*, de *rouage* et de *justice*, ainsi que la redevance de 320 chandelles de cire que lui devaient les maisons du même lieu. L'évêque de Paris, Renoulf d'Hombliére, en accorda plus tard (1286) des lettres d'amortissement (1).

(1) *Cart. de N.-D. de Paris*, 1286.

Le droit de *rouage* était un impôt que les seigneurs levaient sur la vente des vins en gros. Celui de *péage* était un autre impôt perçu pour le bétail et les marchandises qui passaient sur le domaine. Enfin, le droit de *justice* consistait à exercer ou à faire exercer la justice et à punir les crimes et les délits.

A l'abbesse de Chelles appartenait *haute, basse* et *moyenne* justice. Ces droits lui avaient été confirmés par sentence contre le prévôt de Paris (1).

La *haute justice*, réservée aux seigneurs de premier rang, connaissait de toutes les affaires civiles et criminelles, à l'exception de certains cas appelés royaux. La *moyenne justice* ne pouvait juger au criminel que les délits dont la peine n'excédait pas 75 sous d'amende. La *basse justice*, beaucoup moins importante, ne devait retenir à son tribunal que les contestations sur les droits dus aux seigneurs, les actions personnelles au civil jusqu'à 60 sous d'amende, et les délits ne dépassant pas 10 sous.

Lorsqu'on ouvrit le testament de l'abbesse défunte, on trouva cette disposition, qu'après sa mort, on vendrait une maison dite de Faiquepaix, avec toute la vaisselle d'argent ; qu'on placerait un capital de cent livres, dont la rente annuelle servirait aux frais d'un service anniversaire à perpétuité et d'un repas pour la communauté. La volonté de Marguerite ne reçut d'exécution qu'en 1288. On hypothéqua la terre de Montfermeil pour constituer la rente nécessaire.

Ces sortes de dispositions testamentaires s'étant multipliées dans la suite, les revenus des monastères s'en trouvèrent surchargés. L'autorité ecclésiastique dut y mettre ordre. On avait sans doute souci du repos de son âme après sa mort ; mais on n'oubliait pas les vivants, et, afin de se faire regretter, on les conviait à des repas de funérailles dont la somptuosité excitait la convoitise, ruinait les monastères et scandalisait les âmes mortifiées.

---

(1) *Cart. de Chelles*, t. Ier, p. 15

PÉTRONILLE I DE MAREUIL

XXVe ABBESSE

1231-1250

De gueules, au chef d'or; le tout chargé d'un lion d'azur armé avec lampasse et couronne d'or.

N'étant encore que simple religieuse, Pétronille (1) de Mareuil avait suivi les errements de son époque. Moyennant 20 sous de rente fournis par sa famille, elle avait fondé un service annuel avec repas, pour le repos de son âme, après sa mort.

Son élection eut lieu en 1231. Nous suivons la chronologie de la *Gallia christiana* et du *Calendrier historique* de l'église de Paris. Deux de nos manuscrits s'en écartent. D'après ces derniers, Pétronille n'aurait été abbesse qu'en 1239. Femme prévoyante, elle inaugura son administration par faire reconnaître les droits de l'abbaye d'une manière authentique.

D'après un usage ancien, aussi pieux que charitable, on faisait une aumône à l'abbaye de Malnoue, alors très

(1) On dit aussi Péronnelle.

pauvre, quand une religieuse de Chelles venait à mourir.

Pétronille se fit octroyer la reconnaissance qu'il ne s'agissait que d'un bienfait volontaire et non d'une redevance.

Elle obtint également des chapelains de Saint-Georges un aveu semblable, à l'occasion des bâtiments qu'ils occupaient en dehors du monastère.

Mais elle recherchait en même temps un avantage bien supérieur à tout autre, la protection du Pape sur son abbaye. Un chanoine de Senlis chargé de cette mission lui procura la bulle suivante (1) :

« A tous ceux qui ces présentes lettres verront, Maître Guérin, chanoine de Sienne, auditeur du pape pour les lettres contradictoires, salut dans le Seigneur :

« Que chacun de vous sache que M⁰ Guérin, chanoine de Senlis, procureur de l'abbesse et des religieuses de Chelles, a obtenu pour elles des lettres apostoliques sous cette forme :

« Grégoire, évêque de Rome, à nos chères filles en Jésus-Christ, l'abbesse et les religieuses du monastère de Chelles... salut et bénédiction apostolique...

« Nous prenons sous notre protection vos personnes, le lieu où vous êtes consacrées au service de Dieu avec tous ses biens... et spécialement la ville de Chelles, avec les chapelles qui y sont établies, les églises de Saint-Georges et de Mitry, la chapelle Sainte-Bathilde à Senlis avec leurs droits et appartenances... »

Ces lettres sont datées de l'an 1234.

En 1238, la princesse Mahaut, comtesse de Boulogne, donna à Chelles 25 sous parisis de rente sur la terre de Mitry, pour la fondation d'une lampe ardente, jour et nuit, devant l'autel Saint-Georges, pour le bien de son âme et celle de Philippe, comte de Boulogne, son mari (2).

En 1243, un conflit s'éleva entre la communauté et les chapelains, au sujet du diacre et du sous-diacre qui servaient à l'autel les deux messes solennelles célébrées chaque jour.

---

(1) *Cart. de N.-D. de Paris*, III⁰ vol., p. 288.
(2) Invent. de Chelles, Arch. de Melun.

On nommait la première messe *matutinale* ou du matin, et l'autre simplement *grand'messe*.

Les chapelains soutenaient, non sans raison, que ces deux messes étant chantées pour relever les offices de l'abbaye, c'était à la maison d'en supporter les frais ; l'abbesse, au contraire, prétendait que ces ministres devaient être une charge naturelle attachée à leurs bénéfices. Pétronille se rendit aux motifs allégués par les chapelains. D'un commun accord, il fut convenu que les prêtres de Saint-Georges abandonneraient chacun cinq livres sur leurs revenus, en faveur de la communauté, à la condition que celle-ci supporterait tous les frais de nourriture et d'entretien des ministres, mais qu'ils seraient à la nomination de l'abbesse.

Ces ecclésiastiques, outre les messes solennelles, devaient encore servir toutes les messes basses des chapelains. La convention stipula, en particulier, qu'ils n'auraient aucun droit ou partage des offrandes avec le *semainier*. On nommait ainsi l'officiant à la messe du matin. Les offrandes consistaient en un pain semblable à celui du couvent, avec une pinte de vin, mesure de Saint-Denis, par jour, et, pour la semaine, un quartier de mouton, un minot de fèves ou de pois, une pinte d'huile avec une botte d'oignons.

Nous voyons encore, par un document de 1247, que le jour de Pâques, on donnait à chaque chapelain une offrande dite *raconlas* ou *racolas*, espèce de pain mollet, ou gâteau, avec un quartier d'agneau (1).

Ces détails nous montrent que les prêtres de Saint-Georges n'étaient plus nourris par le monastère, selon la convention du *pain du chapitre* faite, en 1222, par Mathilde de Corbeil ; qu'ils étaient rentrés en pleine jouissance des revenus, plus abondants sans doute, de leurs prébendes.

Comme sanction de l'accommodement, on convint d'une amende dont le prix servirait à l'achat de bréviaires et autres livres de prières jugés nécessaires, au choix des chapelains. Ils seront confiés à la gardienne du chartrier, pour être dis-

(1) Coucy, *Gloss. voce Rancolas*.

tribués aux officiers qui assisteront aux matines des fêtes solennelles.

Pétronille, ce différend réglé, acheta les dîmes que l'hôtel-Dieu de Gonesse tenait entre Mitry et Tremblay, moyennant une redevance de trois muids de blé. A la même époque, 1246, un chanoine de Saint-Georges, Laurent de Mitry, lui fit don d'un arpent de pré (1). Elle acquit ensuite la propriété de plusieurs maisons situées à Crécy, en vendit une à l'hôtel-Dieu de Chelles (2) et conclut, en 1248, un accord avec le chapitre de Meaux, touchant les dîmes de Coulombs et de Germigny (3).

La sage prévoyance qu'avait montrée Pétronille de Mareuil au début de sa prélature, lui fit défaut sur la fin. Une bulle d'Innocent III, adressée à Marie de Néry, portait défense aux religieuses de posséder des revenus privés. Pétronille eut la faiblesse de se prêter au renouvellement de cet abus.

Deux sœurs, Elisabeth et Eloïse, avaient reçu de leur famille une somme de 36 livres 10 sous pour en disposer selon leurs désirs. Fidèles à leurs vœux, les religieuses vinrent mettre cette somme aux pieds de l'abbesse. Celle-ci, touchée de cet acte de confiance désintéressée, voulut les récompenser en leur accordant, leur vie durant, chacune 20 sous de rente à prendre sur la terre de Coulombs.

Herbert de Gossenville, chanoine et chapelain de l'évêque de Paris, obtint une permission semblable pour ses deux nièces Eméline et Marie. On leur partagea annuellement 30 sous de rente, dont le fonds revint à la mense abbatiale après leur mort.

Ainsi cette coutume reprit insensiblement dans les habitudes des cloîtres. En vain les conciles s'efforceront d'y remédier par leurs canons. La cupidité, une fois entrée par la brèche, pénètre dans les cœurs. Des prétextes spécieux

---

(1) Arch. de Melun.
(2)   Id.
(3) *Cart. Meld.*

ne manquent jamais pour étouffer les premiers cris de la conscience, et les abus les plus déplorables ébranlent les assises de la vie monastique.

Pétronille mourut au mois de juin 1250.

CHAPITRE VII

DE L'AN 1250 A LA GUERRE DE CENT ANS

1250-1348

Mathilde V de Nanteuil. — Acquisitions diverses. — Hommage du seigneur de Montfermeil. — Sévérités. — L'Hôpital. — Les Trinitaires. — L'évêque Raoul et l'architecte Jean de Chelles. — Adeline de Nanteuil. — Les brandons. — Fondations. — Alix I Clignet. — Marguerite de Pacy. — La Commune. — Transactions et fondations. — Doyenné de Chelles. — Libéralités. — Oblats et Rendues. — Guerre de Cent ans. — Deux sceaux du quatorzième siècle.

MATHILDE V DE NANTEUIL

XXVIe ABBESSE

1250-1274

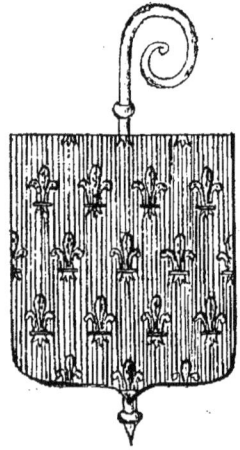

De gueules, semé de fleurs de lis d'or.

Cette abbesse tire son nom de la petite ville de Nanteuille-Haudoin, alors du diocèse de Meaux. Elle eut deux frères, Jean et Raoul, tous deux évêques, l'un de Troyes et l'autre de Beauvais. On lui connaît aussi deux nièces : l'aînée, Pétronille, épousa Raoul de Préaux, seigneur de Renneval ; la cadette, Adeline, prit le voile à Chelles et succéda, dans la suite, à sa tante.

Avant d'être abbesse, Mathilde remplissait les fonctions de prieure. La charge de prieure est d'une certaine importance dans la direction spirituelle et temporelle d'une communauté.

Sous le rapport spirituel, c'est à la prieure de veiller à l'observation de la règle dans ses moindres détails. Elle s'applique à en bien connaître la lettre et l'esprit, afin qu'aucun abus ne puisse altérer la sainteté de la vie religieuse. Outre la règle écrite, on trouve encore de pieuses traditions, des coutumes anciennes propres à entretenir la charité et la piété dans les cœurs ; la prieure doit s'en bien pénétrer elle-même et veiller à ce que ces pratiques ne tombent point en désuétude.

Sous le rapport temporel, la prieure examine attentivement dans le chartrier les anciennes fondations, reçoit les nouvelles et a soin que toutes les closes et conditions soient exactement remplies. C'est encore un devoir pour la prieure de veiller à tout ce qui peut intéresser les religieuses relativement à la nourriture, aux vêtements et à la santé.

Un état, dressé par Mathilde de Nanteuil lorsqu'elle était prieure, de tout ce qu'on donnait aux religieuses pendant l'année, tant aux grandes solennités qu'aux obits, se trouvait encore dans le chartrier de l'abbaye en 1771. Le zèle et la fermeté qu'elle déploya dans l'acquit de sa charge, lui concilièrent les suffrages de la communauté.

Élue abbesse, elle prit à cœur d'en remplir les hautes fonctions avec une application plus parfaite encore. Aussi, les vingt-quatre années de sa prélature contribuèrent-elles à enrichir le monastère des trésors du ciel et des biens de la terre.

Nous lisons dans le premier volume de nos Cartulaires : « Madame Mahaut de Nanteuil, abbesse 1250, en son temps a faict plusieurs belles acquisitions, comme on peut voir dans nos cartulaires et en advons trouvé aulcugne dedans la Bible qu'a escript monsieur sainct Éloi que advons mis en cest escript. »

Voici le résumé de ces acquisitions :

1250. Mathilde conclut une transaction avec Nicolas Regnault et Hugues de Pomponne sur le droit de *minage*, *rouage*, *tonlieu* et autres coutumes, etc. (1). L'acte est scellé du sceau de Nicolas de Pomponne, écuyer.

Depuis vingt-huit ans, une affaire restait en suspens entre la Maison et Philippe, seigneur de Milly. Mathilde la termine à son avantage, dès le commencement de sa prélature, et conserve les droits de haute justice ainsi que les biens de son abbaye dans le Gâtinais.

1254. Henri, comte de Grand Pré, donne 20 sous de rente à percevoir sur le passage de Bondy, en reconnaissance des prières faites par la Communauté pour son fils qu'il venait de perdre.

1256. L'abbesse signe une convention passée entre sa Maison, le procureur fiscal et les habitants de Chelles.

1257. Tous les revenus et profits des chanoines sur la paroisse Saint-Georges sont acquis à la mense abbatiale.

Cette église tombait en ruines ; les bâtiments occupés par les ecclésiastiques étaient délabrés. Une reconstruction totale était devenue indispensable.

Mathilde prit à sa charge tous les travaux de réparation, l'entretien des objets nécessaires au culte, sous la condition qu'elle prélèverait tous les revenus de la paroisse. En outre, chaque chanoine s'engagea à lui payer 40 sous et chaque clerc 20 sous annuellement. En trois années, l'église et les logements des chapelains furent réédifiés. On en voit encore actuellement des vestiges dans les maisons situées rue Saint-Georges, Nos 21 et 23.

Depuis cette époque, les chanoines, les clercs et le chefcier de la paroisse tombèrent dans une absolue dépendance des abbesses. Lorsque l'un d'eux avait reçu sa nomination

(1) Invent de Chelles. Arch. dép.

à une prébende, il devait se rendre au chapitre et prêter serment sur les Saints Évangiles. Dès lors, il ne pouvait ni quitter son bénéfice ni en accepter un autre sans la permission de l'abbesse. Celle-ci même gardait le titre entre ses mains et pouvait le conserver ou le détruire selon son bon plaisir.

On se demandera peut-être pourquoi nous continuons de désigner les prêtres de Saint-Georges avec le titre de chanoines.

Nous n'oublions pas que cette qualification leur a été enlevée par la convention passée en 1222, sous la prélature de Mathilde de Corbeil ; mais la suite de cette histoire nous montrera plus d'une brèche faite à cette convention. Les chanoines ne paraissent jamais avoir cessé de porter ce nom. L'abbé Lebeuf nous en donne une preuve authentique dans la pièce suivante, datée de 1261 : « Ego Johannes de Monumeta, Clericus, Medicus et *Canonicus* Sancti-Georgii de Kala... Conventui de Mala XI libras... ità tamen quod pitantia *Canonicis* Monialibus et in die anniversarii mei sit communis (1). »

« Moi, Jean du Ménil, clerc, médecin et *chanoine* de Saint-Georges de Chelles... je lègue à l'abbaye de Malnoue 11 livres... la pitance cependant sera semblable à celle des *chanoines* et des religieuses le jour de mon anniversaire... »

1262. Mathilde achète de Thibault de Fontenelle la seigneurie, les terres et les droits qu'il possède à Montfermeil, moyennant la somme de 87 livres. Le vendeur fit ensuite une remise de 12 livres sur la somme convenue. Onze ans après, Guillaume de Baron se rendit propriétaire de ce domaine. Cependant, la seigneurie est toujours restée comme mouvance en plein fief de l'abbaye de Chelles.

Dans l'aveu et dénombrement qu'il rend, le seigneur de Montfermeil reconnaît « qu'il doit estre et assister par chacun an, ou, en cas d'absence ou autre légitime empêche-

(1) *Tab. Episc.* Paris.

ment, faire assister le lieutenant ou le procureur-fiscal de sa justice, fondé de procuration spéciale de lui, à la procession qui se fait en ladite église de Chelles, le jour de Sainte-Bathilde, et a droit de porter ou de faire porter de par lui, par l'un desdits officiers, le cierge qu'on a coutume de porter, par chacun an, ledit jour, à ladite procession, lequel lesdites dames abbesses et religieuses lui baillent. »

Cet usage s'accomplissait de la manière suivante : A la fin de tierce, lorsque tout le peuple était assemblé, l'abbesse venait s'asseoir sur un fauteuil près de la grille, accompagnée de sa communauté et de tous les officiers de justice. Sur la réquisition du procureur-fiscal, un huissier du baillage appelait par trois fois : « Le Seigneur de Montfermeil! » Aussitôt le représentant de ce dernier s'avançait, muni d'une procuration et d'une lettre de son maître à l'adresse de l'abbesse. On faisait un procès-verbal, et le lieutenant recevait à la sacristie d'abord un surplis, plus anciennement une aube et, dans les derniers temps, une serviette traînante, avec un gros cierge, ordinairement le cierge pascal de l'année précédente. Il prenait rang dans la procession derrière la châsse de sainte Bathilde.

Est-il besoin de nous arrêter à réfuter la narration de Dulaure, dans laquelle on ne sait ce qu'il faut le plus déplorer, ou l'immoralité révoltante, ou l'excès de la mauvaise foi ?

On lit dans son dictionnaire topographique, au mot Montfermeil : « La terre de Montfermeil relevait de l'abbaye de Chelles, qui avait imposé à cette seigneurie une coutume fort originale. Lors de la prestation du serment, le seigneur qui en prenait possession se présentait *tout nu*, le corps ceint d'une corde ; et en cet état, on le conduisait à l'abbesse qui, prenant le bout de la corde, disait : A qui tient-il? »

Dulaure a ramassé cette ordure dans l'auteur du *Voyageur aux environs de Paris* (1). Est-ce vile supercherie ou

---

(1) T. II, p. 101.

ignorance grossière? L'imposteur se moque de ses lecteurs. Confondant la cérémonie de la prise de possession de la seigneurie de Montfermeil avec l'hommage rendu à l'abbesse, le jour de la fête de Sainte-Bathilde, il traduit le mot latin *alba*, c'est-à-dire l'aube ou robe blanche dont était revêtu le seigneur à la procession, par le mot français *chemise* et, poussant la farce à ses dernières limites, il continue sur le même ton à traduire *in vestimentis naturalibus*, c'est-à-dire les vêtements ordinaires, par le mot *tout nu*. A-t-il réfléchi à la date de cette procession? Le trente janvier, en plein hiver!...

1262. Raoul de Gournay cède au monastère une maison tenant au cimetière de l'abbaye et à la chapelle Saint-Michel (1).

1263. Mathilde achète les biens dont jouissaient Bertrand et Nicolas des Prés, à Neuilly, en Beauvoisis. Dans cette acquisition, elle prive ses successeurs du droit d'aliéner ce domaine pour quelle cause que ce soit. Les abbesses jureront sur les Saints Évangiles de garder fidèlement toutes les clauses du contrat, notamment celles qui regardent le soulagement des malades, la nourriture et l'entretien des religieuses. Fidèle à ces engagements sacrés, le monastère conserva cette propriété jusqu'à la Révolution.

1265. La Communauté acquiert de Guillaume Blondel et de Guillaume de Moucy les biens et les droits qu'ils possédaient sur la métairie de Baron, fief de l'église de Chelles, ainsi qu'un autre fief, sis à Chelles et appartenant au seigneur de Pomponne, moyennant la somme de 300 livres (2).

En cette même année, Mathilde, pour agrandir l'enclos du monastère, se rendit encore propriétaire d'une maison voisine, avec ses dépendances. Cette acquisition, faite à l'amiable, lui attira quelques désagréments. Le chef de la famille, un nommé Etienne Publius, mécontent sans doute du marché fait avec l'abbesse, à cause du bas prix qu'elle avait

---

(1) Invent. Arch. départ., Melun.
(2)   *Ibid.*

payé, porta plainte devant la justice. Il accusait l'abbesse d'avoir abattu la maison et de s'être emparée des terres par violence, malgré les réclamations de sa femme et de ses parents qui en étaient les légitimes possesseurs. On ne connaît pas le résultat de cette revendication, mais on sait que le terrain est resté au pouvoir du monastère.

D'après une vieille coutume reconnue légitime, la mense abbatiale s'accrut encore des biens de trois chanoines de Saint-Georges, morts sans avoir fait de testament.

1269. Saint Louis approuve les privilèges, droits et possessions que les rois de France, ses prédécesseurs, ont accordés au monastère, ainsi que l'amortissement des biens de l'hôtel-Dieu. Les lettres royales sont datées du 12 mars (1).

1270. Le moulin de Marivaux est cédé à l'abbaye par Amaury de Meulant, seigneur de la Queue.

1270. Mathilde signe l'acquisition d'un pré que le chapitre de Beauvais lui vend et qu'il possédait à Neuilly, près Clermont. L'évêque de Senlis lui permet la construction d'une petite chapelle pour y faire ses dévotions pendant son séjour au domaine de Baron. Elle y tomba malade. La pensée de la mort lui suggéra le projet de fonder un anniversaire pour le repos de son âme. Un acte authentique affecta à cette intention la rente d'un capital de 78 livres. Elle put cependant revenir à Chelles et « le 16 avril mourut noble dame Mathilde de Nanteuil, notre abbesse, l'an du Seigneur 1274, vers une heure (2). »

On voyait autrefois son tombeau devant l'autel Saint-Éloi, tout proche de celui de Clotaire III.

Les auteurs de la *Gallia christiana* disent de Mathilde de Nanteuil qu'elle mérita véritablement le titre d'abbesse, d'une grande autorité, mais aussi d'une extrême sévérité « *summæ severitatis* ».

Nous pouvons en citer quelques exemples.

Jean Saradin, chefcier de Saint-Georges, avait béni quelques mariages sans la permission de l'abbesse. D'après les

(1) Arch. départ., Melun.
(2) *Calendrier de Chelles*.

droits féodaux, aucun mariage ne pouvait être célébré sans le consentement du seigneur. Mathilde, froissée dans son autorité méconnue, exigea d'humbles excuses de la part du prêtre en présence d'une assemblée nombreuse présidée par l'évêque de Térouanne.

Un frère, nommé Gilbert, chargé du soin de l'hôtel-Dieu, avait eu quelques démêlés avec les membres de sa petite communauté. Au lieu de s'adresser à l'abbesse, le religieux porta plainte à l'évêque de Paris. Sourde aux prières du prélat, l'abbesse autoritaire condamna le coupable au pain et à l'eau pendant trois jours, le cassa de sa charge et mit à sa place frère Nicolas.

Mathilde rendait elle-même la justice dans les lieux qui lui étaient soumis, condamnant impitoyablement les malfaiteurs à des amendes qu'elle partageait entre le couvent et les officiers de la justice.

Cependant, dans les causes plus graves, comme les pillages, les vols considérables et les meurtres, elle renvoyait les accusés devant le *Maire* et les *Jurés*, et, s'ils étaient condamnés, elle les abandonnait à toute la rigueur des lois. On lui connaît toutefois un trait de clémence. L'un de ces malfaiteurs ayant été condamné à avoir le poing coupé, l'abbesse sentit son cœur s'émouvoir ; elle demanda et obtint sa grâce.

Nous avons peine, de nos jours, à comprendre la rigueur de cette autorité de la part d'une femme consacrée à Dieu par la vie monastique. Nous ne voyons plus, en effet, dans la religieuse que l'ange de la douceur et de la charité ; mais il ne faut pas oublier qu'à cette époque une abbesse jouissait autant du domaine politique que du domaine religieux. Le bien de la société exigeait que l'autorité publique fût respectée. En tout temps, la loi, quels qu'en soient les gardiens, doit être appliquée suivant ses exigences. D'ailleurs, une femme de caractère, comme Mathilde, n'a-t-elle pas été un bienfait tout providentiel à la tête de notre abbaye dans ces temps de décadence où la règle des cloîtres tendait à se relâcher ?

L'hôtel-Dieu, dont il vient d'être question pour la première fois, a été peu connu. « Je ne l'ai pas trouvé, dit l'abbé Lebeuf, dans le catalogue des maisons-Dieu exemptes en 1351. En cette année-là, c'était la léproserie de Gournay qui servait pour les malades de Chelles. Il y avait cependant un hôpital à Chelles. La chapelle de cet hôpital, du titre de Saint-Michel, avait été détruite par les guerres. La visite en fut ordonnée, en 1665, de la part de l'archevêque de Paris, et il y eut un ordre de la rétablir daté du 28 mai. Il pourrait se faire que ce petit hôpital eût été fondé uniquement pour les pèlerins de Champagne ou de Lorraine qui allaient au mont Saint-Michel, en basse Normandie, ainsi qu'il y en a ailleurs. Je trouve une maladrerie de Chelles au rôle actuel des décimes. »

Un plan des biens de la famille Trinquand relevé par Nicolas Mottet, maître d'école en 1750, indique plusieurs pièces de terre appartenant à cet hôtel-Dieu, entre autres deux pièces de vigne données par Collet, de Pomponne, en 1249, et dont le titre se trouve aux archives départementales.

Le révérend Père Callixte, prieur trinitaire de Cerfroy, nous a communiqué le renseignement suivant : « Dans l'*Histoire de Barbarie* par le Révérend Père Dan, ministre du couvent de Chelles, puis de celui de Fontainebleau, on lit, page 467, ce qui suit : Un titre de notre maison de l'Honneur-Dieu, dite autrement Chelles, cite la charte que voici : « Je Gauthier de Châtillon, sire de Saint-Aignan en Berry, fait savoir à tous ceux qui ces lettres verront, que j'ai donné en pure aumône et perdurable, pour le salut de mon âme, de mon père et de ma mère et de mes ancesseurs, à la maison de l'Honneur-Dieu de l'ordre de la Trinité qui sied dessous Montgeay, vingt livres tournois de rente à prendre chacun an en ma prévôté de Montgeay, aux nocturnes de Noël, pour un frère que les frères de la devant dite maison doivent tenir avec eux qui fera en icelle maison le service de N. S. à toujours et perdurablement pour l'âme de moi, de mon père, de ma mère, de mes ancesseurs, et pour que cette chose soit ferme, j'en ai donné mes lettres scellées de mon scel à frère Nicole, général ministre de la Trinité et mes frères. — Ce fait en Égypte au siège de Mossore, l'an de l'Incarnation mille deux cent quarante neuf, au mois de mars. »

Nous ne trouvons aucun vestige d'un couvent de Trinitaires à Chelles ; mais on sait qu'il en existait un à Brou. Ce village paraît mieux désigné dans cette charte par « la maison de l'Honneur-Dieu qui sied au dessous de Montgeay. » Brou, n'étant qu'une très faible localité, aura sans doute perdu sa dénomination pour faire place à celle de Chelles, dont l'importance était considérable par son abbaye royale.

Le petit pays qui porte encore aujourd'hui le nom de Brou et qui dépend actuellement, depuis le Concordat, ainsi que Vaires, de la paroisse de Chelles, était autrefois composé de trois groupes d'habitations, savoir : *Brou* au centre, *Laforêt* au nord et la *Villeneuve-aux-asnes* au midi.

Brou, en latin *Brolium*, petit bois, avait son église et son cimetière aux confins du parc actuel du château, à l'ouest, près de la fontaine d'or. Son origine remonte au delà du treizième siècle. En 1200, Jean de Pomponne donna treize arpents de cette terre aux religieux de Livry pour le repos de l'âme de Thibault de Garlande.

Laforêt, dont on trouve encore quelques vestiges dans les bois de Brou, a été plus anciennement une cure distincte de cette dernière paroisse. Le pouillé du doyenné de Montreuil marque cette cure, vers l'an 1300, parmi celles qui sont à la pleine collation épiscopale. En dernier lieu ce n'était plus qu'un château.

La Villeneuve-aux-asnes est de date plus récente. Les Trinitaires y possédèrent longtemps, comme nous venons de le dire, une ministrerie. Des habitants s'étant construit quelques maisons aux alentours, ce hameau prit le nom de *Villeneuve*, à cause de sa nouveauté, avec le surnom de *aux asnes*, *Villa nova ad asinos*, parce que les religieux élevaient un grand nombre de ces animaux qui leur servaient de monture.

Au douzième siècle, on ouvrit, sous le nom de *Villes neuves*, des asiles où les serfs et les vagabonds reçurent le droit de bourgeoisie. La civilisation chrétienne progressait. En l'année 1177, le pape Alexandre III fit au troisième Concile de Latran l'admirable déclaration demeurée célèbre : « Tous les chrétiens sont exempts de servitude. » Ce fut pour le peuple un solide point d'appui afin d'établir son affranchissement.

Nous avons, dans le département de Seine-et-Marne, outre Villeneuve-aux-Asnes, cinq autres communes dont l'origine remonte à cette époque : Villeneuve-le-Comte, Villeneuve-Saint-Denis, Villeneuve-les-Bordes, Villeneuve-sous-Dammartin et Villeneuve-sur-Bellot.

On trouve dans les registres du parlement, à la date du 16 octobre 1525, un passage qui parle d'une maison du nom d'*Administrerie* de la Villeneuve-aux-Asnes, près Chelles, et quelques fois d'*Hôtel-Dieu* (1).

Ce détail montre avec évidence que le couvent de Chelles, dont parle le Révérend Père Dan, n'était autre que celui de la Villeneuve-aux-Asnes, autrement dit *Brou*.

Nous avons parlé plus haut de l'évêque de Térouanne. Ce prélat s'appelait Raoul de Bailleul ou de Chelles, soit qu'il fût originaire du pays, soit qu'il en ait pris le nom à cause du long séjour qu'il y fit dans le cours de sa vie. C'était un prélat d'une grande prudence et d'une habileté supérieure dans le maniement des affaires les plus délicates. Il remplit les fonctions d'ambassadeur pour Marguerite de Flandre, en Hollande, et plus tard à Worms, auprès de Guillaume, roi des Romains, en 1253. En 1256, il était présent au synode de Paris et à la translation des reliques de saint Furcy, abbé de Lagny, à Péronne. L'année suivante, nous le trouvons, assistant à une cérémonie semblable qui eut lieu à Saint-Quentin, où saint Louis se rendit avec toute sa cour. Raoul tomba malade et mourut à Chelles, la veille de Noël de l'année 1262. L'abbesse le fit enterrer dans le

---

(1) L'abbé Lebeuf, Brou.

chœur de l'église abbatiale. On lisait sur son tombeau l'épitaphe suivante :

« Radulfus de Balliolis, Episcopus morinensis, obiit M. CC. LXII, in vigilia natalis Dei. »

On trouve aux archives nationales le sceau et le contre-sceau de l'évêque de Térouanne. (Artois. N° 2310).

Sceau ogival de 0,65 mill. Évêque sous un dais gothique, debout, mitré, crossé, bénissant. Légende : s. RADVLFI DEI GRA (*tid*) MORINEN. EPISCOPI.

Contre-sceau : Vierge à mi-corps, couronnée, tenant l'Enfant-Jésus nimbé d'un nimbe crucifer. Légende : + GRA. DEI SVM ID QV. SVM.

Citons enfin, parmi les personnages de ce siècle qui ont illustré notre ville, Jean de Chelles, le célèbre architecte du côté méridional de Notre-Dame de Paris (1257).

On lit au frontispice de ce portail, nommé Saint-Marcel :

Anno Domini MCCLVII, *mense februario*
Idus secundo
Hoc fuit incœptum Christi Genitricis honori
Kallensi latomo, vivente Johanne Magistro.

ADELINE DE NANTEUIL

XXVIIe ABBESSE

1280-1311

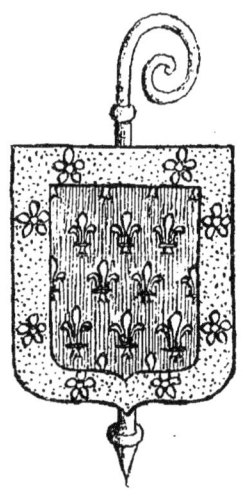

De gueules, semé de fleurs de lis d'or; et pour brisures une bordure d'or chargée de huit roues d'argent.

Après la mort de Mathilde, le siège abbatial resta vacant pendant environ six ans. La certitude de cette vacance repose sur des Lettres de Philippe-le-Hardi, datées du vendredi *avant les brandons*, où il est dit que pendant ce temps « les gardiens ont laissé diminuer les revenus (1). »

Les brandons étaient des feux de joie que l'on avait coutume de faire autrefois, le premier dimanche de Carême, en l'honneur de l'agriculture; c'était sans doute un reste de coutumes payennes, qui avaient changé d'objet.

Sous l'administration de la prieure, Marie d'Aulnay fit

---

(1) Arch. départ., Melun.

hommage à l'évêque de Paris de la terre de Pomponne que l'église de Chelles avait achetée de Hugues de Pomponne ; « car il ne fut pas permis que la dite église tînt la dite terre ; c'est pourquoi la susdite Marie d'Aulnay en fit hommage, comme tenant le fief à un titre différent (2) » 1276.

Pourquoi la maison demeura-t-elle si longtemps veuve de son abbesse ? On l'ignore. D'après la *Gallia Christiana*, cette lacune aurait été comblée par une abbesse du nom de Marguerite. Mais cette opinion ne repose sur aucune donnée certaine. Ne serait-il pas plus raisonnable d'en attribuer la cause à certaines difficultés survenues relativement à l'élection d'Adeline ?...

On pense qu'elle était nièce de Mathilde ; elle fut élue vers 1280 ; certains auteurs disent 1285, s'appuyant sur la date des *Lettres de garde gardienne* du roi. Cette ordonnance enjoignit à tous particuliers qui se seraient emparés des biens, privilèges et autres droits du monastère, de les restituer sans délai. Le prince envoya des gardes royaux chargés de faire exécuter ses volontés bienveillantes envers le couvent et de le protéger contre les malfaiteurs.

Adeline sut allier à la fermeté de sa tante la douceur évangélique qui gagne les cœurs. Ainsi cette abbesse se concilia l'estime des gens d'Église comme celle des gens du monde. L'évêque de Paris, Simon de Bucy, lui confia deux de ses nièces pour les consacrer à Dieu. Pierre, évêque de Senlis, lui écrivit une lettre bienveillante dans laquelle il lui témoigna la haute idée qu'il avait de son mérite et de ses vertus. Ce prélat lui permit aussi de faire célébrer la sainte messe dans sa chapelle de Baron et d'y célébrer l'office divin (1292).

Raoul de Préaux, seigneur de Renneval, avait autant de vénération pour l'abbesse que sa femme Pétronille éprouvait d'affection pour sa sœur. Les pieux époux aimaient à venir souvent à Chelles. Dans l'intention d'y établir leur résidence, ils se rendirent acquéreurs d'une maison avec quarante-cinq arpents de terre, et placèrent leur jeune fille sous

(2) *Cart. de N.-D. de Paris.*

la conduite de sa tante. La mense conventuelle s'enrichit ensuite de cette propriété. Pierre de Mitry, chanoine de Saint-Georges, la fit agréer avec cette disposition que, du produit annuel de ce domaine il serait prélevé : 1° 6 livres à la disposition de la prieure pour acheter des amandes à Lagny et en faire la distribution aux religieuses; 2° 20 sous à la trésorière destinés à l'achat de cierges qu'elle aura soin de faire allumer pendant l'élévation aux messes solennelles; 3° 20 sous à la même qui serviront à augmenter le luminaire aux enterrements et aux services funèbres, selon la qualité des défunts; 4° le surplus sera employé aux frais d'un service anniversaire pour le repos des âmes des bienfaiteurs de la maison.

A l'occasion de cette donation, Adeline fit revivre une pieuse coutume tombée en désuétude. Quand une religieuse mourait, on consacrait au soulagement des pauvres toute la dépense de cette religieuse pendant un an, tant pour sa nourriture que pour son entretien. Elle proposa à la communauté de rétablir l'ancien usage sous la condition suivante : Une messe quotidienne sera célébrée à l'intention de la religieuse défunte; le prêtre, chargé de la dire, logera dans les dépendances extérieures de la maison, et, à la prébende de la défunte qui lui sera servie pour ses besoins, on ajoutera deux mesures de vin par jour. La proposition reçut bon accueil, et il fut ajouté que, dans le cas d'un double décès dans l'année, l'occurrence sera toute au profit des pauvres.

Laurence d'Othis, veuve de Guillaume Clignet, avait trois filles dans le monastère : Alix, Jeanne et Marguerite. Édifiée des vertus que l'on y pratiquait, elle donna 250 livres, en demandant des prières pour les membres de sa famille. Afin de répondre à cette pieuse intention, la communauté fonda une prébende de 12 livres 10 sous, avec charge pour le chapelain de chanter une messe de *Requiem*, à la chapelle Sainte-Bathilde.

Mathieu de Roye avait également plusieurs filles professes à Chelles. En reconnaissance des bons soins qu'on leur prodiguait, il concéda *un buffet de vin* au profit de la communauté. Le buffet de vin était un droit seigneurial et un privilège de vendre du vin moyennant certaines redevances. Cette concession fut toute gracieuse et libre de toute charge. Elle produisait 12 livres 10 sous.

Parmi les religieuses, nous devons encore mentionner Éléonore de Melun. Elle était fille de Jean de Melun, maréchal de France et grand chambellan du roi, qui rendit des services signalés à Philippe V le Long. Cette famille d'antique noblesse comptait plusieurs personnages de distinction à la cour et dans l'Église.

Avant de mourir, Adeline n'oublia pas de faire une fondation pour le repos de son âme. Elle avait reçu de sa famille, en entrant dans le couvent, la somme de 200 livres qui avaient servi à l'acquisition de 80 arpents de bois. 10 livres de revenu en furent distraites et consacrées à la célébration d'un service annuel, à l'honoraire d'un denier à chaque prêtre assistant, et le reste à partager entre tous les fidèles présents à l'office de l'Assomption de la sainte Vierge. Adeline mourut en 1311 ou en 1312, selon Héricourt.

A une charte datée, de 1301, se trouvent appendus les sceau et contre-sceau d'Adeline de Nanteuil. (Arch. nat., n° 9194.)

Sceau ogival, 0,30 mill., sous une arcade gothique, abbesse debout, vue de face, voilée, tenant sa crosse d'une main et un livre de l'autre; accompagnée à dextre de trois fleurs de lis, et à sénestre, de deux. Légende : s. adelyye de ne(n)tholio.....

Contre-sceau : Personnage nimbé (sainte Bathilde), couché dans un lit, et un ange montant à une échelle. Légende : ✠ SECRET (*um sanctæ Ba*)LTILDIS.

ALIX I CLIGNET D'OTHIS

XXVIIIe ABBESSE

1311-1317

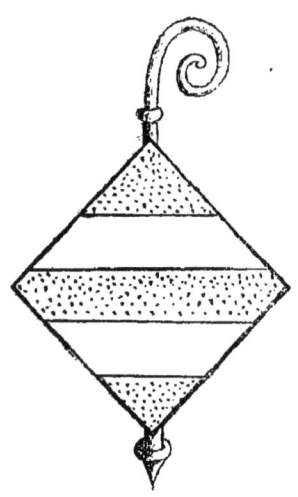

D'or; losange à deux faces.

Alix a signalé la trop courte durée de sa prélature, non par l'éclat des prospérités temporelles, mais par deux vertus qui en ont fait une des plus pieuses abbesses : la charité et la piété.

Parmi les œuvres de miséricorde, saint Augustin place au cinquième rang la charité envers les malades (1). Combien de fois Notre-Seigneur n'a-t-il pas daigné se montrer à nous

(1) *De civit. Dei,* lib. III.

revêtu de leurs membres souffrants! Alix, pénétrée de ce sentiment, les aimait d'un amour tendre et généreux. Elle veillait à leur chevet; elle s'empressait à leur rendre les soins les plus maternels; elle voulut même, à l'exemple de Mathilde de Nanteuil, leur consacrer une rente spéciale et perpétuelle. Cette rente fut prise sur une somme de 50 livres qu'une demoiselle de Beaumanoir apporta au couvent en faisant profession. La charitable abbesse avait coutume de dire : « Pour faire une bonne religieuse, il faut une bonne santé. » Comment, en effet, une personne maladive pourrait-elle embrasser les austérités de la règle et se montrer assidue aux offices du chœur?

Or, cette régularité monastique, qui est l'âme de la piété, a été la seconde vertu principale d'Alix. La *Gallia christiana* fait éloge de son exactitude aux exercices de la communauté, particulièrement à l'office divin. Elle aimait à en relever la pompe extérieure. Tout ce qui touchait à la décence du saint temple et aux cérémonies du culte excitait le zèle de sa foi et la générosité de son cœur.

Dieu hâta le moment de la récompense. Une mort prématurée l'enleva à l'affection de ses filles, l'an de Notre-Seigneur, 1317.

MARGUERITE II DE PACY

XXIXe ABBESSE

1317-1348

Issue de l'illustre maison de Châtillon-sur-Marne par son père Philippe Ier, seigneur de Pacy et de Nanteuil-le-Haudoin, et nièce de l'abbesse Adeline, Marguerite succéda à Alix. Elle était trésorière du monastère. Une déplorable coutume dont nous avons déjà parlé attribuait à cette dignitaire une rente annuelle de 28 livres. Aussi cet office était-il l'objet de convoitises. On ne le confiait qu'aux filles de distinction.

L'élection eut lieu au mois de juillet 1317. La nouvelle

abbesse n'avait pas encore reçu la bénédiction abbatiale lorsqu'elle présenta à Simon Festu, évêque de Meaux, un prêtre recommandable pour la cure de Mitry. Ce défaut de formalité n'empêcha pas l'élu d'être agréé par le prélat.

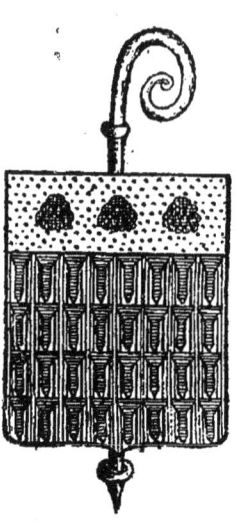

De gueules, à huit pals de vair, au chef d'or chargé de trois coquilles de sable, — d'autres disent d'un lion léopardé.

A peine Marguerite était-elle installée que les habitants de Chelles s'insurgèrent contre son autorité féodale. Le mouvement communal, limité d'abord aux villes principales du royaume, prenait au quatorzième siècle une large extension. Il gagnait insensiblement les plus petites bourgades elles-mêmes. La royauté l'avait inspiré par ses guerres contre la féodalité; la féodalité fut son plus implacable ennemi.

Chelles, à cette époque de notre histoire, paraît avoir été très peuplé. Quoique non fortifié, ce lieu ressemblait beaucoup à une ville. On lui en donnait même le nom. A ce titre, ses habitants, secondés par l'évêque de Paris, revendiquèrent les franchises. Déjà une constitution, datée de Paris, en 1128 (1), confirmait des usages et conventions de la

(1) Arch. dép., Melun.

bourgeoisie de Chelles que le roi Philippe Ier avait autrefois autorisés. On voit par là que Louis le Gros avait conçu le projet des Communes du vivant même de son père, comme le dit Vital. On ne s'étonnera pas de voir un prélat favoriser ce mouvement. L'Église aime la liberté vraie. Malgré les obstacles trop souvent opposés à expansion de la civilisation, le catholicisme poursuivait son œuvre, protégeant, aidant, excitant les aspirations légitimes des peuples.

L'abbesse, cependant, usa de tout son pouvoir afin d'en arrêter le progrès. Elle était chef d'une seigneurie royale. Sa charge lui inspira naturellement l'obligation de maintenir ses droits et de comprimer l'indépendance de ses vassaux.

« Les habitants des villes, dit Augustin Thierry (1), que ce mouvement politique avait gagnés, se réunissaient dans la grande église ou sur la place du marché et, là, ils prêtaient, sur les choses saintes, le serment de se soutenir les uns les autres, de ne point permettre que qui que ce fût fît tort à l'un d'entre eux, ou le traitât désormais en serf. C'était ce serment ou cette conjuration, comme s'expriment les anciens documents, qui donnaient naissance à la commune. Tous ceux qui étaient liés de cette manière prenaient dès lors le nom de *Communiers* ou de *Jurés*, et, pour eux, ces titres nouveaux comprenaient les idées de devoir, de fidélité et de dévouement réciproque exprimés dans l'antiquité par le mot de citoyen. »

Les Communiers ou Jurés nommaient un conseil chargé de gouverner la commune. Les membres de ce conseil s'appelaient les *Échevins* et avaient pour chef le *Mayeur* ou *Maire*.

Toute cette organisation existait à Chelles. Dans le procès porté par l'abbesse au Parlement, il est dit que le délégué des habitants se fondait sur une coutume déjà ancienne et que ceux-ci possédaient un hôtel de ville, un maire, des jurés et un sceau. *Quod ipsi, à pluribus annis citrà, con-*

---

(1) XIIIe *Lettre sur l'Histoire de France.*

sueverunt in dictâ villâ, majores juratos et commune sigillum habere, et dicto sigillo seu procuratoria sigillare et quod talia eorum procuratoria in parlamentis nostris aliàs fuerunt sine contradictione recepta ; quibus auditus curia nostra præcepit......, etc. (1).

Nous trouvons, en effet, dans l'inventaire des titres de l'abbaye de Chelles, aux Archives départementales de Melun, un acte passé en 1240, sous le sceau de la mairie et commune de Chelles, constatant que Mathieu, chanoine de Saint-Georges, lègue 22 arpents de terre pour l'anniversaire de Gauthier, prêtre, son frère. Nous avons vu également que, sous Mathilde de Nanteuil, il y avait à Chelles un *maire* et des *jurés*.

Un arrêt conforme aux vœux de l'abbesse fut rendu par le Parlement. Les officiers de la justice brisèrent le sceau, et les habitants se virent condamnés à deux cents livres d'amende.

Ceci se passait en 1319. L'esprit d'indépendance était refoulé, non vaincu. Marguerite essaya de l'anéantir, mais vainement. Des lettres royales, octroyées par Philippe V, confirmèrent solennellement tous les droits et privilèges de l'abbaye, avec une nouvelle abrogation des franchises que voulaient s'arroger ses vassaux. Le mouvement, comprimé. éclata de nouveau.

La prison seigneuriale recélait un nommé Thibourd. Un jugement l'avait condamné à une forte amende, de commun avec quelques autres complices. On vendit ses biens et ceux de sa femme. Mis en liberté, il fut de nouveau placé sous les verrous, pour cause de maléfice. A cette nouvelle, les esprits irrités prennent la défense du condamné. C'est une violation de leurs franchises ; l'accusé n'est pas justiciable de l'abbaye, mais de la commune. Armés de piques et de bâtons, les jurés se précipitent vers la prison. Ils sont deux cents. Le nombre, les menaces, les coups redoublés mettent en fuite la petite troupe des gens de la justice. On enfonce les

---

(1) *Cart. de Chelles*, Ier vol., n° 30.

portes de la prison, on brise les chaînes; on ramène en triomphe les détenus, au milieu des cris et des vociférations : « Haro! haro! *Ad focum!...* »

Voici les noms des principaux meneurs de l'émeute : Carlo Mabilla, Guillot Petit, Pierre Tartré, Jean Girard, Jean Triboulet, Simon Chasson et de Bethisy. Les femmes elles-mêmes s'étaient mêlées à l'échauffourée. Agnès, petite ouvrière, se fit remarquer par son exaltation. La punition ne se fit pas attendre; l'incartade coûta cher : six cents livres tournois d'amende (1320).

C'est ainsi que la violence perd les meilleures causes. Chelles attendra jusqu'à la Révolution pour retrouver ses franchises municipales.

Vers le même temps, Marguerite obtint un nouveau succès au profit de son autorité. Le comte de Roucy s'était emparé des droits de justice que le monastère possédait dans le Gâtinais. Le vassal dut se soumettre aux justes revendications de l'abbesse. Elle put également faire revenir à la mense conventuelle les 300 arpents de bois de la forêt de Livry qui avaient été compris dans la confiscation des biens de Guillaume de Garlande, comme nous l'avons dit en son lieu.

En 1323, nous trouvons le nom de Péronnelle de Thorigny, qualifiée de « dame de Chelles », dans une pièce de l'inventaire des titres de l'abbaye (1).

En 1331, Jean de Pacy, bourgeois de Paris et sans doute parent de l'abbesse, signe, en sa qualité de propriétaire du moulin du Prévost, une transaction avec la communauté (2).

En 1335, Philippe de Valois fait une fondation de messes à célébrer sur l'autel de Saint-Pierre, dans l'église de Chelles (3). (Voir le sceau de cette fondation à la fin du chapitre.)

En 1343, Jeanne de Bourgogne, femme de Philippe VI, donne au monastère l'île dite de *Sainte-Bathilde*, située dans la rivière de Marne, non loin de Gournay et près du

(1) Arch. départ., Melun.
(2) L'abbé Lebeuf.
(3) Arch. départ., Melun.

moulin *Aux Saints*, qui appartenait à l'abbaye, ainsi que le moulin du Prévost. Jeanne de Bourbon, femme de Charles V, par lettres datées de Crécy, accorda plus tard la haute justice du couvent sur ce dernier moulin (1367). Charles VI confirma ce droit en 1405 (1). Les dames avaient également droit de censive seigneuriale sur une autre île nommée *Chasserat* (1205).

Dans le *Cartulaire de Notre-Dame de Paris*, à la suite du Pouillé du treizième siècle, et dans une énumération de communautés monastiques qui, d'après l'abbé Lebeuf, a dû être faite vers 1330, on lit : « In decanatu de Kalâ. » Cette expression nous désigne d'une manière certaine l'existence du Doyenné de Chelles au quatorzième siècle. Il n'existait pas auparavant, puisqu'aux douzième et treizième siècles, Chelles faisait partie du Doyenné de Montreuil, transféré ensuite à Montfermeil. Ce n'est que vers l'an 1300, au jugement de l'abbé Lebeuf, que Chelles remplaça Montreuil et Montfermeil. Ce Doyenné prit ensuite l'extension et l'importance qu'il conserva jusqu'en 1789. Quarante-deux paroisses en dépendaient, depuis Tremblay, au nord, jusqu'à la Varenne-Saint-Maur, au midi, et depuis Pantin, à l'ouest, jusqu'à Dampmart, à l'est.

On sait que le titulaire ecclésiastique du Doyenné n'est pas rigoureusement le curé du chef-lieu. L'évêque peut le prendre, à son choix, parmi les curés du district. Nous remarquons, en effet, sur nos registres paroissiaux, que le doyen de Chelles a été tantôt le curé de Villeparisis, tantôt celui de Thorigny, de Dampmart et d'autres lieux, rarement le curé de Saint-André de Chelles, jamais celui de Saint-Georges.

L'abbesse Marguerite observa toujours, à l'égard des supérieurs ecclésiastiques, les rapports des plus hautes convenances. D'une nature large et généreuse, elle aimait à se montrer grande dans les devoirs de l'hospitalité. Un jour, l'évêque de Paris vint la visiter ; l'abbesse lui fit une récep-

---

(1) Arch. départ., Melun.

tion magnifique. Libérale à l'égard de toute sa suite, elle fut d'une prodigalité princière envers le prélat. Elle le combla d'honneurs et de présents : des pièces d'argenterie, des vases précieux, des joyaux enrichis de pierres fines, dépouilles, sans doute, des filles de haute naissance qui étaient venues échanger les riches parures du siècle contre la bure de la religieuse.

Marguerite n'oublia pas les pauvres. Sa nature sensible inclinait son cœur à la plus compatissante charité.

On cite deux exemples de grandes aumônes : la première, à la veille de la fête de sainte Bathilde, où elle reçut 1,200 pauvres, et la seconde, à la Commémoration des Trépassés, où elle donna, chacun une obole, à 1,800 indigents.

Nos mémoires font encore l'éloge de sa charité en parlant des *oblats* de la maison.

Louis X le Hutin avait affranchi tous les serfs. « Dans l'empire des Francs, avait dit ce prince, tout homme doit être *franc*. » Nos abbesses n'avaient pas attendu cette loi de liberté pour abolir la servitude des gens attachés au monastère. Les premiers efforts de cet affranchissement dataient de Mathilde de Berchères (1210). Des religieux et des religieuses de second ordre, en plus grand nombre, avaient remplacé les serfs. Les hommes, appelés *oblats*, s'occupaient des travaux du dehors, et les femmes, appelées *rendues*, des travaux du dedans.

Nos monastères possèdent encore aujourd'hui, pour remplir les fonctions de domesticité, des frères *lais* dans les couvents d'hommes, et des sœurs *converses* dans les couvents de femmes. Ces dernières, dans la règle de Chelles, étaient soumises à des statuts spéciaux. L'acte de leur réception était consigné sur les registres du monastère. Elles faisaient des vœux. Un certain nombre de *Pater* et d'*Ave Maria*, récités aux heures canoniales, remplaçaient pour elles les offices du chœur. Elles avaient part à la distribution des vêtements. Des documents constatent que l'entretien d'une religieuse de chœur coûtait trente sous, et celui des *rendues* et des pensionnaires, quinze sous seulement

Ces pensionnaires portaient encore le nom d'*écolières*, preuve évidente que le monastère continuait à ouvrir ses portes aux jeunes filles qui désiraient s'instruire et recevoir l'enseignement scolaire.

La maison était au comble de la prospérité. Une parfaite observance des statuts de la vie religieuse lui conciliait l'estime générale des séculiers et des réguliers. L'abbaye était puissante par son autorité, riche par ses domaines, illustre par la noblesse des pieuses filles qu'elle abritait. Elle exerçait autour d'elle un tel rayonnement de parfum céleste, qu'elle jouissait de la plus haute réputation de perfection évangélique. Une situation aussi heureuse ne pouvait durer. Dieu réserve des épreuves aux Communautés, comme à ses membres en particulier. Le soleil de Chelles va s'éclipser avec celui de la France, pour reparaître plus brillant que jamais, cent cinquante ans plus tard, avec les beaux jours de la réforme monastique.

La France était alors dans le deuil et les larmes. Dès le début de la guerre de *Cent Ans*, ses armées vaillantes, mais malheureuses, avaient perdu la bataille navale de l'Écluse (1340). Elles furent plus malheureuses encore à la bataille de Crécy. Les Anglais leur firent subir les hontes du siège de Calais. Une misère profonde rongeait le peuple; de lourds impôts écrasaient la nation; la peste éclata. Elle se révéla à Roissy, près de Gonesse; de là, elle se répandit aux alentours, avec ses sinistres terreurs. Paris et ses environs furent décimés. Cinquante mille victimes tombèrent dans la capitale. Toute la France, l'Europe entière fut dévastée. Chelles n'échappa pas au fléau commun. Nous ignorons les détails des ravages propres à notre bourgade; mais nous savons que, pour subvenir aux besoins les plus pressants, l'abbesse vida ses trésors, vendit les meubles les plus précieux et contracta des dettes. C'est dans cette situation misérable qu'elle laissa son monastère, naguère si florissant. Elle mourut l'an 1348.

Sceau et contre-sceau de Marguerite de Pacy, appendus à la charte d'une fondation de messes, en 1335, par Philippe-de-Valois. (Arch. nat., n° 8447).

Sceau ogival, de 0,60 mill.; simple fragment. Femme debout, tenant une branche de lis. Légende effacée.

Contre-sceau : Echelle accostée de deux fleurs de lis. Légende :
SECR(*etum Bæatæ B*)ALTILDIS.

Autre sceau et contre-sceau de la même abbesse, appendus à une charte de la même année 1335. (Arch. nat., n° 9195.)

Sceau ogival, 0,54 mill., champ fretté, abbesse debout avec sa crosse et son livre; accompagnée, à dextre, d'une fleur de lis et à sénestre d'une coquille. Légende : + (sigillum Marg)ARETÆ ABB(atis) S.E. MON. KALENS...

Contre-sceau : Femme debout accompagnée à dextre d'une fleur de lis. Légende : (Secretum Beatæ Bathildi) IS. CHELLA.

CHAPITRE VIII

PENDANT LA GUERRE DE CENT ANS

1348-1399

Pétronille II de Paroy. — Trêve. — Fraudes d'un intendant. — Serment de l'abbesse. — Adeline II de Pacy. — Nouveaux impôts. — Visite au Dauphin. — Situation meilleure. — Une dénonciation. — Résistance. — La Jacquerie. — Camp de Chelles. — Paix de Brétigny. — Jeanne I de Soisy. — Agnès I de la Queue. — L'hôtel du Mouton. — Un intendant infidèle. — Lettres de sauvegarde. — Jeanne II de la Forest. — Le gouverneur de Clermont. — Excès des Compagnies. — Retraite à Paris. — Retour. — Infamies. — Manœuvres militaires. — La reine à Chelles et mort de son confesseur. — Jeanne III de Roye. — La juridiction. — Chômage de la fête de Sainte-Bathilde. — Triste situation de la France et du monastère.

PÉTRONILLE II DE PAROY

XXXe ABBESSE

1348-1354

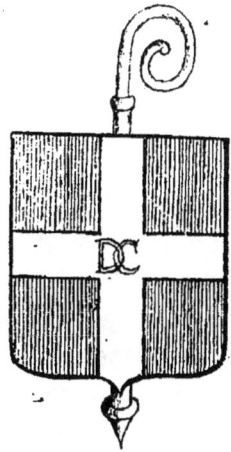

De gueules, à une croix avec le DC.

Des intrigues peu édifiantes troublèrent, au quatorzième siècle, la plupart des élections abbatiales, dans divers monastères. Chelles paraît avoir fait une heureuse exception. Après les funérailles de Marguerite de Pacy, les suffrages se portèrent avec une touchante unanimité sur Pétronille de Paroy.

Ému de compassion à la vue des malheurs de la fille aînée de l'église, le pape Clément VI en prit pitié. D'habiles négociations ménagèrent une trêve d'un an entre la France et l'Angleterre. Elle dura jusqu'à 1355.

L'abbesse profita de cette tranquillité relative pour rétablir les finances de la maison. Guillaume-du-Mail, grand Prieur de France, son frère, vint à son secours. Quatre cents livres, données d'abord à titre de prêt, et ensuite à titre gratuit, pourvurent aux nécessités du moment.

Outre les impôts de guerre qui vidaient le trésor de la mense abbatiale, les infidélités d'un malhonnête intendant le mirent à sec. La *Gallia christiana* caractérise cette administration par les mots de *friponnerie, fraudes cachées, rapines*. Pétronille manqua-t-elle de vigilance? Sa confiance a été certainement trompée. Malgré les désastres, la communauté n'avait pas diminué. D'après un livre de comptes longtemps conservé, le nombre des professes était toujours de 80.

Parmi ces dernières était Mathilde, fille de Guillaume, chevalier, seigneur de Montfermeil. Un acte passé sous le sceau de Pétronille constate que ce dernier légua à sa fille un arpent de vigne, pour faire retour, après sa mort, à l'infirmerie du monastère (1) (1350).

L'année précédente, 1349, l'abbesse s'était rendue à Paris afin de prêter serment d'obéissance à l'évêque et à l'Église de ce lieu. Depuis le procès d'exemption perdu par Eméline (1196), toutes les abbesses remplirent fidèlement ce devoir. Une pièce authentique de ce serment se trouvait dans les archives. On ne comprend pas comment ce procès va revivre, pendant plus d'un siècle, avec un zèle plus âpre que jamais.

Pétronille mourut en l'année 1354.

(1) Arch. départ., Melun.

ADELINE II DE PACY

XXXIᵉ ABBESSE

1354-1363

Mêmes armoiries que sa tante Marguerite, p. 156.

Philippe de Valois était mort en 1350, laissant la couronne à Jean II le Bon, plus malheureux fils d'un malheureux père. Edouard III, roi d'Angleterre, ayant mis fin à la trêve, reprit les hostilités de la guerre de Cent Ans. On sait combien cette guerre fut désastreuse pour les deux pays. On sait aussi que des prétentions insensées à la couronne de France, au mépris de la loi salique, en étaient la cause.

Le roi indigné convoqua les États-Généraux du royaume composés du clergé, de la noblesse et des députés des bonnes villes. La guerre est votée par acclamations. D'un commun accord, les États s'engagent à armer 30 mille hommes par an et à leurs frais ; mais il fallait créer un impôt pour subvenir à la défense. « Huit deniers par livre seront levés sur toutes les denrées, puis gabelle de sel devra courir par tout le royaume (1). »

Cet impôt ne suffit pas. On établit, en plus, un subside sur chaque habitant du royaume, de quelque condition qu'il soit, en proportion de sa fortune. Nul n'est exempté de la taxe, ni prince, ni évêque, ni seigneur, ni moine, ni grand, ni petit.

L'abbaye de Chelles est frappée de 1600 livres. Au bout de l'avertissement fiscal, se trouve la menace de l'excommunication ; mais à l'impossible nul n'est tenu. Malgré de justes réclamations, les commissaires royaux, sorte de garnisaires de cette époque, emploient la violence afin d'accélérer le paiement. Ils s'installent dans les dépendances du monastère ; ils y vivent à discrétion, ils commettent mille excès. Les bâtiments tombent en ruines, les fermes sont

---

(1) *Grandes Chroniques.*

abandonnées, les terres demeurent en friche. Pain, vin, argent, tout manque aux besoins de la communauté.

C'est dans ces tristes circonstances qu'Adeline (1) de Pacy reçut la bénédiction abbatiale. Elle était fille de Philippe, seigneur de Nanteuil, et nièce de Marguerite de Pacy, qui lui avait donné le voile.

Jean de Pacy, son parent, fit avec elle l'échange d'une terre appelée le *Closeau*, avec fosse à poisson, sise entre les deux moulins de l'abbaye (2) (1355).

Malgré les embarras d'une situation qui semblait désespérée, Adeline ne perdit pas courage. C'était une femme de caractère. Ayant placé toute sa confiance en Dieu, elle tenta une démarche auprès du Dauphin.

Jean II le Bon venait d'être fait prisonnier à la désastreuse bataille de Poitiers (1356). Charles, son fils, avait pu s'échapper et revenir à Paris, pour prendre les rênes de l'état, en qualité de lieutenant-général. Il se trouvait à Vincennes. A cette nouvelle, Adeline se met en route avec 26 religieuses des plus recommandables de la communauté. Elle obtient une audience du prince. Celui-ci l'accueille avec bonté. Il écoute le récit de l'abbesse : la situation déplorable du monastère, sa misère, ses dettes, l'impossibilité de satisfaire aux exigences du fisc.

Charles, si justement surnommé le *Sage*, fit expédier, sur-le-champ, des lettres de délai. Par ces lettres, le prince accordait seize années pour le paiement de l'impôt, cent livres par an, à partir de la Saint-Martin suivante.

De retour à Chelles, l'abbesse envoya des copies du pli royal, signées par le trésorier de la chambre des Comptes, aux commissaires et receveurs. Ces derniers, après avoir donné main-levée des revenus, quittèrent aussitôt la maison.

Adeline put obtenir plus tard la remise entière de cet impôt ; ce qui contribua, avec la bonne administration d'un sage intendant, à relever les finances du monastère. En moins de deux années, on put satisfaire les créanciers. Les

(1) Quelques titres lui donnent aussi le nom d'Alif.
(2) Arch. départ., Melun

bâtiments furent réparés, les fermes restaurées, les officiers remis en charge et les offrandes des obits rétablies. Chelles retrouvait une apparence de son ancienne prospérité.

On éprouvait l'efficacité de la dernière prière de sainte Bathilde. Avant de mourir, la sainte avait demandé à Dieu de donner à son abbaye des administrateurs honnêtes et intelligents, qui eussent toujours soin du temporel, comme d'un bien sacré, l'héritage de Jésus-Christ, le patrimoine des pauvres et la dot de ses épouses.

Cependant Adeline ne pensait pas que le temporel dût absorber le principal de ses pensées. Elle en abandonna même la direction à son procureur, pour consacrer tout son temps au gouvernement spirituel de la communauté. Déjà elle avait pu calmer les alarmes des consciences par la levée de l'excommunication. La paix faite avec l'Église, ses vues se portèrent vers la discipline intérieure. Au milieu des troubles publics, le relâchement s'était introduit partout, et la régularité s'était sensiblement affaiblie.

L'abbesse jugea sagement que la réforme s'opère plus efficacement par l'exemple que par la parole. Elle se réforma donc elle-même, s'interdisant toute distinction, sous le rapport de la nourriture et du vêtement, se montrant toujours la première aux exercices de la communauté, toujours d'une fidélité scrupuleuse aux moindres prescriptions de la règle. Aussi ses filles, formées à bonne école, rivalisèrent-elles de zèle à marcher sur les traces de leur vertueuse abbesse.

Cette bonne édification devait avoir son épreuve. L'adversité est la pierre de touche de l'âme vertueuse, souvent une pierre d'achoppement. Des bruits calomnieux vinrent troubler la paix. Adeline ne put les écouter avec l'humilité chrétienne.

Lors des désastres dont nous avons parlé précédemment, quand les dépendances de l'abbaye étaient aux mains des commissaires royaux, et que les fermes étaient livrées à l'abandon, quelques particuliers, profitant du trouble, s'étaient emparés de biens et de droits qui ne leur appartenaient point. L'intendant se vit obligé d'intenter des procès contre les usurpateurs. On accusa l'abbesse, auprès de l'évêque de Paris, de n'être qu'une femme de chicane, plus occupée des biens de ce monde que des biens spirituels de son monastère.

Sur ces dénonciations, l'évêque se fit annoncer pour une visite prochaine. Adeline froissée répondit que sa communauté jouissait d'une parfaite tranquillité, que la règle y était rétablie, et que la présence du supérieur ecclésiastique était inutile ; mais elle manqua de sagesse et de prudence en ajoutant, avec une certaine fierté, qu'elle n'ignorait pas les droits et les privilèges de son abbaye et qu'elle se refusait à la visite, comme étant un abus de pouvoir.

C'était la reprise du procès de l'exemption ; l'affaire n'eut point de suite. Empêché sans doute par la révolution des *Halles* de Paris, le prélat ne tenta point de mettre son projet à exécution.

Nous touchons à l'une des plus tristes époques de notre histoire nationale. Jamais un malheur n'est isolé, un abîme appelle un autre abîme. Aux effroyables désastres de notre armée succédèrent des désastres plus effroyables encore ; l'émeute dans la capitale et la Jacquerie dans les provinces.

Les orgies sanglantes de la dernière *Commune* de Paris, pendant l'invasion des armées allemandes, sont une preuve récente qu'il n'y a rien de nouveau, en fait de monstrueux excès, sous le soleil de notre infortunée patrie.

A la suite de l'épouvantable défaite de Poitiers, tout le royaume était plongé dans la consternation et le désordre. Tandis que le peuple de Paris, conduit par Etienne Marcel, son prévôt, égorgeait d'innocentes victimes sous les yeux du Dauphin et lui faisait subir les hontes du *chaperon rouge*, des seigneurs, plus coupables encore, se livraient sur les habitants des campagnes aux plus odieux traitements. Leurs violences, leurs cruautés portèrent chez le paysan l'exaspération et la soif de la vengeance. On vit grandir un sourd travail de haine des classes populaires contre les nobles et les riches.

Dans l'Ile de France et la Picardie, cette lutte s'organisa

d'une façon formidable, sous la conduite d'un chef nommé Jacques Bonhomme ; d'où vient le nom de *Jacquerie*. « S'y avaient faict un roy entre eulx qui étoit de Clermont en Beauvoisin et l'eslurent le père des pères, et estoit appelé Jacques Bonhomme (1). »

Jacques Bonhomme, disaient les nobles, ne lâche point son argent, si on ne le roue de coups ; mais Jacques Bonhomme paiera, car il sera battu. Et on le battait, on le brûlait avec un fer rouge pour le forcer à donner de l'argent. Son foyer appartenait au plus fort. Tant de misères l'exaspérèrent.

Les Jacques se levèrent en masse. Leur règne fut court. Il ne dura que six semaines ; mais il fut bien rempli : le pillage, le meurtre, le viol devinrent l'œuvre de chaque jour. D'odieuses représailles ensanglantèrent les villes de Lagny et de Meaux. La Brie fut mise à feu et à sang.

Toutes les campagnes des alentours de Paris demeurèrent presque sans habitants. Chelles subit le sort commun. Nos religieuses prirent la fuite, emportant avec elles les reliques sacrées et ce qu'elles avaient de plus précieux. L'*Hôtel du Mouton*, situé près du cimetière Saint-Jean, à Paris, leur appartenait. Elles y demeurèrent pendant la tourmente révolutionnaire.

Nos compatriotes, enfermés dans la capitale, après nos défaites de Sedan et de Metz renouvelées de celles de Crécy et de Poitiers, se rappellent les amers ennuis du siège de Paris et les vives appréhensions touchant les ravages de leurs foyers domestiques. Telles furent les alarmes et les craintes trop fondées de nos religieuses sur l'asile de leur virginité.

En effet, lorsque le Dauphin vint camper à Chelles (22 juin 1358) (2), pour s'opposer aux entreprises du roi de

---

(1) *Histoire de France*, par Laurentie, t. III, p. 37.

(2) C'est sans doute à l'occasion du séjour du Dauphin à Chelles, que ce prince confirma, par des lettres datées de cette même année 1358, les droits de pâture sur le territoire. Ces pâtures, après l'enlèvement des

Navarre et réprimer les excès de la Jacquerie, ce prince trouva le monastère affreusement saccagé (1). Il se rendit delà sous Paris qui lui ouvrit ses portes. Les Anglais, à leur tour, étaient venus ajouter leurs brigandages aux autres brigandages. Après avoir pillé Lagny, ils avaient pillé Chelles. La dévastation était partout. La France entière semblait devoir expirer sous le poids de tant de fléaux.

Cependant la paix de Brétigny rendit un peu de calme. Les religieuses s'empressèrent de revenir à leur chère maison. Il n'y avait plus, hélas! qu'un monceau de ruines, tristes épaves échappées aux fureurs du soldat et du paysan !

Les Israélites, au retour de la captivité, disent nos manuscrits, retrouvèrent dans la possession de la patrie, quoique saccagée, une joie et une nouvelle ardeur à réparer leurs murs détruits. Tels furent les sentiments qui relevèrent le courage et la foi de nos pieuses filles.

Après avoir cherché, au milieu de ces ruines, un abri quelconque contre l'injure du temps, elles avisèrent aux moyens les plus pratiques pour restaurer les bâtiments.

Écoutons la narration du cartulaire :

« Madame Adelvise de Pacy, abbesse de Chelles, 1354-1361. En son temps, par fortune de grosses guerres et grande nécessité, à la requeste du couvent, feut vendu la couverture du messel Sainct-Éloy, six calices, deulx chandeliers d'argent, la croix Sainct-Éloi, trois petites croix et une grande d'or massif, et en ce temps estoit le devent et derrière la châsse madame Saincte-Beaulteur, d'or massif; le tout feut prins pour vivre, et, depuis, la dicte abbesse print encore le chef monsieur Sainct-Genès, la platine Sainct-Éloy et aultre chose d'argent, pour faire la montre de la dicte châsse, et, pour icelle guerre, allèrent les religieuses à Paris,

---

récoltes, étaient communes aux habitants et aux bouchers de Paris, pour y mettre leurs bœufs. Le droit des bouchers résultait d'une enquête faite par Ferry de Gentilly et Raoul de Buci, commissaires nommés par le roi. (Arch. dép., Melun.)

(1) *Chroniques de Saint-Denis*, t. VI, p. 119.

à leur maison du Mouton, et y feurent depuis le mois de may jusque en juillet.

» Et a faict refaire ma dicte dame les ars devers le cymetière de nôtre église et le hault du grand Moutier (1). »

Grâce à son habile gestion, l'intendant put réparer les principaux bâtiments et même économiser onze marcs d'argent, pour la restauration de la châsse de sainte Bathilde, endommagée à la suite de l'enlèvement de ses ornementations d'or (2).

L'abbesse, de son côté, remit en vigueur, autant que possible, la règle monastique, et la communauté reprenait déjà ses anciennes coutumes, quand Adeline de Pacy mourut. C'était en 1363 (3).

JEANNE I DE SOISY

XXXIIe ABBESSE

1363

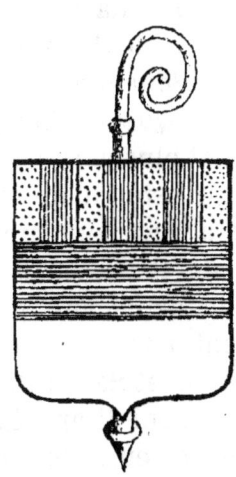

D'argent à la fasce d'azur, au chef d'or chargé de trois pals de gueules.

---

(1) *Cart. de Chelles.*
(2) Le marc valait 12 livres 10 sous, sous Jean II le Bon.
(3) Un acte de la prévôté de Melun nous apprend qu'en 1362, la Communauté possédait une maison à Melun. (Arch. départ., Melun.)

Élue le 14 septembre, en la fête de l'Exaltation de la Sainte-Croix, Jeanne de Soisy (1) ne fit que paraître pour se faire regretter. Elle mourut le 9 octobre suivant, jour de la fête de Saint-Denis.

AGNÈS I DE LA QUEUE

XXXIIIe ABBESSE

1363-1368

Dès le commencement de sa prélature (nov. 1363), la nouvelle abbesse se vit dans l'obligation, pour subvenir aux besoins de la communauté, d'aliéner une maison située à Paris et dite *Fleur-de-Lys*. Elle était attenante à *l'Hôtel du Mouton*, connu encore au siècle dernier sous la dénomination de *l'Hôtel de Chelles*. Cette vente a été rachetée plus tard.

Agnès poursuivit ensuite les réparations des bâtiments du monastère; elle consolida les murailles de l'église Saint-Georges, et reprit à neuf les chapelles Saint-Étienne et Saint-Pierre de la Boucherie.

« Madame A. de la Queue, abbesse de Chelles en 1343 (2), en son temps a faict plusieurs belles réparations en lesgle de Sainct-Georges, qui estoit toute découverte et en gros danger de cheoir, et a faict faire larche du meilleu de la dicte esgle de pierre de taille, en la quelle on ne avait chanté messe lespasse de deulx ans, pour la grand ruine qui y estoit; pareillement a faict refaire les Rlez Soe et les chapelles Sainct-Étienne et Sainct-Pierre de la Boucherie. »

On rapporte qu'un soi-disant chanoine de Saint-Georges, s'étant mis dans les faveurs de l'abbesse, devint intendant de la maison et qu'il abusa de cette confiance au profit de ses confrères.

Nous avons constaté, sous la prélature de Pétronille de

(1) On lit aussi Soissy.
(2) *Cart. de Chelles, ad calcem.* — Cette date est fausse, par erreur, sans doute, de copiste.

Mareuil, qu'un changement avait dû être apporté au traité de 1222, passé entre Mathilde de Corbeil et les chapelains dits chanoines de Saint-Georges.

D'après ce traité, la communauté s'était engagée à fournir aux chapelains 15 livres de rentes pour revenus, et pour pitance, une nourriture semblable à celle des religieuses. De nouvelles conventions, dont nous n'avons trouvé ni la teneur ni la date, ont dû changer les clauses du contrat. Les chapelains, en effet, à l'époque présente, ne recevaient plus qu'une partie de leur nourriture, mais ils jouissaient des revenus plus considérables de leurs prébendes.

Or, les deux traités, le second annulant le premier, étaient conservés dans le chartrier. L'intendant les ayant découverts, comprit les avantages peu avouables qu'il pouvait en tirer. Par un procédé qu'on ne saurait trop flétrir, il s'empara de toutes les pièces, mit sous le secret celles qui étaient désavantageuses à sa maison, pour ne montrer que les conventions faites à son profit. Ainsi les chapelains, sans perdre une obole de leurs revenus actuels, eurent, de plus, droit à toute la nourriture de la communauté et jouirent paisiblement de leurs titres de chanoines.

Sous l'apparence trompeuse de bienveillance envers la communauté, l'hypocrite intendant fit remontrance à ses confrères que, vu la détresse présente du monastère, il serait convenable de consentir à une diminution des pitances, tout en faisant des réserves pour l'avenir.

Les religieuses, surprises dans leur bonne foi et pleines de reconnaissance pour le généreux désintéressement de leurs chapelains, signèrent avec l'abbesse un nouveau traité qui ratifiait l'indigne spoliation. Telle est l'origine de plusieurs procès, dont nous aurons à nous occuper dans la suite de cette histoire.

La prélature d'Agnès fut relativement paisible, comme le gouvernement de Charles V. Ce prince venait de monter sur le trône ; la France voyait s'ouvrir un grand règne ; elle l'accueillit avec espérance et avec amour ; mais les désordres survivaient. Les Grandes Compagnies, coupées en plusieurs débris, restaient toujours menaçantes; les séditions n'étaient qu'amorties; de nouvelles alarmes troublèrent les asiles de la virginité et de la prière.

Agnès s'adressa au roi; elle en obtint la lettre de sauvegarde suivante (1) :

« Charles..... savoir faisons que Nous, désirant de tout notre cuer, les personnes religieuses qui sont ordonnées à servir Notre-Seigneur Jésus-Christ en notre royaume, estre maintenues et gardées avec tous leurs biens et familiers, en paiz et tranquillité, pour quoy elles puissent mieulx et plus dévotement vacquer et entendre au service de Dieu, au quel elles se sont donnéez; à la supplicacion de nos bien amées les religieuses, l'abbesse et le couvent de Chelles Saincte Baultour, de fondacion royalle, et qui sont de tout temps en sauvegarde royalle; icelles, d'abondants, avons prises et prenons, mises et mettons, de notre grâce espécialle, de notre certaine science, avec tous leurs biens, quieux qu'ils soient, ou qu'ils soient assis en nostre royaume, que elles ont de présent, et que elles acquerront léalment au temps à venir, tous leurs familiers, serviteurs, religieux ou séculiers, en et sous notre sauvegarde espécialle et de nos successeurs royaux de France, pour y estre et demourer perpétuellement; et leurs avons commis, donné et député, commettons, donnons et députons de nostre grâce, nostre Prévost de Paris, présent et à venir, ou son lieutenant, leur juge en toutes leurs causes meües ou à mouvoir contre quelconques personnes en demandant ou en défendant. — Par ainsi toutes voies, que pour ce ils ne puissent faire convenir par devant le dit Prévost ou son lieutenant de plus loin de Paris de quatorze lieues. Et aussi voulons et commettons le dit Prévost ou son lieutenant leur gardien espécial pour icelles religieuses, leur église en chef et en membres, leurs familiers, leurs genz et possessions, franchises, terres, prés, bois, vignes, justice, cens, rentes et revenües

---

(1) *Trésor des Chartres*, reg. 96, n° 112. — *Ordonn. des rois de France*, t. IV, p, 455.

quelles quelles soient, et à elles appartenantes en quelles que manières que ce soit, maintenir et garder par luy et par aultres en leurs privilèges et saisines, justices, possessions, franchises, libertés, droits, coutumes et usages, et pour elles défendre de par nous de toutes injustices, violences, griefs, oppressions, inquiétacions, molestacions de force, d'armes, de puissance, et de toutes nouvelletés indeües quelles qu'elles soient. Et s'il y a débat, en cas de nouvelletés, entre les partyes sur les choses contentieuses, de mettre iceluy débat en nostre main, comme souveraine, et à faire par icelles nostre main recréance là et si comme il appartiendra et pour faire payer aux dittes religieuses, ou à leur certain commandement, les ceus, dîmes, revenües et toutes les debtes bonnes et léaulx reconnues, ou prouvées par lettres, témoins, instruments, et aultres loyaulx enseignements que il apperra estre deües aux dittes religieuses de quelles conques personnes nos subjetz demourant à Paris et environs jusques à quatorze lieues, et contraignant iceux debteurs à ce — par la prise vendue et exploitacion de leurs biens et détencion de leurs corps, se obligez y estoient, et se aulcuns de leurs debteurs se vouloient opposer au contraire, nostre main souffisamment garnye là et si comme il appartiendra duement pour faire adjourner par devant soy, ou son lieutenant à Paris en nostre Chastelet de Paris, les dits opposants et toutes aultres personnes, tout en demandant comme en déffendant sur les dittes debtes, si comme il sera à faire de raison, pour en faire sur les choses dessus-dittes, les parties ouïes, bon et brief accomplissement de justice. Et voulons que notre ditte sauvegarde espécial, il face publier par tous les lieux où il verra qu'il appartienne, à la requeste des dittes religieuses, ou de leurs gens ; et, en signe de notre ditte sauvegarde espécial, face mettre nos Pennonceaux royaux (1), ès maisons, granches, possessions et aultres biens des dittes religieuses suppliantes, là où metier (2) en sera, affin que nul ne puisse excuser d'igno-

(1) Petite bannière royale.
(2) Métier signifie besoin.

rance, et intime et deffende de par nous à toutes les personnes dont il sera requis par les dittes religieuses, que à eulx, à leurs familiers, à leurs genz, à leur église en chef et en membres, à leurs terres, cens, rentes, revenues et autres bien quelconques où ils soient présents et à venir, ils ne méfacent, ou ne facent meffaire en aucune manière. Et pour faire et accomplir plus diligemment de point en point les choses dessus dittes et chacune d'icelles, nous mandons et commettons au dit Prévost de Paris, présent ou à venir, ou à son lieutenant que il — toutes fois que métier en sera, — députe aux dittes religieuses une ou deulx personnes convenables, à leurs dépens les quieux ou chacun d'eux. Nous voulons, de nostre grâce dessus ditte que ils aient, quant à faire et exécuter les choses dessus dittes, ou chacune d'icelles, pouvoir de office de sergent. Et nous donnons en mandement à tous nos justiciers et subjets que au dit Prévost de présent ou à venir ou à son lieutenant, et au dit sergent ou sergents députés de par lui que aux choses dessus dittes ou que en dépendent, obéissent et entendent diligemment.

« Et pour que ce soit ferme chose et estable à tous jours, Nous avons fait mettre notre scel, du quel nous usions avant que nous vinssions au gouvernement de nostre royaume, à ces présentes lettres ; sauf en aultres choses, notre droit, et en toutes, l'autrui.

« Donné à Paris, en juin MXXXLXIV (1364). »

« Renouvelée littéralement en juillet MXXXLXVI (1366) ».

Nous avons rapporté cette ordonnance comme spécimen de ces sortes de lettres de garde-gardiennes. Nous en trouvons quatorze du même genre de 1364 à 1539, dans l'inventaire des titres de l'abbaye de Chelles, aux archives de Melun.

Le même inventaire en contient également une autre, datée de Crécy (1367) et donnée par Jeanne de Bourbon, femme de Charles V, pour confirmer la haute justice de l'abbesse sur le moulin de Prévost. Ce droit a été maintenu plus tard par Charles VI (1405).

Agnès de la Queue mourut le 1er mai 1368.

JEANNE DE LA FOREST

XXXIVe ABBESSE

1368-1379

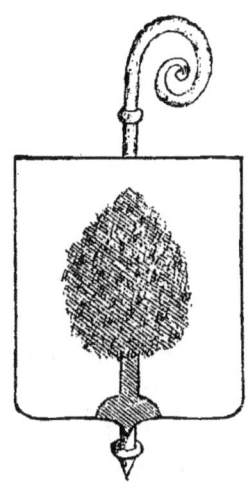

D'argent, à un arbre de sinople.

Après la sépulture d'Agnès, le choix des suffrages se réunit sur la tête de Jeanne de la Forest. Elle remplissait la charge de *dépositaire*; c'est-à-dire qu'elle était chargée de veiller à la garde de la bourse commune et des archives de la maison.

Jeanne de la Forest était fille de Pierre de la Forest et de Marguerite Chapelle. Son frère, Pierre III de la Forest, chancelier de France, fut d'abord évêque de Tournay, puis de Paris, ensuite archevêque de Rouen et enfin cardinal et légat du pape Innocent VI, en France.

Elle reçut la bénédiction solennelle, le 9 septembre 1368, des mains de l'évêque de Paris, dans l'église cathédrale de Notre-Dame.

Le prélat s'était prêté de bonne grâce à la cérémonie, mais il revendiqua un droit épiscopal. Jeanne refusa de payer. Un procès s'ensuivit. Il est à croire que l'évêque perdit. Jamais on n'entendit parler de cette taxe à l'avenir.

L'abbesse obtint un autre avantage contre le gouverneur de Clermont, en Beauvoisis. On sait que le couvent possédait à Baron une belle et importante propriété. Or, le gouverneur en avait juré la ruine. Sa haine s'exerçait en vexations continuelles, en insultes de toutes sortes envers l'intendant et les officiers de la seigneurie.

Jeanne, par son frère, ne manquait pas de crédit à la Cour. Charles V d'ailleurs portait un vif intérêt à tous les monastères en général et à celui de Chelles en particulier. Après une audience que sollicita et obtint l'abbesse, le gouverneur reçut des ordres sévères et changea de conduite.

Cependant le roi était toujours en lutte avec les ennemis de sa couronne. Les clauses du traité de Brétigny étaient souvent violées et la France continuait d'être partout traversée par les pillages et les brigandages. On voyait les bandits des *Compagnies* se disséminer par corps et former des Compagnies nouvelles. Plusieurs nobles chevaliers, connus dans les batailles, se mirent à leur tête et en devinrent les chefs. Le ravage était discipliné. Cette espèce de guerre intérieure affolait le peuple plus que la guerre étrangère. Quand une Compagnie approchait, c'était comme un fléau qu'on voyait fondre ; c'est-à-dire le vol, le viol, l'homicide, le sacrilège protégé par les armes.

Charles V voyait ces désastres avec douleur, sans pouvoir les réprimer. Les lettres de sauvegarde devenues impuissantes, Jeanne voulut mettre ses filles à l'abri de l'insulte et se retira avec elles à Paris. Une grande salle de l'appartement qu'elle avait loué servit de chapelle. On y célébra solennellement les offices de l'Ascension et de la Pentecôte (1369).

Durant tout le temps de l'exil, la communauté observa, autant que possible, chaque point de la règle et les autres coutumes de la maison. La duchesse d'Orléans, informée de ces bons exemples, voulut visiter nos religieuses et les consoler par des paroles de bienveillance et d'affection. Trois sœurs tombèrent malades. Il fallut les conduire à l'hôpital Saint-Gervais. Deux d'entre elles moururent : Isabelle de Compans et Isabelle de Rocherolle. Sœur de Baron guérit et put rentrer à Chelles.

Le monastère, en effet, venait d'être délivré de la présence des brigands. Par une sage politique, le roi avait mis à leur tête le brave du Guesclin, pour les jeter sur l'Espagne, sous le nom de *Compagnies blanches*, et venger, contre Pierre le Cruel, l'horrible meurtre de Blanche de Bourbon, sœur infortunée de la reine. A leur retour, les religieuses trouvèrent la maison dans le plus pitoyable état. Tout était pillé, saccagé. Il fallut une fois encore réparer les dégâts.

Cette dépense faite, l'abbesse fit rétablir la chapelle Saint-Éloi et la sépulture de sainte Bathilde. « En son temps, dit notre cartulaire, a faict refaire la chapelle Saint-Éloy, qui était cheutte et les voultes pareillement de la sépulture madame saincte Beaulteur, royne de France, qui fonda ce monastère. »

Nous pensons qu'il s'agit ici de la chapelle souterraine située sous le chœur de l'église Saint-Georges et où se trouvait la pierre du tombeau de la sainte.

Malgré toute la vigilance de Jeanne de la Forest et ses efforts à faire observer la règle, il ne faut pas s'étonner si les retraites réitérées à Paris (1) ont apporté quelque relâchement sur plusieurs points des observances monastiques ; nous les verrons par la suite s'aggraver encore et attirer l'attention des évêques de Paris. Certains auteurs, d'un caractère chagrin et avec des intentions d'une loyauté douteuse, ont voulu conclure de l'inobservation de la règle à la dissolution des mœurs. C'est une logique peu sûre, dont le fait suivant va contredire toutes les conclusions.

Le monastère possédait, dans les environs de Chelles, un bois dit *Le Boset*. Ce bois servait de retraite à un repaire de femmes de mauvaise vie. Elles s'en allaient par les

(1) Le *Cartulaire* cite l'une de ces retraites en 1372 : « Madame Jeanne de Laforest, abbesse de Chelles, l'an 1372, et en ceste année mena à Paris les religieuses, pour les guerres, ... jour de septembre. »

chemins avoisinants, arrêtant les voyageurs et les sollicitant au mal. D'ignobles infamies se commettaient en plein jour. Jeanne de la Forest, blessée dans son honneur de femme de pareils outrages aux mœurs, fit abattre les arbres, défricher et labourer la terre afin d'enlever jusqu'aux derniers vestiges les traces du crime, et, poussant les scrupules de la pudeur aux limites extrêmes, elle défendit qu'aucune bûche de ce bois profané n'entrât dans la maison. Ce fait n'est-il pas la meilleure réponse aux insinuations perfides des chercheurs de scandales...

Avant de mourir, la vertueuse abbesse eut l'honneur de donner deux fois l'hospitalité à la reine Jeanne de Bourbon, la pieuse femme de Charles V.

Ce prince, pendant les loisirs d'une trêve de deux ans qu'il avait conclue avec Édouard III, roi d'Angleterre, donna dans notre plaine le spectacle d'une grande manœuvre militaire. Le roi et la reine, accompagnés de toute la noblesse de France, se rendirent, de leur palais de Beauté-sur-Marne, (1) à Chelles, pour être témoins de l'adresse des combattants. Les exercices eurent lieu dans le voisinage de la Croix de Sainte-Beauteur (2). On y fit de beaux exploits. Jeanne de Bourbon logea à l'abbaye, mais la fête fut attristée par un pénible événement. Le confesseur de la reine, qui l'accompagnait partout, tomba malade. Malgré les soins les plus empressés, le prêtre mourut au monastère et y fut enterré (22 juillet 1376).

L'autre visite de la princesse se fit la même année à Baron. Dès qu'elle lui fut annoncée, l'abbesse s'empressa d'aller recevoir la reine et lui donna une hospitalité digne de la majesté royale.

Deux ans après, Jeanne de Bourbon mourait, après avoir donné le jour à une jeune princesse, et Jeanne de la Forest la suivit au tombeau, le 7 novembre 1379.

---

(1) Ce palais, bâti par Charles V, était situé sur le territoire de Fontenay-aux-Bois, dans une position charmante.

(2) Pierre de Chilpéric.

JEANNE III DE ROYE

XXXV° ABBESSE

1379 1399

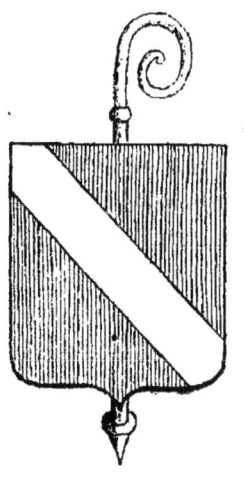

De gueules à une bande d'argent.

Pour se conformer au droit, Laurence de Pontemolin, grande prieure, fit part à la cour de la vacance du siège abbatial, avec requête au roi de permettre l'assemblée du chapitre et l'élection d'une nouvelle abbesse.

L'abbaye de Chelles étant de fondation royale, c'est au roi qu'elle devait rendre compte de son administration. Les abbayes épiscopales, au contraire, ne relevaient que de l'évêque. Cependant, d'après la remarque de Thomassin, il ne faudrait pas conclure que les abbayes royales n'étaient pas soumises à l'autorité des évêques. Mais la juridiction temporelle, quoique bien différente de la juridiction spirituelle, en était très souvent comme inséparable, et la première entraînait la seconde. Telle est la cause des fâcheuses contestations entre nos abbesses et les évêques de Paris, et qui vont se renouveler pendant tout le cours du quinzième siècle.

Dix-sept jours après la mort de Jeanne de la Forest, on fit les prières solennelles pour l'élection (24 novembre), on réunit le chapitre, on élut Jeanne de Roye.

Jeanne de Roye, religieuse du monastère, était fille du grand maître des arbalétriers de France, Mathieu de Roye, et de Anne de Chérésy, dame de Muret. Son père s'était rendu célèbre par sa vaillance à la défense de Poitiers et de Reims contre les Anglais. Son frère Guy de Roye était archevêque de cette dernière ville.

Nos manuscrits sont muets sur l'administration de cette abbesse. Il faut cependant rapporter à son temps un mandement, en date de 1366, par lequel l'official de Paris ordonne, sous peine d'excommunication, le chômage de la fête de Sainte-Bathilde (30 janvier).

En 1394, une sentence du Châtelet de Paris renvoie une affaire aux assises de Chelles, par-devant le bailli du lieu (1).

En 1398, le parlement confirme la juridiction spirituelle de l'évêque de Paris sur le monastère. Le droit de visite avait été préalablement fixé à 12 livres (1384). (2)

Jeanne de Roye resta à la tête de la communauté l'espace de vingt ans, mais dans quelles conditions !

Après le règne si sage de Charles V, nous tombons dans un règne où le mot fatal de folie se montre comme un sinistre pressentiment. Au milieu des crimes du palais, des souillures de famille, des ignominies publiques et privées, des guerres funestes, toutes les calamités s'abattent sur la patrie dévastée. Princes, peuple, bourgeois, noblesse, Église, tout s'abîme dans un grand chaos. On dirait alors l'histoire rétrogradant aux scènes barbares des premiers âges de la monarchie. Si du moins, comme jadis, nos monastères pouvaient donner un abri assuré contre les attaques du dehors ! Mais non, il n'y a plus d'asile inviolable, surtout dans le voisinage de la capitale. Attaquées dans leur retraite, les

(1) Arch. départ., Melun.
(2) *Cart. de N.-D de Paris.*

vierges sacrées sont obligées de fuir (1). Paris n'est plus un lieu de sûreté. Elles s'en vont dans leurs familles. Ces familles sont elles-mêmes en proie à toutes les passions, à toutes les calamités de l'époque. Quand parfois le ciel semble s'éclaircir et qu'une trêve de paix rassure les esprits, aussitôt les colombes effarées rentrent à l'arche de leur virginité et viennent se réfugier dans le couvent sous la conduite de celle qu'elles se sont choisie pour mère.

Telle a été la prélature de Jeanne de Roye (1379-1399).

On voyait autrefois son tombeau, d'abord placé dans le chœur de l'église, et plus tard transporté devant le Chapitre, avec des vestiges effacés de son épitaphe et de ses armoiries.

(1) « Madame Jeanne de Roye, abbesse de Chelles, l'an 13 IIII xx (1380) mena les religieuses de Chelles à Paris, pour les guerres. » (Cartulaire de Chelles.)

CHAPITRE IX

SUITE DE LA GUERRE DE CENT ANS
LE QUINZIÈME SIÈCLE

1399-1500

Agnès de Neuville. — Excommunication. — Fléaux. — Retraite à Paris. — Ravages. — Fortifications. — Une ordonnance de Charles VI. — Aumône de sainte Bathilde. — Alix II de Théozote. — Terreurs. — Marie III de Cléry. — Armagnacs. — Fléaux. — Retraite à Paris. — Isabelle de Pollye. — Passages de troupes. — Jeanne d'Arc dans les plaines de Vaires. — Pillage. — Les trois sièges de Lagny. — Fléaux. — Le roi entre dans Paris. — Famine et peste. — Délabrement du monastère. — Résistances opiniâtres. — Le pont de Gournay. — Notes chronologiques. — Catherine de Ligniéres. — Dispense de Rome. — L'hiver de 1481. — Olivier Maillard. — Jean Simon, évêque de Paris. — La réforme de l'abbaye.

AGNÈS II DE NEUVILLE

XXXVIe ABBESSE

1399-1414

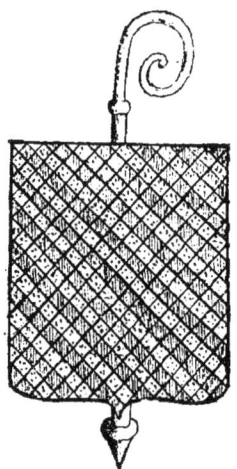

D'or fretté de gueules.

On ignore le jour et le mois de l'élection de cette abbesse. Il paraît cependant certain qu'elle s'accomplit dans le courant de l'année 1399.

Agnès de Neuville était de famille noble. Un huissier d'armes de Charles VI portait son nom. Son origine étant incertaine, l'armoirie que nous lui attribuons, d'après le P. Ménestrier, est douteuse.

Au milieu des rudes épreuves, dont toute la prélature précédente fut abreuvée et qui se prolongèrent longtemps encore, l'observance de la règle dans tous ses points était devenue en partie imposssible. Si, dans les temps de calme et de tranquillité, la nature humaine n'en supporte le poids qu'à force de contraintes et de violences sur soi, quelle puissance eût pu l'imposer à des âmes troublées par les alarmes de la guerre et les scandales du dehors?

Mais le relâchement, une fois introduit, c'est la rouille qui ronge le trésor (1). L'Église, mère vigilante, tenta d'en arrêter les ravages. La lutte sera pénible. Une confusion troublant les esprits, entre la juridiction temporelle et la juridiction spirituelle, opposera des résistances insensées. Ce n'est qu'après un siècle encore de persévérance et de fermeté épiscopale, que nous verrons apparaître des jours plus heureux.

La situation intérieure de la communauté avait appelé l'attention de l'Ordinaire. Voulant se rendre compte par lui-même des plaintes qui lui avaient été adressées, l'évêque de Paris annonça sa visite, sans en dire le motif. Agnès répondit par un refus. Elle en appela au roi, comme si le roi possédait des droits sur la juridiction spirituelle ; elle se réfugia derrière la barrière de l'exemption, comme si le privilège épiscopal n'avait pas été juridiquement reconnu et maintenu par le Saint-Siège.

« Mon monastère, disait-elle, est plus digne de compas-passion que de réforme. » C'était une belle parole et la meilleure justification de l'abbesse et de ses filles. La communauté, en effet, avait pu, au milieu des désordres politiques, se relâcher de la première ferveur, mais rien n'indique qu'elle fût reprochable dans ses mœurs. D'ailleurs

---

(1) Saint Mathieu, ch. vi, v. 19 et 20

l'évêque ne formulait pas cette accusation. L'abbesse se méprit donc sur ses intentions. Un faux point d'honneur semble l'avoir engagée aux dernières limites de la résistance. Peut-être, selon le jugement trop partial de Dom Porcheron, le tempérament manqua-t-il dans l'exercice de l'autorité. « On ne prend pas des mouches avec du vinaigre, a dit spirituellement saint François de Sales. » Qui sait si le miel de la charité n'eût ramené aux antiques observances de la ruche monacale nos abeilles effarouchées ?...

Le prélat fulmina son ordonnance. A sa requête, les curés de Saint-André et de Saint-Georges en firent lecture publique au prône. Un exemplaire fut affiché sur un pilier de l'église abbatiale. Les religieuses l'arrachèrent avec mépris. Un procès allait s'engager, mais une sage intervention des magistrats arrêta le conflit. L'évêque et l'abbesse, sans doute mieux informés, le premier sur la conduite irréprochable des religieuses, et la seconde sur le droit spirituel de l'évêque, renoncèrent à une lutte d'où la gloire de Dieu était absente.

D'autres malheurs vont fondre sur l'abbaye. Tous les fléaux ont conjuré sa perte : l'exaction des impôts, les tempêtes, les inondations, le feu du ciel et, par surcroît, une guerre nouvelle avec de nouvelles fureurs.

Il faut partir. Mais où fuir ? Les familles sont enveloppées dans les querelles des ducs d'Anjou, de Bourgogne, de Berry et de Bourbon. Le roi imbécile ne peut plus gouverner ; le débauché duc d'Orléans s'est rendu maître de tout le royaume, et l'Église elle-même est livrée à toutes les dissensions du schisme de la papauté.

On se réfugia à Paris, une première fois, devant l'armée de Jean-sans-Peur qui livra Lagny au pillage (1405). « Le premier jour de septembre, dit Juvenal des Ursins, arrivèrent en tour de Paris, ceux du Comté et Duché de Bourgogne, se montant à deux mille combattants. Et par force entrèrent dedans Lagny et se logèrent entre Paris et Pontoise et tout détruisoient (1). » On revint à Paris une deuxième

(1) *Hist. de Charles VI.*

fois, en 1411, devant les bandes d'Armagnacs auxquelles s'étaient réunis des voleurs, des assassins pour vivre de pillage.

Si la misère ne manqua pas à Paris, elle fut excessive à Chelles. Les bandits dévastèrent tout ce que les fléaux du ciel avaient épargné. Ils infligèrent aux gardiens de la maison les plus indignes traitements. Leurs ravages s'étendirent, dans les environs de la capitale, jusqu'à Claye, jusqu'à Meaux.

Par ordre supérieur, des troupes régulières vinrent pour délivrer les campagnes. Les brigands firent une résistance désespérée. Vaincus et captifs, leurs chefs furent battus de verges, pendus au gibet ou jetés vivants dans la Seine (1).

Au retour de l'exil, l'abbesse essaya de réparer les dégâts ; mais la saisie avait été mise sur tous les biens. Agnès tourna ses espérances du côté de la reine. Isabeau de Bavière se trouvait à Melun avec son favori, Louis, duc d'Orléans. La requête de l'abbesse reçut bon accueil, et les ouvriers travaillèrent à la restauration des bâtiments.

De concert avec les habitants, Agnès présenta une autre requête au roi. Afin de mettre désormais le pays à l'abri d'un coup de main, elle demanda la permission de faire fortifier la ville à ses frais. Par lettres patentes en date du 17 mars 1411, Charles VI l'autorisa à entourer Chelles de fossés, de murs et de portes (2).

Ce travail a dû être réalisé. Nous en trouvons une preuve dans l'inventaire de l'abbaye qui fait mention des fortifications de Chelles en 1551. De plus, il existe à la bibliothèque nationale une vue de Chelles par Chastillon, avec des murailles et des tours, et qui date de la fin du seizième siècle. Nous en reproduisons le fac-simile (3). Il est difficile de reconnaître le Chelles d'aujourd'hui. L'église que l'on aperçoit est celle de Saint-André, mais le clocher est mal orienté. Il

---

(1) Hist. de Charles VI.
(2) *Trésor des Chartes*.
(3) Cabinet des estampes, arrondiss. de Meaux, canton de Lagny, Chelles.

est impossible que le monastère soit compris dans l'enceinte des fortifications. Cette vue nous paraît peu exacte.

Avant de mourir, Agnès eut la consolation de voir quelques jours de paix. La Communauté était convenablement logée, la règle remise en pratique et l'office divin rétabli. Cette abbesse avait raison de dire que son monastère avait plus besoin de compassion que de réforme. La réforme était faite autant que possible, au milieu des tempêtes publiques ; Agnès fit ce qu'elle put pour maintenir le principal des observances. Aussi, la compassion des âmes chrétiennes ne lui manqua pas. Elle était également dans son cœur. Sa charité s'alarmait à la vue de toute souffrance. Les habitants de Chelles en recueillirent souvent les effets consolants.

Ceux-ci, en effet, étaient bien malheureux. Qu'on en juge par l'extrait suivant d'une ordonnance de Charles VI :

« Charles, par la grâce de Dieu..... Ouïre l'humble supplicacion à nous faicte de la part des manans et habit[s] de la ville et paroisse de Chièle Saincte Bauteur, contenante que, oultre les grans charges qu'ils ont soutenu au temps passé, tant par occasion de guerres et par les passages des gens d'armes....., comme pour payer les tailles, aides et aultres subvencions....., encore ont-ils été et sont chacun jour moult traveilléz par les prinses que l'on a faict sur eux pour les provisions de nostre hostel et des hostelz de nostre très chière et très amée compaigne, de nos enfants et des aultres de notre sang et lignaige dont il est advenu.....; qu'aulcuns d'eulx ont été ramenez à tèle indigence et povreté que moult de fois grande partye d'eulx s'en sont alez demourer hors la dicte ville, comme tout désert, et les aultres qui y sont demourez avecques leurs femmes et enfans ont esté et sont telement diminuez de leur petit estat et chevance, que à grant peine ont-ils ou ne ont de quoy vivre.....

» Nous, par consideracion des choses cidessus et ouï sur ce le rapport de nos feaulx les maistres de nostre dit hostel..... et aussi de nos fourriers..... ils ont composé avecques les dits supplians que parmi ce qu'ils ameneront dores en avant par chacun an en nostre ville de Paris, ou ailleurs, à 4 lieues prez de la dicte ville de Chièle au plus loing, là où il sera ordonné..... trente charettes de feurre, ilz soient quictes à tousjours eulx et leurs successeurs habitans de la dicte ville de toutes les aultres prinses. Nous avons pour agréable la dicte composicion et la voulons, approuvons..... etc.

» Donné à Paris en mars mil quatre cens (1). »

Par une autre ordonnance, 40 arpents de marais furent mis en pré, dont 28 pour les habitants de Chelles et 12 pour ceux de Montfermeil. Le restant des marais devint pâture communale (2).

L'abbesse vint aussi au secours de cette malheureuse population, en lui faisant distribuer des vivres. Nous trouvons un dernier trait de sa charité dans l'institution de l'aumône de Sainte-Bathilde, aumône qui subsista jusqu'aux derniers jours du monastère.

On distribuait, le lendemain de la fête, à toute personne qui se présentait, du pain et du vin. « L'an 1402, est-il dit dans le *Cartulaire*, a esté ordoné la doñée de Madame saincte

---

(1) *Trésor des Chartes*, reg. 156, p. 32.
(2) Arch. départ., Melun

Baulteur. » Primitivement, l'aumône s'élevait environ à 600 pains de deux livres, et plus tard à 2,000, avec une queue de vin.

La dernière distribution se fit le 30 janvier 1790.

Un père de famille y vint, comme les autres habitants, recevoir sa *miche de sainte Bathilde.* Une portion a été mangée au repas de la fête, et on conserva l'autre, selon l'usage, parce qu'elle était bénite. Cinquante ans après, le père de famille vivait encore, et, malgré toutes les vicissitudes de la Révolution, à laquelle nous le verrons prendre une certaine part, il n'en conserva pas avec moins de religion, comme souvenir des temps passés, la portion réservée de sa miche.

Le 30 janvier 1840, de sa main débile, mais plus pieuse, le vieillard attachait son précieux morceau de pain à la châsse de la sainte.

Quand il fut près de mourir, Thomas Mabille, à l'âge de quatre-vingt-dix ans, le remit entre les mains de l'aîné de ses petits-fils, confiant à la piété filiale de ses descendants le soin de le présenter à l'église, tous les vingt-cinq ans. Ce respectable souvenir fut renouvelé en 1865.

Le morceau de pain est dur, noir, et parait assez bien conservé; si les arrière-descendants n'oublient pas la recommandation du vieux père, il pourra longtemps encore rappeler l'antique aumône de Sainte-Bathilde, dont il demeure une intéressante relique (1).

Agnès mourut en 1414.

---

(1) Cette miche se trouve aujourd'hui entre les mains de M. Victor Dutreuil, mari de mademoiselle Virginie Mabille, arrière-petite-fille de Thomas Mabille. On se propose de célébrer le centenaire de la miche en 1890.

ALIX II DE THÉOZOTE

XXXVII° ABBESSE

1414-1419

On ignore la date précise de l'élection d'Alix II de Théozote (1). Les traces de sa prélature sont rares. Son nom ne se trouve point dans le catalogue de nos abbesses ; mais la *Gallia christiana* signale son serment entre les mains de l'évêque de Paris. C'est le seul renseignement que nous puissions donner. Tout l'intérêt des documents de l'époque s'absorbe dans les désastres de la patrie.

La faction des Bouchers domine dans la capitale. Des scènes atroces de meurtre jettent partout l'épouvante. Henry V, roi d'Angleterre, profitant de l'anarchie, débarque au Havre et bat l'armée française à Azincourt (1415).

Aux malheurs de la défaite se joint la trahison. Jean-sans-Peur se déclare pour le roi d'Angleterre ; la reine elle-même, l'infâme Isabelle, fait alliance avec le meurtrier de son amant (1417). L'anarchie est complète. D'épouvantables assassinats se commettent en plein jour. Les rues de Paris deviennent des ruisseaux de sang. On marche sur les cadavres. C'est le règne de la terreur. Lagny, Chelles et les environs sont pillés, ravagés par les soldats armagnacs, cabochiens et bourguignons.

Dieu vengea ces crimes par des fléaux plus terribles encore. La peste fit quarante mille victimes à Paris, et la disette acheva de mettre le comble à tant de malheurs (1418). Dom Chaugy, bénédictin de l'abbaye de Lagny, trace, dans son manuscrit, un intéressant tableau de la misère publique. On vendait un setier de blé ou de pois douze livres d'or. Le menu peuple fut réduit à manger du pain de noix. Par surcroît, le chauffage vint à manquer. On brûla les arbres des vergers et les solives des maisons (2).

(1) On dit aussi de *Thozote*.
(2) *Ann. de Lagny*, p. 400.

Que devint notre Communauté au milieu de ces calamités publiques? On l'ignore. Alix mourut en 1419.

MARIE III DE CLÉRY
XXXVIII° ABBESSE
1419-1429

Comment l'élection de Marie de Cléry fut-elle possible au milieu de tant d'alarmes? Il fallut autant de confiance en la Providence, dans le cœur des religieuses, pour réunir le chapitre, que dans le cœur de l'élue, pour accepter une charge si périlleuse.

L'assassinat de Jean-sans-Peur, sur le pont de Montereau, avait exaspéré les Bourguignons et les Anglais. Ils se vengèrent cruellement. Nulle sûreté sur les routes. Paris est aux mains des pires ennemis de la France. Impossible à l'abbesse d'aller trouver l'évêque pour se faire bénir. Les religieuses l'installèrent elles-mêmes. « C'était, disent nos annales, placer un chef à la tête de la misère. »

En effet, une bande d'Armagnacs chassés de la capitale se jeta tout à coup sur la campagne, entre Paris et Meaux. Les provisions du monastère furent pillées, les bois de Montguichet incendiés, les récoltes saccagées; et, pour comble d'infortune, des inondations inouïes emportèrent dans les flots de la Marne les épaves de tant de malheurs.

L'hiver avait été excessif (1420-1421); le manque de grains réduisit le peuple à la dernière extrémité.

« La misère, dit saint Remy (1), était si grande en Champagne et Brie, et mesmement dedans Paris, qu'il fut trouvé femme morte de faim, son enfant vif tenant encore la mamelle de sa mère et cuidant trouver substance, et aultres povres sy très oppressés de faim, que quand on leur donnait quelque peu à manger, ils disaient : « Donnez à un aultre, » car je n'en mangerai jamais. »

(1) Ch. CXII.

Dom Chaugy ajoute (1) : « A Lagny, la misère fut si horrible pendant tout l'hiver, que quantité de pauvres, pressés par la faim, se nourrirent d'herbes et de trognons de choux, sans pain et sans sel. On en vit plusieurs suivre les écorcheurs de chiens à la campagne, pour manger la chair et les tripes de ces animaux. »

Le *Journal d'un Bourgeois de Paris* nous apprend que l'année suivante ne fut pas plus heureuse; car « l'hiver de 1422 à 1423 renouvela les misères du peuple. Tout ce qui était hors de terre gela : figuiers, vignes et noyers. Les graines ne commencèrent à lever qu'à la mi-mai. »

Cependant, Henry V d'Angleterre mourut. Charles VI le suivit de près au tombeau (1422). On proclama son fils roi de France, dans une chapelle de l'évêque du Puy, tandis qu'à Paris, le duc de Bedfort plaçait sur la tête de son neveu Henry VI, un enfant encore au berceau, la double couronne de France et d'Angleterre.

Les religieuses de Chelles ne reconnurent point l'intrus. Fidèles à la monarchie française, elles envoyèrent à son chef une requête éloquente sur la triste situation de leur royale abbaye. Charles VII l'accueillit favorablement et confia l'administration du temporel à la sagesse d'un président du Parlement. La maison s'en trouva bien.

Mais, dans ces temps d'anarchie, tout repos était impossible. Les troupes anglaises, maîtresses de la capitale, faisaient de continuelles excursions dans les environs de Paris. Nos religieuses, effrayées, se voyaient sans cesse contraintes de fuir.

« Madame Marie de Cléry, abbesse de Chelles, l'an mil quatre cent et XXIX, en son temps, mena les religieuses de Chelles à Paris, pŏr la guerre qui estoit côtre les Anglais (2). »

Elles allaient là où elles pouvaient, les unes dans leurs familles, les autres chez des amis. La crainte les y retenait longtemps. Aussi la communauté se trouva-t-elle réduite au nombre de quinze professes.

(1) *Ann. de Lagny*, p. 402.
(2) *Cart. de Chelles*, Ier vol.

Malgré une situation aussi critique, les mémoires du temps signalent la fidélité des religieuses aux abstinences de l'Avent.

La date de la mort de Marie de Cléry n'est pas absolument sûre. On pense très communément qu'elle eut lieu en 1429.

ISABELLE DE POLLYE

XXXIXᵉ ABBESSE

1429-1475

La *Gallia christiana* donne à cette abbesse le nom de la Pallu. Tous les auteurs s'accordent à relever l'erreur en la faisant originaire de la famille de Pollye. Sa prélature a duré 46 ans. Les six premières années se passèrent dans des troubles continuels. En voici le court résumé :

Après son sacre à Reims, Charles VII était venu mettre le siège devant Paris, alors au pouvoir des Anglais. L'assaut de la porte Saint-Honoré ne fut pas heureux. Jeanne d'Arc y reçut une blessure (8 septembre 1429). Le roi et la Pucelle se replièrent sur Lagny. Attaquée par les Anglais, la petite ville supporta le choc avec vaillance. Ses défenseurs « saillirent au champ, eux et leurs gens, en belle ordonnance, contre les Anglais et les Bourguignons et leur tindrent si grandes et si fortes escarmouches, par trois jours et trois nuits, que les dits Anglais et Bourguignons s'approchèrent oncques des bannières, plus près que du trait d'une arbalestre (1). »

Chelles se trouvant sur le passage des troupes, entre Paris et Lagny, eut constamment à souffrir de leurs ravages. Pendant le carême suivant, 300 Anglais, lancés contre les Français, se jetèrent sur Chelles ; mais l'escarmouche ne

(1) *Chroniques de la Pucelle.* — Voir, pour la suite, les *Annales de Lagny*, ch. v.

paraît pas avoir eu de suite. On fit sans doute une trêve pour célébrer les fêtes de Pâques (1).

Après la trêve, une troupe de soldats ennemis partit de Paris pour s'emparer du château de la Chasse (21 avril) ; mais, entraînée par l'amour du pillage, elle tomba d'abord sur Chelles, où elle dévasta la ville et le monastère, puis se dirigea vers le château, « troussée des biens de l'Eglise et des laboureurs dont il lui meschut grièvement (2). » En effet les Armagnacs, avertis du pillage de Chelles, se réunirent en force, repoussèrent les ennemis sous les fortifications du château et les massacrèrent tous jusqu'au dernier. Les habitants n'en furent pas moins malheureux, car la bande d'Armagnacs, après le massacre, « s'empara, ajoute la *Gallia christiana*, du pillage que les Anglais avaient fait à Chelles, rançonna les vivants et s'enrichit de la dépouille des morts (3). »

Dans le courant du mois de mai, Franquet d'Arras, dont la bravoure égalait la cruauté, s'était approché de Lagny avec 300 Anglais et Bourguignons, dévastant et terrifiant tout le pays. Il s'avança jusque dans la plaine de Vaires, petit village situé entre Chelles et Lagny. Jeanne d'Arc, qui se trouvait avec les troupes françaises dans cette dernière ville, marcha à sa rencontre. « Elle l'assaillit moult courageusement et vigoureusement (4). Mais repoussée par deux fois, Jeanne appela à son secours la garnison de Lagny, et les Bourguignons, après avoir « moult endommagé leurs ennemis, furent tous vaincus et déconfits, et la plus grande partie mise à l'épée (5). »

Au milieu de ces combats, le soldat ne conservait plus de respect même pour les églises. Celles de Chelles furent mises à sac dans le courant d'août de la même année. Tout objet précieux portant la moindre parcelle d'or, d'argent, de mé-

---

(1) Pâques tombait le 16 avril.
(2) *Journal d'un Bourgeois de Paris* (1430).
(3) T. VII, p. 566.
(4) *Chron. de la Pucelle*, interrog. du 3 mars
(5) Monstrelet, ch. LXXXIV.

tal, comme vases sacrés, châsses, chandeliers, couvertures de livres, devinrent la proie des pillards. C'est pourquoi l'auteur qui retrace ces scènes de désolation dans le *Journal d'un Bourgeois de Paris*, s'écrie : « Mais si Dieu n'en a pitié, toute la France est en grand danger ; car de toute part on y gaste les biens, on y tue les hommes, on y boute feux... tout va mal en pis, comme il appert. »

Tant que Paris demeura au pouvoir des Anglais, les nombreux combats qui se donnèrent autour de Lagny exposèrent Chelles et son monastère à toutes les insultes des soldats, amis et ennemis. En septembre 1430, il n'y avait pas de semaine que « quelques larrons de Lagny dont personne ne s'inquiétait, ne prissent, à quelques portes de Paris, ou bien près, hommes, femmes, enfants, bétail sans nombre, dont ils avaient grandes finances et toujours or et argent ; et ceux qui ne pouvaient payer leurs rançons estoient accouplés à cordes et jettés en la rivière de Marne, ou pendus par les gorges, ou en vieilles caves liés, sans jamais leur donner à manger (1). »

Pour châtier les habitants de Lagny, les Anglais résolurent de faire le siège de la ville. On se mit en campagne au mois de mars de l'année suivante. Conduits par leur habile chef, le duc de Bedfort, après s'être emparés du château de Gournay et des hauteurs de Montjay, les ennemis vinrent mettre une première fois le siège devant Lagny, qui était une des principales places fortes du roi de France. Une résistance vigoureuse soutint le choc et repoussa l'ennemi. L'échec fut complet. Tout Paris s'en moqua : la vaillance des assiégeants s'était réduite à tuer un coq. « Et là, raconte le *Journal d'un Bourgeois de Paris*, les Anglais firent par plusieurs fois grands assauts, mais à la fin il n'y eut pas d'honneur, car cette mâle œuvre se faisoit la *sepmaine peineuse*, mais ceux du dedans se défendirent si bien que, pour certain, fut jetté en la ville quatre cents et douze pierres de canon en un jour, qui ne firent oncques mal à personne qu'à un seul coq

(1) *Journal d'un Bourgeois de Paris* (1430).

qui en fut tué, dont fut grande merveille, que bel fut à ceux du régent et de Paris de laisser leur siège et s'envenir, et s'envinrent la veille de Pâques qui furent cest an le premier jour d'avril 1431, et disoit-on, par moquerie, qu'ils étoient ainsi revenus pour eux confesser et ordonner à Pâques en leur paroisse (1). »

Les Anglais attendirent une année entière pour essayer de se venger de cet échec. Ce n'est que le 1er mai 1432 qu'ils résolurent un deuxième siège. Le seigneur de l'Isle-Adam, fait maréchal de France par le roi d'Angleterre, s'approcha des murailles avec 600 soldats. Des traîtres devaient livrer la ville; mais le peuple en fit bonne justice et les assaillants, vivement repoussés, s'enfuirent de nouveau sur Paris, « à grande honte et confusion (2). »

Le duc de Bedfort, irrité de cette résistance, jura de venger l'honneur des Anglais. Il fit un troisième siège (juillet 1432). Son armée, forte de six mille hommes, était suivie d'un nombre prodigieux de machines de guerre. Lagny possédait à peine mille combattants. La lutte acharnée, souvent meurtrière, dura deux mois. Faute de vivres, la ville toute démantelée allait se rendre, quand l'armée française accourut à son secours. Une bataille fut donnée dans les environs de Gouvernes. C'était un dimanche, 10 août. La chaleur était excessive. Etouffés sous leur pesante armure, les Anglais s'enfuirent, et Villandras, chef des compagnies royales, ravitailla la ville. Les vainqueurs ne s'attardèrent pas à poursuivre l'ennemi; mais, retournant en arrière, ils s'envinrent passer la Marne à Château-Thierry, et, longeant la rive droite, ils s'avancèrent à marches forcées sur Paris. Bedfort alors leva le siège pour courir au secours de la capitale (20 août 1432), « laissant leurs canons et leurs viandes toutes prestes à manger et grande foison de queues de vin dont on avait si grande disette à Paris et de pain par cas pareil (3). »

(1) *Journal d'un Bourgeois de Paris* (1431).
(2) Monstrelet, l. Ier, ch. cxix.
(3) *Journal d'un Bourgeois de Paris* (1432)

Aux désastres de la guerre succédèrent tour à tour les désastres de la vengeance divine. L'hiver s'annonça par des froids précoces et très rigoureux. Il gelait aux fêtes de Pâques de l'année 1433. On grelottait encore à la Pentecôte (1). Une épidémie suivit, qui fit de nombreuses victimes. Les froids reprirent de bonne heure, plus intenses et plus désastreux que les précédents. Un terrible ouragan en fut le précurseur, arrachant les arbres, renversant les maisons (7 octobre 1433). Commencés le 30 décembre, les frimas se prolongèrent au delà de Pâques (1434). La neige tomba sans interruption pendant 40 jours et 40 nuits. Un seul tronc d'arbre de la vallée de Gouvernes recéla 140 oiseaux morts de froid (2). Toutes les vignes gelèrent, le 28 avril ; et, par surcroît, une nuée de hannetons et de chenilles dévasta les arbres fruitiers. « Et estoient les pommiers et les pruniers sans feuilles comme à Noël (3). »

Malgré ces désastres, la guerre restait acharnée sous Paris. Les soldats ne vivaient que de pillage. « Et en cestui temps, croissoit plus en plus fort la guerre ; car ceux qui se disoient François, comme de Lagny et des autres forteresses d'entour Paris, couraient tous les jours, jusqu'aux portes de Paris, pilloient, tuoient hommes, pour ce que, à nul des seigneurs, ne challoit de mettre la guerre à fin, pour ce que leurs soudoyers point ne payoient, et qu'ils n'avoient aultre chose que ce qu'ils embloient en tuant, en prenant hommes de tous estats, femmes et enfants (4).

Cependant la domination anglaise finit par fatiguer les Parisiens. En vain le gouverneur fit renouveler le serment de fidélité. Des conspirateurs du dedans s'entendirent avec les Français du dehors. Le seigneur de l'Isle-Adam, heureux de réparer ses fautes passées, entra le premier dans la capitale, arborant le drapeau du roi (1436). Paris fut rendu à la France, et Charles VII y fit son entrée triomphale, le 12 no-

(1) *Journal d'un Bourgeois de Paris* (31 mai 1433).
(2) Dom Chaugy, Ann. de Lagny, p. 467.
(3) *Journal d'un Bourgeois de Paris* (1434).
(4) *Id.*

vembre 1437. La joie dura peu de temps. De nouveaux malheurs vinrent s'abattre sur le royaume. Une effroyable famine rendit les hommes féroces. Il fallut défendre sa propre nourriture contre la fureur des affamés. « Et estoient moult douloureuses et piteuses choses de veoir les pauvres gens ès bonnes villes mourir de faim, gésir sur les fumiers par grandes compaignies (1). »

A Lagny, la terre demeura inculte, le bétail détruit, le pays dépeuplé. Des bandes de soldats mal payés disputaient aux habitants leur misérable nourriture. Les loups « pénétraient dans les maisons et dévoraient tous ceux qu'ils rencontraient (2). » Ils entrèrent même dans Paris, où ils mangèrent un enfant, « en la place aux Chats, derrière les Innocents (3). »

La peste, à son tour, ajouta de nouvelles horreurs. Plus de 50 mille personnes périrent dans la capitale. Et quand « la mort se boutoit en une maison, elle en emportait la plus grande partie des gens, et spécialement les plus forts et les plus jeunes (4). »

Nous touchons à la fin de la guerre de Cent ans. Nous avons vu combien elle fut désastreuse dans les environs de Paris. Chelles et son monastère subirent leur part des fléaux communs. Le mal cependant fut plus effroyable encore pour Jouarre et Faremoutiers. Cette dernière abbaye demeura fermée pendant 20 ans, et l'autre ne put ouvrir ses portes que vers la fin du siècle. Plus heureuse, notre communauté rentra dans ses murs après la reprise de Paris, mais elle ne retrouva une paix véritable qu'à la fin de cette guerre.

Tout était en ruines : les terres, les murailles, les finances, la règle monastique surtout. Pour sortir de cet abîme, la maison aurait eu besoin de voir à sa tête une abbesse douée de toutes les qualités de la femme forte ; elle n'eut qu'une femme opiniâtre.

(1) Monstrelet, t II, ch. ccxxiii.
(2) Dom Chaugy, *Ann. de Lagny*, p. 473.
(3) *Journal d'un Bourgeois de Paris* (1438).
(4) *Ibid.*

Pendant sa longue prélature, Isabelle (1) eût pu faire refleurir au sein de la paix les anciennes vertus que les malheurs d'une guerre séculaire avaient étiolées. Toute son administration s'absorba dans la chicane d'une procédure contre la juridiction épiscopale.

Un concile, tenu à Paris en 1429, avait formulé de sages statuts pour remédier aux maux de l'Église gallicane. Le dix-neuvième article recommandait, d'une manière spéciale, l'observance des règles qui concernent les religieuses et les moniales (2). Afin de seconder les vues du concile, plusieurs archidiacres tentèrent, mais vainement, de faire leur visite à l'abbaye de Chelles. L'un d'eux, devenu plus tard patriarche d'Antioche, indiqua sa visite dans le cours de l'année 1450. Isabelle résista. Portée au palais, l'affaire fut tranchée en faveur de l'abbesse. Les juges avaient fait confusion entre la juridiction spirituelle et la juridiction temporelle. Un autre, Jean de Beauvais, passa outre et, se présentant au monastère, le 20 mars suivant, trouva les portes closes.

L'archidiacre demande à entrer ; l'abbesse s'y refuse. L'archidiacre commande au nom de l'obéissance ; l'abbesse décline les droits de l'évêque ; une bulle d'Innocent III l'en dispense ; la maison ne relève que de Rome.

« Votre conduite, ajoute Isabelle, est une révolte contre le Saint-Siège. »

Jean de Beauvais froissé fait des menaces d'excommunication.

« Prenez garde, réplique vivement l'abbesse, que votre anathème ne retombe sur votre tête. Mon abbaye est de fondation royale ; nous gardons les cendres de sainte Bathilde, reine de France ; n'allez pas, par cette injure faite à sa maison, attirer contre votre personne la vengeance divine. »

L'archidiacre déconcerté recula devant l'obstination de cette femme.

(1) Plusieurs l'appellent Elisabeth.
(2) Fleury, *Hist. eccl.*, t. XXI, p. 637

Son successeur, Jacques Juvenel, était un prêtre éminent et d'une autorité supérieure dans le royaume. Persuadé que ni le droit, ni la raison, ni les censures ne sauraient vaincre l'opiniâtreté d'Isabelle, le nouvel archidiacre usa de stratagème. Il vint donc à Chelles, sous prétexte de faire une visite de politesse à la communauté.

— « Je ne connais pas votre monastère, dit-il à l'abbesse, et vous me feriez plaisir si vous vouliez bien me le faire voir.

— Volontiers, répondit l'abbesse. »

Aussitôt toutes les portes s'ouvrent devant le représentant de l'évêque.

— « Merci, mesdames, fit l'archidiacre souriant ; je suis entré dans votre maison dans l'intention de faire ma visite officielle et je prétends l'avoir faite.

— Et moi et mes religieuses, répliqua l'abbesse avec indignation, nous ne le prétendons pas et nous protestons que ce n'est pas dans cette intention que nous vous y avons donné entrée ; si nous avions su votre dessein, bien loin de vous ouvrir les portes, nous les aurions tenues bien fermées. Nous protestons contre votre prétendue visite. »

Enfin la quatrième et dernière tentative se fit en 1469 par un ecclésiastique, conseiller au parlement, nommé Halé. Cet archidiacre voulut frapper un grand coup. Sur le refus de l'abbesse de le recevoir, il fulmina contre elle une sentence d'excommunication.

Isabelle en appela au parlement. Le procès dura longtemps. Elle n'en vit pas la fin, mais l'archidiacre ne put accomplir sa visite. Isabelle termina sa longue prélature en 1475.

Lorsqu'Isabelle de Pollye monta sur le siège abbatial, le monastère se trouvait dans une situation critique. La règle avait forcément abaissé ses rigueurs en présence des dures nécessités imposées par la guerre. Une coutume, une fois introduite, s'impose bientôt comme un droit. Dans les combats de la nature et de la grâce, l'homme se fait de faciles illusions. L'inclination de son tempérament l'entraîne, à son insu, vers une vie douce et commode. S'il évite les fautes grossières, sa conscience le rassure et l'engage à rejeter la gêne d'une règle stricte et sévère, avec d'autant moins de remords qu'elle lui paraît inutile pour son salut (1).

Ailleurs, la décadence des mœurs faisait des ravages effrayants, même dans les couvents. Nous apprenons par l'histoire des conciles combien vives étaient les plaintes de l'Église sur les scandales de cette époque. Aussi, nous nous consolons, en lisant ces débats sur les querelles de l'exemption, par la pensée que le zèle de l'évêque de Paris, touchant notre célèbre abbaye, ne portait que sur le rétablissement des observances monacales.

Les mœurs paraissent avoir été à l'abri de tout soupçon. Aucun reproche sérieux n'a été bien établi à cet égard. Nous ne voulons point, cependant, passer sous le silence une hypothèse accusatrice formulée par un historien de valeur, mais dont la critique ne nous paraît point fort judicieuse en cette circonstance.

Dans son ouvrage intitulé « *Notitia Galliarum* », Adrien de Valois dit : « A Gournay, se trouve un pont jeté sur la Marne, et mentionné sur plusieurs cartes géographiques sous le nom de *Pont de Gournay*. Ce pont est devenu dans la langue proverbiale synonyme de plaisir. A Paris, les femmes du peuple, lorsqu'elles reprochent à quelqu'autre sa mauvaise conduite, s'expriment de la manière suivante : « *Elle a passé le pont de Gournay ; elle a sa honte beüe* » (2).

L'historien, en peine de trouver l'origine de ce singulier proverbe, hasarde l'explication suivante en s'appuyant sur des fables, sur des « *on dit, dicuntur.* »

« Gournay, dit-il, n'est séparé de Chelles que par la Marne, d'une distance à peine de trois mille pas. Les moines de ce pays, aux temps anciens « *olim* », faisaient, *dit-on*, des visites aux religieuses de Chelles, et celles-ci, les plus jeunes

---

(1) *De Imitatione Christi*, lib. III, cap. LIV.
(2) P. 405, *Gornacum*.

en particulier, devaient rendre leur politesse à ceux-là, en passant sur le pont légendaire. »

« Telle est, *sans doute*, ajoute l'historien en terminant, l'origine du dicton populaire, appliqué par la suite à toutes les femmes galantes et sans mœurs. »

Nous laissons au lecteur impartial le soin d'apprécier à sa juste valeur l'explication du proverbe. D'autres écrivains, à la recherche des scandales, usant d'un procédé peu honnête, ont établi une affirmation historique là où l'auteur ne parle que d'une hypothèse. Le jugement hasardé par ce dernier nous paraît toutefois bien téméraire, surtout quand on pense qu'il n'est appuyé sur aucun auteur, sur aucun fait authentique, et qu'il n'est énoncé qu'après environ deux siècles d'intervalle.

D'ailleurs l'évêque lui-même témoigna publiquement de la bonne opinion qu'il avait de la communauté, en choisissant dans son sein une abbesse pour le monastère d'Hierre, Guillemette Le Camus, qu'il bénit solennellement. Nous ne saurions cependant, à l'exemple des auteurs de nos manuscrits, essayer de justifier la conduite d'Isabelle envers l'autorité épiscopale. Jamais le monastère n'a joui légitimement du droit d'exemption. Des preuves à l'appui ne manquaient pas dans le chartrier, et nos bénédictins ne pouvaient l'ignorer.

Avant de clore l'histoire d'Isabelle de Pollye, il nous reste à rapporter chronologiquement quelques actes qui se rapportent à sa prélature.

1442. Laurent Pasté, curé de Saint-André de Chelles-Sainte-Baudour, reconnaît le droit de nomination à sa cure, par l'évêque de Paris (1).

1445. Un habitant de Chelles est condamné à payer la dîme des cochons, et, en 1449, un autre à payer celle des agneaux (2).

1451. Le cartulaire rapporte que l'abbesse possède, sous

---

(1) *Cartul. de Notre-Dame de Paris*, III® vol., p. 340.
(2) Arch. dép., Melun.

peine de confiscation, un droit de 4 sous parisis sur chaque queue de vin étranger descendue à Chelles. Une sentence de l'Official de Paris, d'une date bien antérieure (1226), interdisait aux habitants la vente de tout autre vin que celui du pays « sans le congé et la licence des religieuses. » Aussi un nommé Ronceau a été condamné pour avoir « descendu en ceste ville de Chelles ung caque de vin sans demander congié à mes dictes dames, ne sans avoir payé huict deniers parisis pour la descente du dict caque de vin, 1495 (1). » Plus tard, en 1520, le curé de Saint-André, Antoine de la Vernade, a été également condamné pour le paiement de dîmes de vin provenant de certaines pièces de vigne sises au terroir de Chelles (2).

1452. Le prévost de Paris maintient, par une sentence rendue contre l'évêque de Paris, le droit de haute, basse et moyenne justice en la ville de Chelles, en faveur du monastère (3).

1459. Au mois d'août, la France, et particulièrement nos contrées ont été envahies par des mouches de la grandeur d'une chauve-souris. « Elles avoient deulx yeux, de la grandeur d'un grain de vesce et une queue de la longueur d'un doigt, et au front une corne de quatre à cinq pouces de long et aisgüe, qu'elles entortilloient au tour de leur teste ; et quand elles vollaient, elles empoignoient moult uniement. Desquelles mouches sitost que bestes, homme ou femme en estoient prins ils en mouroient prestement, et n'y savoit-on remédier, et en moururent, par espécial au dict pays de Brye, plusieurs bettes sauvages ès prairies et plusieurs bestes à cornes (4).

1460. A la suite de pluies diluviennes, la Marne déborda d'une manière effrayante. En une seule nuit elle « crût de la hauteur d'un homme. Elle se répandit dans les plaines

---

(1) T. Ier, foll. 2, n° 24.
(2) *Id.*, n° 78.
(3) *Cart. de Meaux*, t. IV, fol. 90.
(4) Jacques de Clercq, *Mémoires*, l. III, ch. CXLVII.

jusqu'à Claye où elle détruisit une grande partie d'une belle maison appartenant à l'évêque de Meaux (1). »

1463-1464. Les récoltes sont d'une abondance sans pareille. Pour 8 sous, monnaie d'Arras, on donne autant de blé que peut en porter un cheval et « disoient les anciens qu'ils n'avoient oncques veu grains à sy petit prix (2). »

1464-1465. L'hiver fut des plus rudes. Les gelées durèrent du 10 décembre au 15 février ; et tellement fortes pendant 8 jours que le pain, le vin, la viande gelaient sur la table. De mémoire d'homme, jamais, depuis 1407, on n'avait éprouvé un froid aussi rigoureux (3).

Pendant cette même année 1465, Chelles a été visité par des soldats en révolte. On sait que Louis XI a fait l'unité de la France en ralliant à l'autorité de sa couronne la puissance de la féodalité. Mais ce ne fut pas sans de vives résistances. Les hauts et puissants seigneurs s'associèrent sous le nom de *Ligue du Bien public* pour s'opposer aux efforts de la main qui les humiliait. Profitant du départ du roi pour la Normandie, les alliés se réunirent sous les murs de Paris.

« Aucuns Bourguignons et Bretons qui s'estoient raffraichis en la ville de Provins s'en retournèrent à Laigny sur Marne, le jour et feste de demi-août, et le vendredi en suivant vindrent loger à Créteil, Maisons-sur-Seine, Chelles-Saincte-Bapteur, et autres lieux illec environs (4) ».

On ne dit pas si les Ligueurs causèrent des ravages chez nous, mais on sait que les gens du roi, après la bataille de Montlhéry, furent moins scrupuleux. Louis XI envoya ses soldats loger dans les villages des environs de Paris ; « lesquels gastèrent et deconfirent les dits villages et prindrent de fait sans rien payer tous vivres qu'ils y trouvèrent (5). »

Le traité de Conflans termina cette échauffourée.

1468. Une transaction est passée entre l'abbaye et maître

---

(1) Sauval, *Antiq. de Paris*, t. Ier, l. III, p. 202.
(2-3) Jacques de Clercq, l. V, ch. VI et XVIII.
(4) Jean de Troyes, *Louis XI*.
(5) Jean de Troyes, *Louis XI*.

Jean Picard pour l'hôtel et autres appartenances de Guetz, Hôtel de la Cave et autres terres (1).

1472. Une sentence est rendue contre Jean Verisson et Courtin, pour le maintien « des dixmes des agneaulx de Chelles et bestes blanches, graines, vins et autres choses venant et croissant en toute la dicte ville et faulxbourg de Chelles (2). »

Le numéro 63 du même cartulaire rapporte qu'en cette même année 1472, Jean Lucas a été condamné à l'amende pour avoir levé, dans la rivière de Chelles appartenant aux Dames, une « nasse en laquelle nasse avoit un brochet dedans, et laquelle nasse étoit assise et joignant de l'arche d'en haut du Poncelet, et vue en a été faite sur le lieu, en présence du prévost des dames et de Lucas, de Jean Carlot et plusieurs habitants de Chelles. Le coupable a reconnu son tort, et il a été condamné à 60 sous d'amende (28 mars). »

1474. Un voiturier avait en passant démoli quelques pieux du moulin. Le choc fut si violent que les habitants se crurent perdus et pensèrent la maison démolie. L'édifice, en effet, était en danger. On condamna le coupable (3).

A la date du 17 mars de la même année, le curé de Montevrain échange son bénéfice contre un canonicat de Saint-Georges. Un échange de même nature se fit deux ans plus tard (25 févr. 1476), entre un chanoine de Chelles et un chapelain de Brie-Comte-Robert (4).

« Ce qui prouve, dit l'abbé Lebeuf, que ces prêtres étaient érigés en espèce de chapitre. »

(1-2-3) *Cart. de Chelles*, nos 61, 62 et 40.
(4) *Cart. de Notre-Dame de Paris* (1483), Ve vol. p. 277.

CATHERINE DE LIGNIÈRES

XLe ABBESSE

1475-1500

D'or au chef de vair de deux tirés, au lion de gueules brochant sur le tout.

Cette abbesse reçut deux fois la cérémonie d'installation : la première par Jean Quétier, notaire apostolique, et la seconde par l'archidiacre de Paris. Celui-ci, en effet, avait mis opposition à la première installation, revendiquant ce droit comme une prérogative attachée à sa charge. L'abbesse élue se rendit volontiers aux réclamations de l'Ordinaire. Par un acte passé par-devant notaire et en présence de témoins, le droit d'installation fut reconnu comme appartenant aux archidiacres de Paris, mais sous la réserve formelle que cette reconnaissance ne porterait aucun préjudice au procès d'exemption pendant au palais.

Le Parlement rendit une sentence équivoque, qui confirmait à l'évêque son droit de visite sur l'église, les livres, les reliques et les diamants (1). C'était insuffisant. L'autorité épiscopale ne pouvait s'en contenter.

(1) Cart. de Notre-Dame de Paris, IIIe vol., p. 277.

Catherine de Lignières était fille de Nicolas de Lignières et de Marie Auger, proche parente de Jean Spifame, seigneur de Brou. D'après un acte authentique de 1487, celui-ci reconnaît que son père a laissé à l'abbaye 20 livres d'amandes à manger et livrables à la Chandeleur (1). Le tombeau de ce dernier se trouvait dans la chapelle de Sainte-Madeleine, en l'église abbatiale. On y lisait : « Cy gist la charogne de feu Jean Spifame, en son vivant, seigneur de Brou, qui trépassa le dimanche 23 décembre 1453. Dieu ait l'âme de lui (2). »

Le Souverain Pontife, touché des pertes considérables qui avaient appauvri les monastères, à la suite de la guerre de Cent ans, avait accordé aux moines la permission de partager les successions de famille avec leurs cohéritiers, à l'exception des fiefs et des seigneuries.

Pour comprendre la nécessité de cette permission, il faut savoir que le vœu solennel de pauvreté rend les religieux incapables de posséder. Tout héritage de biens, meubles ou immeubles, leur est interdit. Par dispense, le Pape rendit aux moines la capacité d'hériter, mais en faveur des monastères et non des personnes.

Nos moniales mirent à profit cette décision souveraine. L'abbesse, la première, reçut de sa sœur cinq livres de rentes, deux ceintures d'or et quelques autres bijoux, et renonça à tout autre droit de succession. Ses deux nièces s'enrichirent également de dix livres de pension avec deux lits garnis. Ce qui leur procura le moyen de faire l'aumône. L'occasion ne manqua pas. En effet, l'hiver de 1481 a été l'un des plus rudes qu'on ait vus en France. « La Marne demeura tellement prise que les voitures et les chariots y passaient comme sur la terre ferme... Toutes les vignes furent gelées, en sorte que l'on ne fit presque point de vin dans tout le royaume. Les blés aussi furent perdus, ce qui causa la famine (3). » La communauté, malgré la rigueur des

---

(1) Arch. dép,
(2) *Inscr. des Tombes*, n° 1.
(3) Dom Chaugy, *Ann. de Lagny*, p. 497.

temps, n'oublia pas son antique privilège d'être la Providence des pauvres.

Le siège épiscopal de Paris se trouvait alors occupé par Louis de Beaumont. A l'exemple de ses prédécesseurs, le prélat eût voulu, aux vertus séculières que l'on pratiquait à Chelles, ajouter celles des réguliers. La nouvelle abbesse paraissait plus accessible aux raisons de conscience et aux moyens de persuasion. Louis de Beaumont les employa. Il demanda la réforme sur quatre points principaux : 1° réfectoire et dortoir en commun ; 2° chant des matines à cinq heures du matin ; 3° clôture des lieux réguliers aux personnes séculières ; 4° simplicité des vêtements.

Cette expression des vœux de l'évêque nous désigne les déplorables abus qui s'étaient introduits dans la vie de nos religieuses. Elles sortaient à volonté pour faire des visites au dehors, et acceptaient l'hospitalité de leurs parents et de leurs amis. Elles continuaient à porter l'habit séculier. Imposée d'abord par l'abandon forcé et trop souvent réitéré du cloître, pendant les guerres, cette coutume dégénéra en abus criants, pendant la paix du royaume. La vanité n'eut plus de retenue ; les revenus particuliers, d'après de très anciens usages, augmentés par la capacité des héritages, devinrent un appas pour le luxe et les ajustements mondains. Oubliant l'humilité de leur renoncement au monde, les religieuses se laissèrent séduire par les charmes de la parure jusqu'au point de porter des ceintures d'or et d'argent. Leur nombre étant fort restreint, la maison était assez vaste pour offrir à chacune d'elles des appartements particuliers avec chambre à coucher et salle à manger.

Cette vie commode et facile était, il faut l'avouer, peu conforme à la vie austère d'un couvent. Lorsqu'une jeune personne entrait, elle n'avait rien à changer à ses habitudes séculières. Aussi se croyait-elle assez bonne religieuse, si elle priait fidèlement à ses heures et si, au milieu des habitudes volages, elle conservait intact l'honneur de sa virginité. On sait qu'un esprit bien différent inspire les âmes vraiment consacrées à Dieu. La pauvreté avec son détachement, l'obéissance avec son renoncement, la chasteté avec tout le cortège des autorités, des abstinences, des mortifications corporelles, imposent à la moniale des devoirs autrement sévères et rigoureux.

L'Église a la garde de ces observances. Ses assemblées d'évêques n'ont jamais manqué d'appeler la réforme là où l'abus a pu pénétrer, et les archidiacres de Paris n'accomplissaient qu'un devoir de leur charge, en s'efforçant de ramener les communautés religieuses à une conduite plus en rapport avec leurs vœux. L'heure de la réforme sonnera, mais il faut encore subir des résistances. Tous les efforts de l'évêque de Paris demeurèrent d'abord frappés de stérilité. Cependant, il ne perdit pas tout espoir. Plein de confiance dans les mérites d'Olivier Maillard, le zélé prélat envoya ce religieux exercer son apostolat à Chelles, après son Carême de 1491.

On sait que ce prédicateur jouissait d'une grande réputation dans la chaire. Docteur en théologie, cordelier et prêtre de mérite, Olivier Maillard s'était acquis la confiance du pape et du roi ; mais trop souvent sa parole vibrante devenait plate, parfois bouffonne et ridicule.

Son sermon, à Chelles, a-t-il blessé les oreilles délicates et mondaines de son auditoire? On pourrait le penser, car les religieuses et l'abbesse, poussant un éclat de rire, abandonnèrent le chapitre et laissèrent le prédicateur seul dans sa chaire.

Cependant, le motif principal de cette sortie ne serait-il pas plutôt l'effet d'une obstination à repousser la réforme que prêchait le cordelier?

Tout porte à le croire. Aussitôt après cette scène, la communauté se pourvut au Châtelet contre l'évêque, dont les droits spirituels furent encore méconnus.

Louis de Beaumont renonça désormais à l'œuvre entreprise, mais son successeur Jean Simon la reprit.

Louis XII, surnommé *le Père du peuple*, venait de monter sur le trône (1498). L'évêque lui exposa la situation du monastère de Chelles, placé sous sa royale protection. Une cause de discorde s'était introduite dans la maison. Le schisme la divisait. Martine du Moulin, on ne dit pas pourquoi, se prétendait abbesse. Plusieurs religieuses s'étaient ralliées à son autorité. En plus grand nombre, les autres demeurèrent pour Catherine de Lignières. Il fallait en finir avec ces désordres. Muni d'un pli du roi et d'un arrêté du Parlement, Jean Simon se présenta à Chelles. Les portes s'ouvrirent comme par enchantement. Le pieux prélat trouva dans son cœur des accents qui remuèrent ces âmes. Elles étaient restées simples, pieuses, chastes. Les habitudes seules d'une vie plus commode avaient opposé de trop longues résistances. La grâce les vainquit. Avec les premiers jours du seizième siècle, une ère nouvelle va s'ouvrir, Chelles reverra les beaux jours de l'ancienne ferveur.

Lorsque sainte Bathilde voulut renouveler le couvent primitif et y établir une forme plus constante de régularité, la reine fit venir de Jouarre un essaim de religieuses, d'une vertu consommée. Conduites par saint Genès, elles entrèrent dans le nouveau monastère avec sainte Bertille à leur tête et l'illustrèrent des plus hauts faits de sanctification. L'évêque de Paris imita cet exemple. Douze religieuses de la réforme de Fontevrault, choisies dans les couvents du prieuré de Fontaine-les-Nones, diocèse de Meaux, de Sainte-Marie d'Orléans et des Filles-Dieu de Paris, se réunirent en une pieuse assemblée et, sous la conduite d'un autre saint Genès, vinrent frapper à la porte du monastère de Chelles, le 5 janvier 1499 (1), c'est-à-dire 1500.

(1) Cette date est celle de nos manuscrits. Le *Cartulaire* dit le 5 février, d'après la note suivante, qui se trouve à la fin du premier volume des *Cartulaires de Chelles* : « L'an 1499, le 5 febvrier, feut introduicte la reffor-mation en ce monastère Notre-Dame-de-Chelles-Saincte-Baulteur, par monsieur Simon pour lors évêque de Paris, et en ce temps estoit abbesse madame Catherine de Lignières, et douze religieuses, tant à Fontaines qu'aux Filles-Dieu-lès-Paris, entre lesquelles avoit une très vénérable et dévote religieuse nommée sœur Jeanne de la Rivière, entre les mains de laquelle se démist la dicte dame de Lignières, pour le bien de la reffor-mation. »

Elles reçurent un accueil des plus sympathiques. La réforme était accomplie.

Catherine de Lignières voulut présider elle-même à la nouvelle organisation ; mais l'âge, les infirmités et les habitudes prises ne lui permirent point d'assurer une exécution parfaite des nouveaux statuts. Elle remit sa démission entre les mains de l'évêque et se retira à Paris, dans une maison qui était la propriété de l'abbaye, avec une pension honorable.

L'abbesse démissionnaire mourut quatre ans plus tard, le 10 novembre de l'an 1504 (1).

S'il faut regretter ses premières résistances aux efforts de l'évêque de Paris, on doit cependant lui savoir gré de s'être enfin rendue à des sentiments plus dignes de sa vocation.

L'honneur de la réforme est resté attaché à son nom.

(1) « Madame Catherine de Lignières, abbesse de Chelles l'an 1479, et trépassa l'an 1504, le X⁰ jour de novembre. Et au temps de ma dicte dame de Lignières print fin la perpétuité des abbesses, et feut réformé le monastère Notre-Dame-de-Chelles-Saincte-Baulteur. (*Cart. de Chelles.*)

CHAPITRE X

RÉFORME DU MONASTÈRE
LA TRIENNALITÉ

1500-1506

Jeanne de la Rivière, première abbesse triennale. — Réforme. — Essai de statuts nouveaux. — Nouveaux directeurs. — Deuxième triennalité. — Manuscrit et abrégé de la règle.

JEANNE DE LA RIVIÈRE

XLIe ABBESSE — 1re TRIENNALE

1500-1507

D'argent, à trois tourteaux de sable, deux et un (1).

(1) Nous pensons que cette abbesse tire son origine de Normandie; si nous nous trompons, l'armoirie est fausse.

Le seizième siècle s'ouvre. Une paix profonde est rendue au royaume et à l'Église. De toutes parts, on travaille à réparer les désastres. La charité chrétienne fait des prodiges. Ce fut un beau spectacle de voir les maisons religieuses se relever plus prospères et plus belles.

Cependant, il y avait d'autres ruines : les mœurs avaient fléchi et la discipline était tombée. Les désordres de la société civile avaient pénétré jusque dans les cloîtres.

Réforme ! Réforme ! Tel est le cri qui s'échappe de toutes les bouches. Mais réformer n'est pas détruire. « Au milieu des abus, dit Bossuet, les esprits pacifiques, vrais enfants de l'Église, admiraient la divine Providence qui savait, selon ses promesses, conserver la foi de l'Église ; c'étaient les forts, dont nulle tentation ne pouvait ébranler la foi, ni les arracher de l'unité. Mais il y avait outre cela des esprits superbes, pleins de chagrin et d'aigreur, qui, frappés des désordres qu'ils voyaient régner dans l'Église et principalement parmi ses ministres, ne croyaient pas que les promesses de son éternelle durée pussent subsister parmi ces abus... Comme si la malice des hommes pouvait anéantir l'œuvre de Dieu (1). »

Or, ces esprits jugèrent qu'il serait mieux de détruire que de réformer. « Pour détruire, en effet, il ne faut ni lumière, ni sagesse, ni vertus ; il suffit d'être dur et opiniâtre ; pour réformer, il faut de la prudence, le talent de la persuasion et un courage à toute épreuve (2). »

Les protestants prirent le premier moyen ; l'Église catholique préféra le second. Elle devança de beaucoup ses nouveaux ennemis par ses prédicateurs, ses évêques, ses conciles. Le mouvement s'accentua tout d'abord au sein des ordres religieux.

Nous voyons en tête, parmi les femmes, l'abbaye de Fontevrault, qui, sous la pieuse direction de Marie de Bretagne, rentre dans la ferveur des premières observances. Fécondée

---

(1) *Hist. des Variat.*, l. Ier, n° 5.
(2) *Dict. de Théol.*, par Bergier.

parles rosées de la grâce divine, cette sainte maison devient une abondante pépinière où la réforme monastique va choisir ses meilleurs sujets. Ceux-ci, implantés çà et là dans des terres bien préparées, poussent, grandissent, se couvrent de fleurs et portent des fruits multiples d'une admirable sainteté.

Le prieuré de la Madeleine d'Orléans en reçut les premières bénédictions ; de là elles se répandirent sur celui de Fontaine-les-Nones. Louis de Melun, évêque de Meaux, y conduisit dix religieuses réformées de la Madeleine (17 juin 1481). L'une d'elles, Jeanne de la Rivière, devint la gloire des nouvelles institutions, par le rétablissement de la discipline. Prieure dans le premier couvent, elle exerça les mêmes fonctions dans le second, pendant dix-huit ans, jusqu'au jour où elle fut appelée à Chelles, pour y apporter les bienfaits de la réforme.

Jeanne de la Rivière reçut la bénédiction abbatiale sitôt après la démission de Catherine de Lignières.

D'après les leçons d'une longue expérience, l'inamovibilité des abbesses n'était pas sans dangers. Sans doute, on ne saurait garder trop longtemps, à la tête d'une communauté, des personnes sages, vertueuses, habiles dans la direction des âmes ; mais l'autorité échappe difficilement à certaines illusions du pouvoir. Si le commandement s'impose avec un excès de rigueur, le joug devient intolérable ; s'il s'affaiblit, les portes s'ouvrent à tous les abus. Cette crainte prévalut, et l'évêque décréta la *Triennalité* (1). Les abbesses désormais ne seront nommées que pour trois ans, mais le suffrage pourra leur prolonger la dignité abbatiale pendant deux nouvelles triennalités. Par ce sage tempérament, la règle remédiait aux abus possibles de la perpétuité, sans en exclure les avantages, l'espace de neuf années consécutives.

Jeanne de la Rivière renonça volontiers à son titre d'abbesse perpétuelle. Cet exemple d'humilité et de désinté-

---

(1) *Gall. christ.*, t. VII, p. 567.

ressement personnel, contribua beaucoup à relever son autorité, pour affirmer la discipline de la réforme.

Jean Simon approuva d'abord un essai de nouveaux statuts qu'elle soumit à la sanction épiscopale. Les vœux solennels de chasteté, de pauvreté, d'obéissance et de clôture en formaient les points fondamentaux. La promulgation de ces statuts se fit dans une cérémonie religieuse. Chaque professe prêta le serment suivant :

« Ego Soror N..... promitto Deo, Beatæ Mariæ Virgini, Beato Johanni Evangelistæ et Beatæ Bathildi, in cujus honore hæc abbatia est fundata, stabilitatem sub clausurâ, conversionem morum meorum, castitatem perpetuam et obedientiam in hoc loco, juxta regulam Beati Benedicti, secundum statuta reformationis factæ per Reverendissimum in Christo Patrem Johannem Episcopum parisiensem, in presentiâ vestrâ, Mater Abbatissa hujus Conventûs Monasterii, die... mensis... anno... »

« Moi, sœur N..... je promets à Dieu, à la bienheureuse Vierge Marie, à saint Jean l'Évangéliste, à sainte Bathilde, en l'honneur de qui cette abbaye a été fondée, la clôture, l'amendement de ma conduite, la chasteté perpétuelle et l'obéissance en ce lieu, d'après la règle de saint Benoît et les statuts de la réforme faite par le Révérendissime Père en Jésus-Christ, Jean, évêque de Paris, et en votre présence, Mère abbesse de ce monastère, le... jour du mois de... de l'année... »

En peu de temps, le couvent offrit un modèle accompli des vertus les plus édifiantes. Sa réputation grandit et la communauté se retrouva bientôt au complet : quatre-vingts religieuses, selon la bulle d'Innocent III.

Afin d'entretenir le feu de cette première ferveur, il fallait, à ces âmes pleines de bonne volonté, des directeurs d'une vertu éprouvée, de saints prêtres. L'abbesse jugea que les chanoines, depuis longtemps sécularisés, n'étaient pas à la hauteur de leur mission. De concert avec l'Ordinaire, elle résolut leur changement par voie d'extinction. A mesure qu'ils mourront ou qu'ils quitteront leurs prébendes, on les remplacera par des religieux bénédictins, selon l'institution primitive (1).

Cet ordre avait également reçu le bienfait de la réforme, à l'abbaye de Cluny, par les soins de Jacques d'Amboise. Le prieuré de Saint-Martin-des-Champs avait suivi ce bon exemple. Notre-Dame de Gournay entra dans la même voie. Dom Guérard de Massion, abbé de Noiers et titulaire de ce prieuré, reçut six religieux réformés de Saint-Martin. Réunis aux cinq prêtres qui composaient tout le personnel de ce petit couvent, ils y apportèrent les pieuses observances. La piété et les vertus que l'on pratiquait à Gournay, déterminèrent plus tard l'abbesse à choisir parmi eux six nouveaux confesseurs.

Ces religieux, établis dans les bâtiments des chanoines, formèrent un petit prieuré, avec Dom Laurent pour supérieur. On y reçut des novices et des profès. Le manuscrit de la règle de Chelles, dont nous parlons plus bas, contient les statuts qui les régissaient en particulier. Aucun d'eux ne pouvait quitter la maison sans la permission de l'abbesse.

Telle est la fin de l'ordre des chanoines de Saint-Georges, qui soulevèrent tant de contestations avec le monastère. Le titre de chanoine, mal établi, puis aboli, leur fut cependant généralement reconnu par la coutume, jusque dans l'acte même de leur abrogation. Une ordonnance d'Étienne de Poncher (13 juillet 1513), approuvée par des lettres patentes de Louis XII, *au bois de Vincennes*, notifia publiquement cette abrogation. Le pape Léon X la ratifia en 1517.

En même temps, la mense abbatiale se relevait de ses ruines. Avant la fin de sa première triennalité, Jeanne de la Rivière put se procurer les ressources nécessaires à l'agrandissement du chœur de l'église. Elle pensait ensuite rentrer dans la simplicité de son état, quand la communauté lui continua ses pouvoirs pour trois nouvelles années (2).

---

(1) « En son temps (Marie Cornu) ont esté supremez six chanoines et ordonnez en leur lieu six religieux. » (*Cart. de Chelles.*)

(2) *Cart. de Chelles*, ad calcem : « Jeanne de la Rivière a faict édifier le

Jean Simon venait de mourir d'une peste qui régnait à Paris (1). Son successeur, Etienne de Poncher, reprit l'œuvre si bien commencée pour la réforme des monastères de son diocèse. Les vertus que l'on pratiquait à Chelles lui procurèrent de pieuses consolations. Il résolut d'en assurer la persévérance, par une rédaction définitive et plus complète des statuts provisoires.

Un bel exemplaire manuscrit de ces statuts se trouve à la bibliothèque de la ville de Meaux. La reliure est en bois, couverte d'une peau de veau gaufrée avec élégance. On lit sur cette couverture : « *Règle de saint Benoist, de l'Abbaye de Chelles.* » Un sceau fruste, de cire rouge, enfermé dans une capsule de fer-blanc, est suspendu à un cordon qui traverse le volume de part en part.

L'intérieur du livre est très bien conservé ; l'écriture sur parchemin, fort belle, est du seizième siècle. On compte quatre-vingt-huit feuillets in-quarto, dont quatre-vingts seulement sont numérotés. Les premières pages nous apprennent que ces statuts ont été rédigés par une commission nommée en 1503. Cette commission était composée de plusieurs personnages de distinction, entre autres : Guy Juvénal, abbé de Saint-Sulpice de Bourges ; le prieur des Chartreux de Paris, et le prieur des Célestins. On voit ensuite que ces statuts ont été proposés, en 1504, aux monastères de Chelles, de Montmartre et de Malnoue, pour être examinés et discutés. Comme ils sont rédigés en latin, on dut en faire une traduction française. Nous avons trouvé, par hasard, un double feuillet de cette première traduction, égaré dans un livre ancien.

La préface du manuscrit est sans date ; mais, au soixante-quinzième feuillet, nous lisons celle de 1504, dans la formule d'approbation de la règle par l'évêque de Paris. Tout ce qui concerne les religieuses est détaillé, article par article, dans les soixante-cinq premières pages ; le reste,

chœur où se tiennent les religieuses, qui sont depuis en nombre de quatre-vingts, qui, auparavant la refformation, n'estoient que douze. »

(1) *Calendr. hist. de Paris*, p 527.

comme l'indique une note plus récente, mise en marge, regarde les Pères du second monastère. Enfin, le volume se termine par une approbation de Georges d'Amboise, archevêque de Rouen, cardinal et ministre de Louis XII, en date de 1504, et une autre approbation de l'official de Paris, en 1520.

Il ne sera peut-être pas sans intérêt de donner un abrégé aussi complet que possible de ces statuts. Le lecteur pourra ainsi se mieux rendre compte des mœurs, des habitudes et de la vie journalière de nos religieuses.

On sait que la règle de saint Benoît dirigeait le monastère depuis l'époque incertaine où elle remplaça celle de saint Colomban. Nous avons dit comment elle a fléchi. Jean Simon l'a remise en vigueur. Etienne de Poncher y ajouta de nouveaux statuts, qui en sont comme l'explication, ou des moyens plus efficaces pour maintenir l'observance monastique. Les auteurs de la rédaction ont choisi, dans la règle de saint Benoît, les principaux chapitres qui peuvent convenir aux Communautés de femmes, et ils y ont intercalé soit de nouveaux chapitres, soit de nouvelles prescriptions propres à la réforme.

Afin de donner plus d'ordre et de concision à notre abrégé de la règle, nous rapporterons le contenu des soixante-dix-huit chapitres aux quatre points suivants :

1° Les vœux et les devoirs religieux ;
2° Les dignités et les charges qui y sont attachées ;
3° Les prescriptions particulières aux personnes ;
4° Les peines infligées aux coupables.

I

LES VŒUX ET LES DEVOIRS RELIGIEUX

1° *La perfection chrétienne.* — La religieuse bénédictine n'est pas appelée à vivre en ermite, ni en anachorète, mais en communauté. C'est donc dans l'intérieur du monastère qu'elle s'appliquera aux exercices de la perfection, par la pratique des soixante-douze bonnes œuvres et des douze degrés de l'humilité chrétienne recommandés par saint Benoît. (Ch. I, II, III et IX.)

2° *La clôture*. — Les religieuses sont obligées à la clôture, par promesse solennelle et par vœu. En conséquence : le monastère sera fermé d'une enceinte de murailles. Personne n'entrera dans la clôture, si ce n'est dans le cas de nécessité, comme le médecin, le ministre des sacrements, les ouvriers, le visiteur dans l'exercice de ses fonctions. On ne pourra sortir que pour des motifs graves et avec la permission du visiteur ou de l'évêque, ou bien dans les cas de force majeure. (Ch. VI, VII, VIII.)

3° *La pauvreté*. — « Qu'aucune religieuse n'ait la hardiesse de rien avoir en propre, quoi que ce puisse être : ni livres, ni tablettes, ni style à écrire; en un mot, rien du tout, sans la permission de l'abbesse..... Que si l'on trouvait un objet important caché, après le décès d'une religieuse, on ne l'inhumera pas en terre sainte, mais dans un lieu profane. » (Ch. X et XI.)

4° *Chasteté*. — Le moyen le plus efficace de la conserver est la mortification des sens et surtout la discipline. On se la donnera réciproquement tous les vendredis, et, en général, tous les jours de jeûne. Quant à l'abbesse, elle la prendra elle-même, pour exercer l'humilité. (Ch. XII et XXVI.)

5° *Office divin*. — L'office divin sera récité ou chanté en entier, chaque jour, avec un nocturne des morts, ainsi que l'office de la Sainte-Vierge. On y ajoutera les vêpres et les laudes de la Toussaint, une fois par semaine, et de nombreux psaumes, avec les litanies, en Avent et en Carême. (Ch. XIX, XX, XXI.)

6° *Obéissance*. — Qu'elle soit prompte, humble et de bon cœur; que l'abbesse n'ordonne rien qui surpasse les forces des religieuses; que les jeunes soient soumises aux anciennes, avec toute sorte de charité; que toutes se préviennent les unes les autres, par des témoignages d'honneur et de respect. (Ch. XIII, XIV, XV, XVI, XVII, XVIII.)

7° *Silence*. — Défense de parler sans permission dans les

lieux réguliers, au dortoir, au réfectoire, dans les cloîtres. On ne pourra voir les parents qu'au parloir, avec la permission de l'abbesse, et en présence d'une autre religieuse. (Ch. XXV.)

8° *Confession*. — Les jours destinés pour la confession seront le mercredi et le samedi de chaque semaine, ainsi que les veilles des fêtes. On se confessera à la grille du chœur, avec un rideau qui séparera le confesseur de la pénitente, et en présence d'une autre personne qui se tiendra à distance, pour ne rien entendre. (Ch. XXIV et XXV.)

9° *Communion*. — On communiera tous les dimanches de l'Avent et du Carême, et deux ou trois fois le mois pendant le reste du temps, ainsi qu'aux fêtes solennelles (1). Chaque mois, la communion sera précédée de la cérémonie du *Mandatum* (2), ou bien, selon la prudence de l'abbesse, on se contentera de se laver les mains. (Ch. XXIV.)

II

DES DIGNITÉS ET DES CHARGES QUI Y SONT ATTACHÉES

1° *L'Abbesse*. — L'élection de l'abbesse aura lieu au Chapitre. On commencera par le chant du *Veni Creator*. Trois scrutatrices recueilleront les suffrages en secret. L'abbesse sera élue pour trois ans : la première triennalité, à la pluralité des suffrages; la deuxième, aux deux tiers plus une voix; la troisième, à plus des trois quarts. Elle ne pourra, en aucun cas, être élue une quatrième fois.

Après la proclamation du nom de l'abbesse au Chapitre, on la conduira à l'église, en chantant le *Te Deum*; mais son installation définitive n'aura lieu qu'après la ratification de l'évêque.

La cérémonie de la bénédiction est abolie. Le pouvoir de l'abbesse est absolu. Toutes les religieuses doivent lui obéir.

---

(1) La communion fréquente était alors, d'après les doctrines gallicanes, peu en usage.

(2) Cette cérémonie était celle du lavement des pieds.

Elle ordonne et dispose de toute chose, en ce qui regarde le monastère. Elle nomme aux dignités ; elle signe et marque de son sceau toutes les pièces officielles, en se conformant toutefois aux prescriptions de la règle. Son pouvoir cesse pendant le temps de la visite de l'évêque ou de son représentant.

Si le pouvoir de l'abbesse est grand, son fardeau est pesant. Elle ne doit pas oublier qu'elle a été choisie, non pas tant pour présider que pour être utile à ses religieuses. Elle fera paraître, dans sa conduite, plus de douceur que de sévérité ; elle haïra les vices, mais elle aimera les personnes. Qu'elle maintienne la règle dans toute sa vigueur ; qu'elle soit prudente dans les corrections et qu'elle ne perde jamais de vue sa propre fragilité. La charité doit présider à toute sa conduite dans l'exercice de ses fonctions. (Ch. XXVII, XXVIII, XXIX.)

2° *La Prieure*. — Cette dignitaire est au choix de l'abbesse. La prieure remplace l'abbesse, dans toutes ses fonctions, lorsque celle-ci est absente, ou bien dans les charges qu'elle ne peut accomplir par elle-même. Sa place est la première après celle de l'abbesse. (Ch. XXX.)

3° *Les Discrètes*. — La Communauté les nomme, mais l'abbesse peut les révoquer ; il y en a six, savoir : 1° *La Portière*, chargée de la porte du monastère. Cette porte s'ouvre et se ferme à l'aide de deux clefs différentes : l'une est entre les mains de l'abbesse, l'autre entre les mains de la portière. La porte s'ouvre et se ferme avec les deux clefs : à cinq heures du matin et à huit heures du soir, depuis Pâques jusqu'au 1er septembre ; à sept heures du matin et à huit heures du soir, le reste de l'année. Toutefois, pendant la journée, la porte reste fermée, mais la clef seule de la portière suffit pour ouvrir aux personnes qui, selon les besoins ordinaires, doivent entrer ou sortir. La portière possède, en outre, la clef de toutes les serrures des cloîtres, des jardins et des autres offices. Elle est aidée dans ces fonctions par la *Tourière*, qui est chargée du parloir et du tour. Celle-ci ne doit jamais ouvrir à qui que ce soit, sans la permission de l'abbesse. Quand on frappe du dehors au tour, on appelle la gardienne par ces mots de la Salutation angélique : « *Ave Maria.* » Et la sœur répond : « *Dominus tecum.* » Puis elle donne satisfaction à la demande qui lui est faite. (Ch. xxxi.) — 2° *La Cellerière* est chargée de pourvoir aux besoins de la Communauté, soit pour le linge et les habits, soit pour le boire et le manger. Elle évitera l'avarice avec autant de soin que la prodigalité, et elle remplira ses fonctions avec humilité, charité, douceur. (Ch. xxxii.) — 3° *La Dépositaire* tient les registres des recettes et des dépenses ; fournit à la cellerière, à la chambrière et à l'infirmière tout ce qui est nécessaire aux besoins de la Communauté ; à la boursière, l'argent pour payer les fournisseurs ; et elle garde la clef du coffre où sont renfermés les deniers, le sceau et les archives du monastère. L'abbesse n'a pas la garde du sceau, parce qu'il ne lui est pas plus permis de sceller aucun acte sans l'assentiment de la Communauté, que la Communauté ne peut le faire sans l'assentiment de l'abbesse. (Ch. xxxiv.) — 4° *La Boursière* reçoit l'argent de la dépositaire, d'après les notes présentées par la cellerière et approuvées par l'abbesse ; elle paie aux fournisseurs les mémoires acquittés. — 5° et 6° Les deux autres discrètes sont des suppléantes pour celles qui sont empêchées.

Les statuts font encore mention de quelques autres emplois: 1° *La chambrière*, qui prend les ordres de l'abbesse et les communique à chacune des religieuses, avec les objets nécessaires pour les accomplir. Elle reçoit de la cellerière le linge et les vêtements pour les distribuer, en garde l'inventaire et veille attentivement sur leur conservation, jusqu'à ce que l'usure les fasse rentrer au dépôt. (Ch. xxxvii.) — 2° *La Sacristine*, qui prend soin de la propreté de l'église, du cloître et du chapitre. Les ornements, les vases sacrés, les reliques sont confiés à sa vigilance. Elle sonne les matines à minuit, prime à six heures du matin, les autres offices aux heures indiquées, et les complies après six heures du soir. Les clefs de la tour et des grilles de l'église sont entre ses mains ; mais elle ne peut ouvrir qu'avec le concours de l'abbesse, qui possède une seconde clef. La sacristine doit se tenir dans le chœur, priant, lisant, travaillant, pendant les confessions des religieuses. (Ch. xxxviii.) — 3° *La Maîtresse des Novices* ou de l'*École*, qui a pour fonctions l'instruction et l'éducation des personnes qui se disposent à faire profession. Nous présumons qu'elle était également chargée des pensionnaires, puisqu'elle était aussi maîtresse d'école. (Ch. xxxx.) — 4° *L'Infirmière*, qui se dévoue au soin des malades avec toute la charité chrétienne, autant sous le rapport des besoins du corps, que sous le rapport des besoins de l'âme. On permet aux malades l'usage de la viande. L'infirmière fera confesser, communier et administrer les malades, selon leurs besoins; et l'abbesse veillera spécialement à ce que rien ne manque aux membres souffrants de Jésus-Christ. (Ch. xxxxiv.) — 5°, 6°, 7° *La Semainière* du chœur, la *Chantre* et la *Sous-Chantre*, qui s'occupent de tout ce qui regarde l'office divin, le chant et les cérémonies marquées dans le bref, ou autorisées par l'usage. (Ch. xxxix et xxxxi.) — 8° *La Lectrice*, qui doit faire la lecture publique. Pour se préserver de l'esprit de vaine complaisance, elle se mettra à genoux et, le visage tourné vers l'orient, récitera trois fois la prière : *Domine labia mea aperies*. Puis, après le *Benedicite*, elle demandera à l'abbesse sa bénédiction par ces paroles : *Jube, Domna, benedicere*. Elle aura droit, avant de faire la lecture, à prendre une petite réfection, appelée *Mixtum*. Elle mangera, après le repas de la communauté, avec les semainières de table et de la cuisine. (Ch. xxxxiii.) — 9° *Les Semainières de table*, qui sont appelées à aider les sœurs converses, dans le service de la cuisine et de la table, sans cependant participer aux soins des gros ouvrages. (Ch. xxxxii.)

Les Sœurs converses, dont nous venons de parler, d'un ordre inférieur, sont destinées, comme anciennement les *Rendues*, à servir les religieuses de chœur. Leur habit, en raison de leur service, est plus court. Elles n'ont voix au chapitre que pour la réception des autres sœurs converses. Leurs vœux cependant sont les mêmes que ceux des religieuses. (Ch. xxxiii.)

Parmi les personnes chargées de différentes fonctions dans le gouvernement du monastère, nous devons encore citer trois personnages de l'extérieur, dont la règle fait mention, savoir : 1° *Le Procureur*. C'est l'homme d'affaires de la maison, *séculier et non autre*. Il est chargé de percevoir les dîmes, les droits, les fermages, d'intenter et de soutenir les procès en ce qui regarde le temporel, en un mot, de prendre tous les intérêts de la communauté, mais toujours d'après les avis et les ordres de l'abbesse. Choisi par celle-ci, avec l'assentiment de toutes les professes, le procureur doit fournir une caution sur ses biens et, chaque année, rendre ses comptes en présence de l'abbesse et de quelques autres religieuses, du confesseur, de deux religieux et des députés de l'évêque. (Ch. XXXVI.) — 2° *Le Visiteur*. C'est un religieux recommandable par ses vertus, élu par le suffrage de toutes les communautés du même ordre. Il a pour mission de prémunir les monastères contre tout relâchement et d'assurer à l'intérieur le bon ordre et la charité mutuelle. Son élection n'est valable qu'après l'approbation de l'évêque ; son pouvoir ne peut durer au delà de trois ans, sans qu'il puisse être renouvelable. Le visiteur est le supérieur général de toutes les communautés qui l'ont nommé. On ne peut rien entreprendre sans sa permission. Sa visite est obligatoire, au moins une fois l'an ; elle est soumise à des règles et à des cérémonies particulières. Il interroge chaque religieuse ; l'entend sur ses dépositions, l'état de son âme, ses fautes publiques ; l'absout au for intérieur et extérieur, et prononce des sentences de peines temporelles et d'excommunication. Dans le cas d'abus, les communautés ont droit d'appel à l'évêque. (Ch. de LXIX à LXXV.) — 3° *L'Evêque* possède le même droit de visite. Comme les dérèglements des monastères, dans les âges précédents, avaient eu souvent pour cause principale l'exemption prétendue de la juridiction épiscopale, afin de remédier au mal, l'évêque de Paris consacre les deux derniers chapitres de ses statuts à bien établir, tant en son nom qu'en celui de ses successeurs, le droit absolu de l'évêque à faire sa visite dans les couvents et à tracer les limites de son pouvoir. (Ch. LXXVI et LXXVII.)

III

PRESCRIPTIONS PARTICULIÈRES AUX PERSONNES

1° *Les Novices*. — Aucune novice ne peut être reçue dans le monastère, avant l'âge de dix ans, ni après cinquante ans, à moins d'une permission expresse du visiteur. Il ne sera exigé d'autre dot que la piété et les bonnes mœurs. Le nombre des professes sera proportionné aux revenus nets de la mense abbatiale : vingt livres parisis par personne; s'il est complet, on pourra recevoir des surnuméraires, dans le cas où les familles s'engageront à payer la somme nécessaire à leur entretien. De concert avec la communauté, l'abbesse, en outre, pourra admettre dans la clôture des postulantes, en habits séculiers, pour éprouver leur vocation. Après un séjour plus ou moins prolongé, l'abbesse, sur l'avis de la communauté, les recevra au noviciat, ou les congédiera de la maison, selon l'épreuve qu'elles auront subie.

2° *Les Professes*. — Avant d'être admises à la cérémonie de la profession, les novices devront avoir seize ans d'âge, un an de noviciat et la majorité des suffrages des religieuses. La cérémonie a lieu de la manière suivante : Après la messe solennelle et la communion, on chante l'Evangile : *Si quis vult venire post me*, etc..., on fait ensuite une courte exhortation, et chaque nouvelle professe prononce ses vœux, selon la formule, à peu près semblable à celle que nous avons rapportée plus haut.

« Ego N... promitto stabilitatem sub clausurâ, conversionem morum meorum, castitatem, paupertatem et obedientiam, secundum statuta reformationis per Stephanum parisiensem episcopum in hoc loco factæ juxta regulam Beati Benedicti, ac decreto Sedis Apostolicæ confirmatæ ad honorem Salvatoris, Matrisque ejus in cujus honore Ecclesia fundata est, in presentiâ vestrâ, Mater hujus monasterii abbatissa. »

Après la lecture publique de cette formule, terminée par la date du jour et de l'année de la profession, la nouvelle religieuse doit la baiser, la déposer sur l'autel, pour être ensuite remise à l'abbesse et par elle aux archives.

Les sœurs converses observent le même cérémonial, avec cette seule différence qu'elles prononcent leurs vœux en français et au bas du chœur, tandis que les premières les prononcent en latin et auprès de la grille. (Ch. iv et v.)

3° *Les Vêtements*. — Le trousseau d'une religieuse est ainsi composé :

1. Une *robe blanche*, ouverte par devant jusqu'à la ceinture et fermée par des boutons, longue jusqu'à terre, rattachée par une ceinture de laine ou de lin, à laquelle pendent le couteau, l'étui, les ciseaux sans pointe et un mouchoir uni ;

2. Un *froc* noir à manches, large de deux pieds, descendant jusqu'aux genoux et jeté par-dessus la robe ;

3. Une *guimpe blanche* ;

4. Un *voile noir* en lin ;

5. *Des chausses* et *des bottines blanches, des souliers* non cirés ;

6. *Habits de dessous*. Sergette de blanchet ou d'étamines, ou chemise de toile, mais avec la permission de l'abbesse ;

7. Un *pelisson* de peau d'agneau blanc sous la robe, en hiver ;

8. *Pour la nuit* : La robe blanche et un surplis, sans froc ; une paillasse piquée, des draps de laine, un traversin, un oreiller de plume, une ou deux couvertures, selon la saison. (Ch. l et li.)

Les vêtements des sœurs converses sont les mêmes, mais plus courts.

4° *Le travail*. — Il n'y a rien de particulier à ce sujet. On obverve la règle de saint Benoît qui prescrit la lecture, l'écriture et les travaux d'aiguille, depuis prime jusqu'à tierce, et depuis l'après-dîner jusqu'à none ; après none, l'abbesse désignait encore de nouveaux moments consacrés au travail. (Ch. lii et liii.)

5° *Les repas.* — Deux plats et un troisième de légumes, des fruits et une chopine de vin par personne.

On permet l'usage de la viande, en temps ordinaire ; mais l'abstinence est prescrite : 1° Tous les jours de jeûne ; 2° Tous les lundis, mercredis, vendredis et samedis de l'année ; 3° Pendant tout le temps de l'Avent ; 4° Depuis la Septuagésime jusqu'à Pâques, excepté le lundi et le mardi gras ; 5° Du lendemain de l'Ascension à la Pentecôte.

Le jeûne est d'obligation : 1° Tout le Carême et les autres jours de droit commun ; 2° Tous les vendredis, depuis Pâques jusqu'à la Nativité de la Sainte-Vierge, excepté dans l'occurrence d'une fête double ; 3° Tous les mercredis et vendredis, depuis la Nativité jusqu'à la Toussaint ; 4° Tous les lundis, mercredis et vendredis, depuis la Toussaint jusqu'à Pâques.

Le jeûne consiste à faire un repas unique et maigre, après vêpres pendant le Carême, et après none les autres jours. Le reste du temps où l'on ne jeûne pas, le dîner a lieu après sexte, et le souper avant la chute du jour. Sont dispensés, en tout ou en partie, selon les besoins, les enfants, les vieillards et les malades. (Ch. xxxxvi, xxxxvii xxxxviii et lviii.)

6° *Les obsèques des morts.* — A la mort d'une religieuse, la communauté se donne la discipline. L'office consiste dans le chant des vigiles et de la messe solennelle. Assisté du diacre et du sous-diacre, l'officiant conduit le corps à la sépulture qui se trouve dans le cloître.

On chante encore les vigiles et la messe, les huitième et trentième jours après le décès. La règle stipule, en outre, certaines prières qu'il faut célébrer pour les défunts des monastères associés, les évêques, les vicaires généraux du diocèse et les bienfaiteurs de la communauté. (Ch. lxxviii.)

IV

DES PEINES INFLIGÉES AUX COUPABLES

Ces peines sont :

1° *La coulpe.* — Les lundis, mercredis, vendredis et les veilles des fêtes solennelles, on assemble le chapitre où l'on traite des affaires qui regardent la communauté; puis, après les avis, les prières et autres recommandations d'usage, la séance se termine par la coulpe.

Prosternée devant l'abbesse, chaque religieuse s'accuse de la manière suivante : « J'ai manqué à l'office divin, au silence que je n'ai pas gardé dans les lieux et aux heures marqués par la règle. J'ai été négligente et peu soigneuse en ce qui regarde l'obéissance et en plusieurs autres choses, dont je dis ma coulpe. » En disant ces dernières paroles, elle se frappe la poitrine et reçoit la pénitence que lui impose l'abbesse. La coulpe des novices doit être faite en présence de toute la communauté, celle des sœurs converses, en présence des professes seulement; mais les novices et les converses doivent se retirer pendant la coulpe des religieuses de chœur. On doit accuser généralement les fautes particulières et publiques. La coupable, qui manque à ce devoir, peut être dévoilée par sa compagne, et, le cas échéant, la pénitence est plus sévère. (Ch. LVI, LVII, LVIII et LIX.)

2° *L'excommunication.* — La règle distingue trois sortes de fautes : les *légères*, comme de rompre le silence, perdre les objets dont on a la garde, mal faire son obédience, etc.; les *graves*, comme les médisances, le mépris des supérieurs, révéler les secrets du chapitre, etc.; et les *très graves*, comme les meurtres, les sortilèges, les blasphèmes, les sacrilèges, etc. (Ch. LX.)

Contre toutes ces sortes de fautes, il y a excommunication : 1° Pour les fautes légères, si on fait la coulpe, la pénitence est douce; si on ne la fait pas, la pénitence est plus sévère; si on refuse la pénitence, il y a excommunication du chœur, de la table, du travail commun, mais seulement pour un temps déterminé. (Ch. LXI.) — 2° Pour les fautes graves, si on fait la coulpe, la pénitence est proportionnée à la faute; si on ne la fait pas, on est puni de la discipline; si on la refuse, il y a excommunication de l'église, des sacrements et de la compagnie des sœurs. (Ch. LXII.) — 3° Pour les fautes très graves, il y a la prison, le pain sec avec de l'eau, une discipline proportionnée au péché. Si la coupable ne revient pas à résipiscence, le visiteur, après les trois monitions canoniques, fulmine une sentence d'excommunication, et, dans le cas où cette peine laisserait la pécheresse impénitente, elle serait renvoyée du monastère. Défense est faite, sous peine de faute grave, à toute la communauté de communiquer avec les excommuniées sans la permission de l'abbesse. (Ch. LXIII, LXIV, et LXVI.)

Toutefois, l'abbesse n'oubliera pas d'imiter la conduite du bon Pasteur à l'égard de la brebis égarée. Elle épuisera tous les moyens de persuasion. Si elle est assez heureuse pour convertir la coupable et lui faire accepter la pénitence, son cœur maternel compatira à la faiblesse humaine, en adoucissant les peines. L'excommunication sera levée et même les portes du monastère pourront se rouvrir en faveur des expulsées pénitentes qui se montreraient disposées à satisfaire à Dieu et à la communauté. (Ch. LXV, LXVII et LXVIII.)

Tel est l'abrégé des statuts qu'Etienne de Poncher promulgua pour les monastères de femmes réformées de son diocèse, appartenant à l'ordre de Saint-Benoît et en particulier pour celui de Chelles.

L'abbesse Jeanne de la Rivière les reçut avec joie et en fit faire une lecture publique, en présence de toute la communauté.

Nous verrons plus bas comment cette règle a été transplantée partout où nos saintes filles porteront la réforme de leur ordre. Elle sera, jusqu'à la fin, la sauvegarde des vertus éminentes dont notre monastère a donné les plus beaux exemples.

« Salut à cette glorieuse règle bénédictine qui, selon le mot d'un saint pape, « a découlé de la source du paradis, » et que les docteurs ont regardée comme inspirée par l'Esprit divin. Elle a donné à l'Eglise quarante-quatre papes, deux cents cardinaux, six mille évêques et — ce qui met le comble à sa gloire — plus de deux mille saints canonisés (1). »

(1) Discours de M. Moret, vic. génér., aux noces d'or de l'abbaye de Jouarre (8 septembre 1887).

Jeanne de la Rivière vécut jusque vers la fin de sa deuxième triennalité. Elle mourut le 4 février 1507.

De son vivant, elle avait fait faire un nécrologe pour y inscrire tous les défunts de la maison. Dieu permit qu'elle y occupât la première place.

Il s'exprime ainsi : « Le 4 février 1506, mourut notre révérende Mère Jeanne de la Rivière, première abbesse triennale de la réformation, et ce fut elle qui fit premièrement vœu de la clôture à la Madeleine d'Orléans et fut prieure du lieu, pareillement de Fontaine, duquel lieu vint céans, pour la réformation et y a été sept ans abbesse. »

CHAPITRE XI

SUITE ET FIN DE LA TRIENNALITÉ

1506-1543

Marie de Reilhac. — Procès. — Chef de sainte Bertille. — Chœur de l'église et verrières. — Retour à Fontaine. — Anne de Reilhac. — Marie Cornu. — Différend avec l'archidiacre. — L'homme vivant et mourant. — Consécration de l'église. — Réforme de plusieurs monastères. — Catherine-Marguerite de Champrond. — Corporation des bouchers. — Les foires et marchés de Chelles. — Barbe de Tallansac. — Association de prières. — Procès. — Constructions. — Manuscrits. — Peste et famine. — Madeleine de Chelles. — Fiefs. — Plans terriers. — Cartulaires. — Jacqueline Amignon. — Fin de la triennalité.

MARIE IV DE REILHAC

XLIIe ABBESSE — 2e TRIENNALE

1507-1510

Écartelé aux 1er et 4e d'argent à un lion de sable; aux 2e et 3e de gueules à l'aigle d'argent.

Marie de Reilhac naquit vers l'an 1472, de Jean de Reilhac, secrétaire intime du roi, maître des comptes et général des finances, baron de la Queue-en-Brie, seigneur de Pontault, Bonneuil-sur-Marne, les Bordes et autres lieux, et de Marguerite de Chanteprime (1).

Dès sa jeunesse, Marie montra la plus grande dévotion et se destina de bonne heure à la vie religieuse. Elle fonda, dans la paroisse de Pontault, un obit, pour lequel elle affecta le revenu des terres sises sur ce territoire (2).

Elevée au monastère de Fontaine-les-Nones, diocèse de Meaux, elle y prit l'habit de l'ordre de Fontevrault. Sa piété la désigna au choix de ses supérieures, avec Jeanne de la Rivière, Marie Cornu et neuf autres religieuses, pour réformer le monastère de Chelles.

Après la mort de Jeanne de la Rivière, les religieuses élurent abbesse Marie de Reilhac, à l'unanimité des suffrages. Celle-ci supporta le poids de sa charge avec l'humilité dont elle donna les preuves les plus édifiantes. Pendant sa prélature, elle admit à la profession quatorze religieuses de chœur et une sœur converse.

En 1507 et 1510, elle eut divers procès à soutenir devant le Châtelet de Paris, notamment contre le vicaire de Montfermeil. Son procureur se nommait Pierre Rossignol, qui comparut, en cette qualité, devant Jacques Coligny, prévôt de Paris. Par les ordres de l'abbesse, une châsse en argent massif, enrichie de pierreries, fut confectionnée en 1508. Elle y fit enfermer le chef de sainte Bertille. Cette châsse subit diverses réparations au milieu du seizième siècle. On la voyait encore avant la Révolution. Plus tard, Marie de

---

(1) Le premier volume in-4º d'un très savant ouvrage sur Jean de Reilhac, père de l'abbesse Marie, et qui a pour auteur M. A. de Reilhac, a paru dernièrement à la librairie H. Champion. Ce livre, fruit de patientes recherches dans les bibliothèques de France et de l'étranger, est enrichi de *fac-simile* de vieux parchemins très intéressants. La Société d'Archéologie de Seine-et-Marne, arrondissement de Meaux, en a fait un éloge bien mérité.

(2) Obituaire du xvº siècle. Arch. de Pontault. Seine-et-Marne.

Reilhac « a fait faire les chaires du chœur et les voirières (1). »

Sa triennalité finie, et après avoir reçu les vœux de sa nièce, Anne de Reilhac, elle retourna à Fontaine, où elle mourut dans un âge très avancé, le 16 août 1547.

Anne de Reilhac remplit dans la suite la charge de prieure pendant douze ans. Elle mourut le 21 décembre 1592, après 67 ans de profession. Sa tombe était placée dans le chœur de l'église, entre celles de Anne Leclerc et de Marie Yver, avec l'inscription suivante : « Cy gist vénérable dame sœur Anne de Reilhac, religieuse professe de céans, qui décéda le 21 décembre 1592, ayant été douze ans prieure. »

MARIE IV CORNU
XLIIIe ABBESSE — 3e TRIENNALE
1510-1517

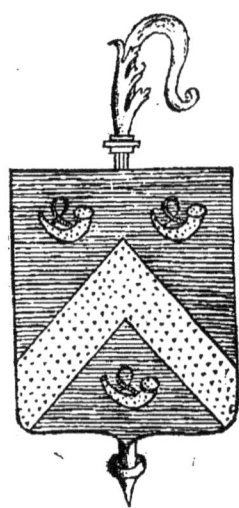

D'azur au chevron d'or, accompagné de trois cors de chasse du même, liés de gueules.

Marie Cornu était une compagne de Jeanne de la Rivière, à Fontaine-les-Nones. Elle vint avec elle à Chelles d'où

(1) *Cart. de Chelles.*

elle fut tirée pour être abbesse de Montmartre. Sa seconde triennalité allait s'accomplir, quand la communauté de Chelles la choisit pour succéder à Marie de Reilhac.

L'archidiacre, Jean du Bellay, se présenta pour procéder à la cérémonie d'installation. L'abbesse s'y refusa, s'appuyant sur les trois motifs suivants : 1° Depuis la réforme, les abbesses ne sont plus perpétuelles, mais triennales, d'après les statuts approuvés par la double autorité de Rome et de Paris. 2° Les deux abbesses précédentes n'ont pas été installées juridiquement par l'archidiacre. 3° Devant se renouveler tous les trois ans, l'installation deviendrait une charge trop onéreuse pour les finances du monastère.

Voici comment le Parlement résolut le différend : 1° Les archidiacres mettront les abbesses en possession de leur charge. 2° Il n'y aura pas de cérémonie; l'installation se fera simplement à la grille du chœur. 3° On paiera les droits, selon l'esprit des canons, d'après l'usage de « *l'homme vivant et mourant,* » c'est-à-dire que l'abbesse choisira une religieuse de 30 ans, et que la procuration de l'archidiacre ne lui sera payée qu'à la mort de cette religieuse.

L'usage de l'*homme vivant et mourant* avait été établi par certains conciles pour restreindre les visites arbitraires que certains évêques et archidiacres faisaient dans les monastères, afin d'augmenter leurs revenus.

Cette affaire réglée, Marie Cornu songea à faire consacrer l'église. Aucune pièce authentique n'indiquait que cette cérémonie eût été accomplie après la reconstruction de l'édifice, au treizième siècle. D'ailleurs, les travaux considérables que l'on venait de terminer aux murailles et aux voûtes pour les consolider, au chœur pour l'agrandir, aux chapelles pour les multiplier, paraissaient exiger une nouvelle dédicace. Etienne de Poncher entra dans les vues de l'abbesse. « Aussi a esté dédiée nostre grand esgle et nostre chœur par monsieur Poncher pour lors évesque de Paris (1). » On ignore la date de cette fête. Le calendrier du monastère

(1) *Cart. de Chelles, ad calcem.*

en fixe l'anniversaire au 14 novembre, d'après une permission de 1512.

Trois fois élue abbesse, Marie Cornu allait terminer sa huitième année de prélature à Chelles, quand elle fut appelée à l'abbaye de Faremoutiers.

Si le premier mouvement de la réforme est parti de Fontevrault et de Fontaine-les-Nones, Chelles peut revendiquer l'honneur de l'avoir merveilleusement propagé. Elle en est devenue pour ainsi dire la Mère. Les nombreuses filles, sorties de son sein pour aller porter les nouvelles observances dans plusieurs monastères de bénédictines, lui acquirent une grande réputation de sainteté.

L'honneur de cette histoire nous fait un devoir d'en parler.

I

RÉFORME DE MONTMARTRE ET DE GERCY

A peine l'évêque de Paris avait-il terminé l'œuvre de la réforme à Chelles, qu'il s'occupa de procurer les mêmes bienfaits à Montmartre.

Jeanne de la Rivière désigna au choix du prélat Marie Cornu, sa compagne de Fontaine, avec douze autres religieuses. La petite colonie reçut bon accueil, et Marie Cornu fut élue abbesse (1503).

Celle-ci ayant été rappelée à Chelles, en 1510, comme nous l'avons dit plus haut, Martine du Moulin lui succéda. On se rappelle que cette religieuse, professe sous Catherine de Lignières, avait formé une espèce de schisme ; mais la grâce lui fit embrasser la réforme avec une grande ferveur. Sa prélature dura six ans, d'où elle passa à Gercy avec le même titre. Pendant 17 ans, Martine du Moulin fit observer la règle de Chelles dans cette dernière abbaye. Ayant donné sa démission en 1532, elle mourut le 19 octobre 1535, à l'âge de 86 ans.

Une épitaphe placée sur la muraille de l'église contenait les vers suivants (1) :

(1) *Gallia christiana.*

> *Cy-gist l'abbesse Martine du Moulin,*
> *D'âge portant quatre vingt et six ans* (1)
> *Le dix et sept, sans appetit maling,*
> *A présidé au logis, de céans* (2).
> *Mille trente-cinq, ne laissez cinq cents ans,*
> *Octobre l'eut pour son dix-neuvième,*
> *Près du souper, quand du chœur on revient,*
> *L'heure du soir environ la cinquième* (3).
> *Trente-six tint la reformation* (4);
> *Trente fut sans en avoir la manière* (5).
> *Les trois premiers sans cavillation,*
> *Chelles la vit d'une grande lumière* (6).
> *Montmartre l'eut pour être sa bannière,*
> *Douze complets dont régna les six ans* (7).
> *Pour reformer, vint ici la première.*
> *L'âme est au ciel et le corps est céans.*
> *Requiescat in pace* (8).

Une autre religieuse de Chelles, Claude Mayelle, remplaça Martine du Moulin et céda sa place quatre ans plus tard à Antoinette Augier, alors abbesse de Gif. Dans l'acte de son élection, daté du 6 novembre 1518, dressé en présence du Visiteur et signifié aux monastères associés, Antoinette est appelée simplement « Religieuse réformée et réformatrice de Montmartre ; » d'où plusieurs auteurs sont portés à croire qu'elle n'aurait pas eu le titre d'abbesse, cette première fois, mais qu'elle en aurait rempli les fonctions. Le catalogue des abbesses de Montmartre la cite comme ayant été véritablement élue abbesse, en cette année 1518 (9).

Catherine de Charran lui succéda (1526). Antoinette Augier reparut ensuite, pour la seconde fois, sur le siège

---

(1) Née en 1449, morte en 1535.
(2) Abbesse de Gercy pendant dix-sept ans (1514-1531).
(3) Morte le 19 octobre 1535, à cinq heures du soir.
(4) 1499-1535.
(5) 1469-1499.
(6) 1499-1502.
(7) Six ans religieuse et six ans abbesse (1502-1514).
(8) Quatre ans démissionnaire (1531-1535).
(9) *Calendr. hist. de l'Egl. de Paris*, p. 568.

abbatial, vers 1530. « Ce fut sous son second gouvernement, dit le calendrier historique de Paris, que saint Ignace vint à l'abbaye de Montmartre et y fit ses premiers vœux, avec neuf de ses compagnons, le jour de l'Assomption 1534 (1). »

Ces vœux ont été prononcés dans la crypte de l'église abbatiale. Une inscription gravée sur cuivre et incrustée dans le marbre d'un pilier, rappelait ce souvenir. On voyait, sur le devant de l'autel, un tableau représentant saint Ignace qui donne la communion à ses frères, avec ces mots, au bas de la toile :

« Ce sont les enfants de saint Ignace qui ont fait représenter ces inscriptions en l'honneur de leur premier père. »

Le nécrologe de Chelles fait mention d'Antoinette Augier en ces termes :

« Le 31 mars 1540, trépassa sœur Antoinette Augier, religieuse professe devant la réformation, après laquelle fit les vœux, puis alla réformer Montmartre, delà à Gif où fut abbesse, puis de rechef fut élue abbesse du dit monastère et y a été pendant 18 ans par plusieurs mutations et y décéda. »

Après quelques années de ferveur, l'esprit de la réforme, si merveilleusement établi à Montmartre, disparut momentanément ; mais Marie de Beauvilliers, abbesse en 1598, y fit refleurir les saintes observances qui se perpétuèrent jusqu'à la destruction du monastère (1792).

II

RÉFORME DE FAREMOUTIERS

Comme Chelles, Faremoutiers eut beaucoup à souffrir pendant la guerre de Cent ans. Une attestation de plusieurs laboureurs et marchands du village montre la grande pauvreté de la maison ; mais elle constate aussi la bonne tenue des religieuses : « Le service divin se fait exactement, les sœurs ne courent pas le village, ni ailleurs ; elles vivent et

---

(1) Calendr. hist. de l'Égl. de Paris. p. 568.

mangent en commun et couchent sous le même toit, sont de bonnes vie et mœurs, sans aucune note ni scandale (1). »

Jean L'Huillier, évêque de Meaux, ne parut pas satisfait du bon certificat. Les laboureurs de Faremoutiers pouvaient être indulgents sur la rigueur de la règle des moniales qu'ils ignoraient. Or, à Faremoutiers, comme ailleurs, un grand relâchement s'était introduit, et le prélat voulut tenter une réforme. La mort vint au secours de l'opiniâtreté des religieuses, pour faire échouer ce projet. Son exécution ne fut accomplie que sous l'évêque Guillaume Briçonnet.

François Ier venait de succéder à Louis XII (1515). A peine monté sur le trône, ce prince signa un concordat avec le pape Léon X (1516). Jusqu'alors, la nomination aux évêchés, aux abbayes, aux bénéfices, était à l'élection. Par le nouveau traité, l'Église de France prit une face toute nouvelle. Cette nomination appartenait au roi. De grandes difficultés surgirent. L'Université et le Parlement suscitèrent une vive opposition. Les religieuses de Faremoutiers se mirent de la partie. Elles luttèrent.

Madeleine d'Orléans, sœur naturelle du roi, venait d'être installée abbesse de Faremoutiers. Se rendant aux désirs de son frère, en faveur de la réforme, elle donna sa démission pour aller à Jouarre. Marie Cornu, à la tête de huit religieuses de Chelles, ou bien de onze, tant de Chelles que de Montmartre, selon Toussaint Duplessis (2), fit son entrée à Faremoutiers, le 5 février 1518. Elle eut à peine le temps de jeter les premiers fondements de la réforme, car, l'année suivante, elle se retira, nous ne savons pour quel motif, au prieuré de Joinville, où elle mourut (31 janv. 1519). Le gouvernement triennal ne dura pas, mais la réforme subsista.

Jeanne Joli, autre religieuse de Chelles, faisait partie d'une colonie envoyée à la réforme de Jouarre. Une ordonnance royale la nomma abbesse perpétuelle, à la place de Marie Cornu. La *Gallia christiana* mentionne sa mort aux calen-

---

(1) *L'Abbaye royale de Faremoutiers* (Eug. de Fontaine de Resbecq), p. 58. — *Invent.*, par Camille Lemoine (1771).

(2) *Hist. de l'Egl. de Meaux*, p. 311.

des d'octobre (1531), tandis que le nécrologe de Chelles la fixe au 20 septembre 1529.

Marie Baudry lui succéda. Elle était également religieuse de Chelles et de la colonie de Jouarre. A l'exemple de la Maison-Mère, cette abbesse remplaça les chanoines de Faremoutiers par des bénédictins. Jean de Buz, évêque de Meaux, y mit opposition. Tour à tour chassés et réintégrés, les nouveaux confesseurs furent obligés finalement de céder la place à des séculiers. Les manuscrits de Chelles font de Marie Baudry ce bel éloge : « Sa piété singulière montrait en elle une vie angélique. » Elle dut céder sa place à Antoinette de Lorraine et reçut en échange le prieuré de Gif, où elle mourut, le 8 mars 1565.

Cette abbaye donna par la suite de fort beaux exemples de vertu. Plus tard, cependant, le jansénisme altéra un moment la pureté de sa règle ; mais la bonne doctrine reprit bientôt ses droits, pour mieux faire resplendir les saintes observances de la réforme jusqu'à la Révolution.

III

RÉFORME DE JOUARRE

Nous avons dit que Madeleine d'Orléans, sœur de François Ier, ayant cédé son abbaye de Faremoutiers, vint prendre la direction de celle de Jouarre (7 février 1515). Cette princesse, dans l'intention de réformer son nouveau monastère, vint passer cinq années, tant dans la communauté de Chelles que dans celle de Fontevrault (1518-1523), afin d'acquérir une expérience personnelle des statuts de ces communautés. Après ce noviciat, elle revint à Jouarre avec plusieurs sœurs de Chelles et de Fontevrault ; mais, l'année suivante, elle renvoya celles de Chelles, comme le constate l'ordonnance royale de la reine mère.

« Loyse, mère du roy, duchesse d'Angoumois, d'Anjou et de Nemours, comtesse du Maine et de Gien, Régente de France, aux Baillys de Meaulx, Prévost de Paris, et à leurs lieutenans, et à tous les autres justiciers et officiers du roy, nostre très cher Seigneur et Fils, et à chacun d'eux, salut et dilection.

« Comme, par l'introduction de la réformation, vie et observances régulières, au monastère Nostre-Dame aux nonains de Joarre, certain nombre de religieuses réformées eut esté prins au monastère de Chelles, près Paris, et introduit au dit monastère de Joarre, pour l'instruction et enseignement des religieuses d'iceluy monastère de Joarre, en la vie et observances régulières : Et nostre Fille, Sœur Magdelaine d'Orléans, abbesse du dit lieu, eut esté transférée au dit monastère de Chelles, et depuis au monastère de Fontevrault, pour plus facilement comprendre et expérimenter la vraie voie de la religion, et en icelle, puis après vivre et entretenir son dit monastère, en laquelle réformation, vie et observance régulière, nostre dicte fille et les dictes religieuses auraient tellement profité, et mis peine de vivre selon icelle chacun en son endroit, que le roy nostre cher Seigneur et Fils deüement de ce informé, ensemble du bon vouloir, grand zèle et bonne expérience de nostre dicte fille, et qu'elle avec ses dictes religieuses estoient aussi suffisantes de bien gouverner un bon monastère que nulles autres, auroit icelle nostre dicte fille fait remettre et réintégrer, en sa dicte abbaye du dict Joarre, dès le mois de juing 1523 ; et les dictes religieuses de Chelles aurait fait et commandé estre ramenées en leur dict monastère de Chelles, dès le mois de may 1524 ; entendant, comme raison le veut, qu'elles fussent remises en leurs lieux, autorités et prééminences, tant aussy que si elles n'estoient qu'empruntées. Néanmoins, l'abbesse du dict Chelles tient icelles religieuses comme hostesses et étrangères, et ne les a voulu, ne veut recevoir comme religieuses du dict monastère de Chelles, ne les veut restituer en leurs lieux, places, ordres et prééminences, qui est leur faire scandale, etc...

« A ces causes, et pour ce obvier, vous mandons et expressément enjoignons... que vous faites faire exprès commandement, de par le Roy, et nous comme Régente, au visiteur du couvent de Paris, leur Supérieur, qu'il ait à faire recevoir et remettre, et aux dictes abbesse et religieuses de Chelles qu'ils ayent à recevoir les dictes religieuses, jadis introduites pour la réformation du dict Joarre..., etc. (1).

« Donné à Lyon le treizième jour d'octobre de l'an de grâce MDXXV. »

« Cette réforme, dit Toussaint Duplessis, chancela presque aussitôt que les fondements en furent jetés. Cependant, à cela près, on y mène une vie très régulière : la retraite, le silence, le travail, les veilles et généralement toutes les austérités de la vie religieuse y sont embrassées avec joie et pratiquées avec ferveur (2). »

IV

RÉFORME DE MALNOUE

Bertille de Foulques, religieuse de Chelles, sous Catherine de Lignières, avait été nommée abbesse de Malnoue avant la réforme. Dans l'ordonnance du 7 septembre 1524, cette abbaye était comprise parmi celles du diocèse de Paris qui devaient être réformées. En 1531, il n'y avait plus que trois religieuses. On y rétablit cependant les anciennes observances monastiques, avec les adjonctions nouvelles. L'abbesse se vit même dans la pénible nécessité de les soutenir contre le successeur de l'évêque Étienne de Poncher. Ce prélat, circonvenu sans doute, voulait y maintenir un prêtre peu exemplaire, dont nous parlerons en son lieu. La triennalité ayant été établie, Bertille céda sa place à Benoîte Rouillard (1532), pour la reprendre après Gabrielle L'Huillier de Gironville, et mourut le 22 septembre 1548.

(1) *Hist. de l'Egl. de Meaux*. Pièces justificatives, n° 566.
(2) Id. t. Ier, p. 313

V

RÉFORME DE GIF

Antoinette Augier, avant de réformer Montmartre, avait déjà réformé la communauté de Gif, au diocèse de Paris. Elle n'y demeura qu'un an (1517-1518). Catherine de Saint-Benoît, sa compagne de profession à Chelles, la remplaça sur le siège abbatial. Antoinette mourut abbesse du Calvaire (29 mars 1534).

Marie Baudry, que nous avons vue céder sa prélature de Faremoutiers à Antoinette de Lorraine, se retira à Gif, avec la charge de prieure. Cette dignité lui facilita le maintien de la règle jusqu'à sa mort (8 mars 1565).

Une autre religieuse de Chelles, Hélène Brulard, fut aussi abbesse réformée de Gif. Elle succéda à Catherine de Saint-Benoît et vint mourir à Chelles, après sa triennalité (18 juin 1556).

Le catalogue des abbesses de Gif ne s'accorde pas, sous le rapport chronologique, avec les dates que nous venons de donner, d'après nos manuscrits. Le prénom de l'abbesse de Saint-Benoît n'est pas non plus le même. Au nom de Catherine est substitué celui de Marguerite.

VI

RÉFORME D'ORIGNY-SAINTE-BENOITE

Ce monastère, au diocèse de Laon, réuni aujourd'hui à celui de Soissons, était situé sur les rives de l'Oise, dans une plaine agréable, où l'on respire un air pur. Son église est connue sous le nom d'Origny-Sainte-Benoîte, à cause de sa patronne, martyrisée dans ces lieux, en 362.

Le relâchement de la discipline s'introduisit à la suite des guerres. Benoîte de Saillarde, sans doute parce qu'elle portait le nom de la sainte de cette abbaye, reçut la mission d'aller y implanter la réforme, en compagnie de plusieurs professes de Chelles. Le pape Léon X lui envoya ses bulles, datées du 23 mars 1516, et Étienne Gentil, prieur de Saint-Martin-des-Champs, vint procéder à la cérémonie de son installation. Grâce à son zèle et à son activité, l'abbesse réformatrice parvint à rétablir la discipline, à reconstruire les lieux réguliers et à relever les murs de clôture. Elle mourut le 27 mars 1552.

Cette abbaye, qui vit à sa tête plusieurs princesses du sang, a été ruinée de fond en comble à la Révolution.

VII

RÉFORME DE ROYAL-LIEU ET DE SAINT-PIERRE

Ces deux abbayes étaient situées, l'une au diocèse de Soissons, près du monastère de Saint-Jean-aux-Bois, non loin de Compiègne, l'autre à Reims. Il n'y avait plus ni discipline, ni vie conventuelle. Par ordre du roi, Barbe de Tallansac, abbesse de Chelles, fut chargée d'aller les réformer. Elle plaça six sœurs dans la première et quatre dans la seconde ; mais les pieuses filles rencontrèrent la plus vive opposition. L'abbesse de Royal-Lieu montra même tant de résistance qu'il fallut la déposer. Catherine de Saint-Merry, en mission de réforme à Jouarre, prit sa place et gouverna ce monastère (1525-1547), où elle mourut en odeur de sainteté. « *Non sine famâ sanctitatis* » dit la *Gallia christiana*.

L'abbesse de Saint-Pierre de Reims, Jacqueline de Grand-Pré, finit par se rendre aux vives sollicitations de Barbe de Tallansac. Imitant la conduite de la princesse Madeleine d'Orléans, elle vint à Chelles, pour se former à la pratique de la règle et rapporta les statuts d'Étienne de Poncher. Jacqueline mourut en 1552.

Outre les monastères dont nous venons de parler, on cite encore, parmi ceux où les religieuses de Chelles vinrent enseigner la réforme, Hierre, Le Val-de-Grâce, Coigny.

Saint-Georges de Rennes, Joinville, Gercy et Sainte-Marie de Saintes.

Ainsi l'abbaye de Chelles, après avoir reçu les premiers bienfaits de la réforme de Fontevrault, en est devenue elle-même la plus ardente propagatrice. La lumière, dit l'Évangile (1), ne doit pas être placée sous le boisseau, mais sur le chandelier, pour éclairer et réchauffer. Telle fut la maison de Chelles, au milieu des familles bénédictines. C'est le foyer d'où jaillirent tant de chauds rayons sur les abbayes, ses sœurs, ou plutôt ses filles, car elle est devenue leur mère. La gloire de la réforme s'attache à son nom, comme l'un des plus beaux fleurons de sa couronne.

CATHERINE-MARGUERITE DE CHAMPROND

XLIVe ABBESSE — 4e TRIENNALE

1517-1518

De sable au lion d'or armé et lampassé de gueules, à l'orle de huit étoiles du second.

Après le départ de Marie Cornu pour la réforme de Faremoutiers, les religieuses de Chelles élevèrent à la prélature

(1) S Matth., cap. v, v. 15.

Catherine de Champrond, qui exerçait la charge de dépositaire. Elle portait également le nom de Marguerite (décembre 1517). Son père était avocat au Parlement. Devenue veuve, sa mère, Denise Emmery, lui laissa 25 livres de rente viagère.

Le nécrologe marque sa mort au 5 août suivant, 1518.

Vers cette époque, le cartulaire de Chelles signale la condamnation d'un habitant par la corporation des bouchers.

La corporation des bouchers remonte à la plus haute antiquité. Nous la trouvons dans l'ancienne Rome, divisée en trois classes : les *Suarii* pour la viande de porc, les *Boarii* pour celle de bœuf et les *Carnifices* consacrés à l'œuvre des abattoirs. De l'Italie, cette organisation s'étendit dans les Gaules et s'y conserva telle que nous la trouvons au moyen âge. A Paris, la boucherie appartenait à quelques familles seulement. Ces familles formaient une corporation particulière, qui avait des droits de pâture dans les prairies de Chelles. Le chef élu s'appelait *Maître-Boucher*, avec juridiction sur tous les membres de la communauté. Jean II le Bon donna une existence légale à la maîtrise des bouchers, le 30 janvier 1350.

Chelles avait une maîtrise, unie à celle de Paris. Elle nommait ses jurés. Ceux-ci, après examen, recevaient *maîtres-bouchers* les apprentis qui prêtaient serment, payaient certains droits et donnaient un banquet à toute la corporation. Les jurés rendaient aussi des sentences sur les fraudes, sur la vente de mauvaise marchandise et sur les différends entre les maîtres-bouchers.

Voici quelques sentences rapportées dans notre cartulaire :

1494. Sentence contre les étrangers qui apportaient « chaires vendues au dict lieu sans congié. » Les bouchers de Chelles avaient seuls droit de vendre de la viande dans la ville, sans congé de l'abbesse.

1503. On confisque de la viande entrée par fraude. Mathurin Roux et Robert Grongnet sont condamnés, « pour avoir mauvaise viande et en avoir manqué. »

1504. En présence de Guillaume Pignon et de Barthélemy Raveroy, Jean Colliot reçoit l'autorisation d'ouvrir une boucherie nouvelle, moyennant la redevance de 14 sous parisis et sous la condition de fournir « chairs bonnes et raisonnables à mectre en corps humain en cette ville de Chelles. »

Sous la même date, 1504, le cartulaire rapporte la sentence suivante : « Quiconque, contre l'ordonnance du bailly, fera garder ses vaches par ses enfants ou toutes autres personnes, sera puni d'une amende et de la confiscation des vaches. »

Les habitants louaient un vacher pour garder, dans la prairie, toutes les vaches de la ville. Cet usage se conservait encore, il y a quelques années, en plusieurs localités de notre département. Par un abus déplorable, le maire convoquait tous les habitants dans l'église au son de la cloche, afin de choisir le vacher du village. Des prêtres anciens nous ont raconté, dans notre jeunesse, les scènes épiques qui se passaient dans le lieu saint à la suite de ces abus. Ce n'est qu'à force de patience et d'innocents stratagèmes qu'ils ont pu les détruire.

1516. Les habitants de Chelles sont condamnés à faire moudre leurs grains au moulin de l'abbaye (1).

1519. Sous la présidence de Claude Becquet, avocat, maire et garde de la justice de la grande boucherie de Paris, sur le rapport de Nicolas Gilbert, juré écorcheur, Robert Grongnet, déjà condamné en 1503, subit une nouvelle amende de soixante sous parisis, pour avoir vendu de mauvaise viande, un mouton malade.

1526. Le bailly, tenant assise, reçoit maître-boucher le fils de Robert Grongnet, en présence de tous les bouchers de Chelles, qui ont témoigné de sa capacité. Celui-ci fait serment de bien servir le peuple, à prix raisonnable, et de donner « bonnes chaires, utiles et profitables à user à corps humain. » Le bailly ajoute, après la formule du serment ·

---

(1) Arch. dép., Melun.

« Nous l'avons institué, ordonné et establi l'un des maîtres-bouchers de la dicte ville de Chelles. » Robert Grongnet s'engage, en outre, à payer une redevance annuelle de quatorze sous parisis, à la Saint-Jean-Baptiste, et, de plus, « le banquet pour ce due aux officiers de Mesdames de Chelles et aux maîtres-bouchers de Chelles. »

Une sentence semblable est rendue, le même jour, en faveur de Louis Brosse, natif de Chelles, en qualité de maître-boucher.

Terminons ces renseignements divers par l'institution de deux foires, accordées à notre ville à la requête du monastère.

« C'est assavoir : l'une et la première, le premier jour et feste de Mon^r sainct André, dernier jour de novembre et deux jours ensuivants ; la seconde, le jour et feste de la Magdelaine, vingt deuxième jour de juillet et deux jours ensuivants ; et deux jours de marché par chacune sepmaine, c'est assavoir le mardi et le jeudi, ainsi que plus à plain est contenu ès dites lettres (1). » Les religieux de Lagny tentèrent, mais vainement, de mettre opposition à l'établissement de ces deux foires. La publication de l'ordonnance royale se fit au Châtelet, le mardi 19 septembre 1513.

Si les religieux ont été déboutés de leur opposition en droit, en fait ils ont eu gain de cause ; car la foire de Saint-André, encore fréquentée à Lagny, n'est plus connue à Chelles, pas plus que celle de la Madeleine. L'*Almanach royal* de 1788 en cite une autre, à la fête de sainte Bathilde, 30 janvier, et passe sous silence la foire de Saint-André. Les calendriers modernes admettent encore deux foires : le 4 novembre et le deuxième dimanche de juillet. Cette dernière seule subsiste, mais à l'état de fête patronale, à l'occasion de la procession solennelle des Reliques.

Outre les deux jours de marché dont nous venons de parler, nous trouvons encore, au siècle dernier, d'après l'almanach cité plus haut, un marché franc tous les mercredis.

(1) *Cart. de Chelles.*

A la suite de la Révolution, Chelles, considérablement amoindri, a perdu tous ces avantages. Une délibération du conseil municipal, en date du 12 septembre 1819, pour le rétablissement du marché, nous donne les renseignements suivants :

« Il y avait, *de toute éternité*, des marchés, tant pour les grains que pour les volailles, beurres, œufs, fruits et légumes. Il a été supprimé par les abbesses et religieuses, quelques années avant la Révolution, pour vendre le terrain appelé la *Cour-Sainte-Barbe*, et donner plus de valeur à leurs denrées, en détruisant la concurrence. Il avait lieu le mardi de chaque semaine. Le rétablissement de ce marché, nécessaire à beaucoup de villages voisins qui viendraient, à peu de frais, y acheter leurs denrées, serait d'une grande utilité. Il serait même très utile à la ville de Paris, parce qu'à peu de distance de la capitale, les marchands y trouveraient tous les comestibles toujours nécessaires dans cette grande ville..... etc. »

Nous ne savons ce qu'il y a de vrai dans cette abolition du marché, puisqu'il existait encore en 1788 ; d'ailleurs, les illusions ne manquaient pas dans la rédaction de cette délibération. Ce n'est que depuis quelques années seulement qu'un marché a été rétabli à Chelles, le jeudi de chaque semaine.

BARBE DE TALLANSAC

XLVe ABBESSE — 5e TRIENNALE

1518-1528

Catherine-Marguerite de Champrond étant morte, la Communauté mit à sa tête une religieuse d'une vertu éminente et d'une naissance distinguée, Barbe de Tallansac.

Des circonstances pénibles mirent à l'épreuve la délicatesse de sa conscience. Les monastères de Chelles, de Montmartre, du Val-de-Grâce, de Malnoue, de Gif et de Gercy, formaient une association, dont l'abbesse de Chelles avait été élue présidente. Ces maisons sœurs, gouvernées par les mêmes statuts, étaient également desservies par des religieux du même ordre. Le visiteur était à la fois supérieur des religieux. Dom Laurent, bachelier en théologie, occupait ce poste. Bertille Fouques, abbesse de Malnoue, avait à se plaindre de l'un de ces prêtres. Dom Laurent chercha à ramener le coupable à une conduite plus édifiante. Celui-ci résista. Le visiteur voulut imposer une pénitence; mais le religieux réfractaire tenta de se soustraire à son autorité. Par l'intermédiaire de l'abbé Merlin, vicaire général de Paris, son protecteur, il en appela au tribunal de l'évêque.

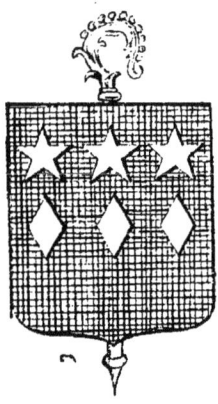

De sable, à trois losanges d'argent mis en fasce, surmontés de trois étoiles du même.

Cet appel était contraire aux statuts. Étienne de Poncher avait quitté le siège de Paris pour la métropole de Sens. Son successeur, déplorant la diminution de son autorité sur les monastères au profit du visiteur, retint l'affaire. En sa qualité de présidente de l'association, Barbe de Tallansac se vit contrainte de tenter un procès contre son évêque. Après avoir protesté, les statuts à la main, devant la Chambre des requêtes, elle porta sa plainte au Parlement; mais le dossier demeura enseveli dans les archives.

Pendant une visite qu'il fit à Malnoue, l'évêque engagea l'abbesse à se séparer du visiteur, pour se ranger sous sa juridiction immédiate. Bertille résista courageusement. L'abbé

Merlin réussit mieux au Val-de-Grâce. Aussi, lorsque Dom Laurent se présenta pour faire sa visite, il trouva les portes fermées. Quant au religieux de Malnoue, il revint à résipiscence. Touché de son repentir, le visiteur le fit rentrer dans la compagnie de ses frères.

Nous avons dit comment Barbe de Tallansac porta la réforme à Royal-Lieu et à Saint-Pierre de Reims. Dans l'ordre temporel, on doit à cette abbesse une belle salle de communauté au rez-de-chaussée, un dortoir au premier étage, un noviciat nouveau et plusieurs autres édifices indispensables au large développement que prit la maison à cette époque.

La conservation des archives a fait l'objet de ses soins. Elle fit relier plusieurs volumes destinés à la transcription des actes authentiques du couvent. Habile elle-même dans la calligraphie, elle consacra ses loisirs à copier huit gros livres de chant, sur parchemin, paroles et notes de l'office divin(1). Ces ouvrages, dont on ne connaissait pas la valeur, passèrent, à vil prix, entre les mains des brocanteurs.

Deux fléaux affligèrent le pays sous son administration. La peste sévit à Paris, en 1522. François Ier eut un moment l'intention de se retirer à Lagny, dans l'abbaye, avec son parlement. Jérôme de Louviers, abbé de cette maison, l'en dissuada, parce que la ville était sous le coup du même fléau.

Un hiver rigoureux, deux ans après, détruisit toutes les graines d'automne. Il fallut labourer et ensemencer les terres de nouveau. A la mi-août, les blés étaient encore en fleur. La cherté des vivres fut excessive. Sans l'inépuisable charité de l'Église et des monastères, la souffrance du peuple eût été intolérable (2).

Après un gouvernement de dix ans et six mois, alterné avec Madeleine de Chelles qui lui a succédé, Barbe de Tallansac mourut.

---

(1) « A escript de sa main, en grosse lettre, huict grans volumes en parchemin, où est comprins le *Graduel* et les *Antiphônes*, et les a tous réglés et nottés, et le tout non sans grand peine et labeur. » *Cart. de Chelles, ad calcem.*)

(2) Dom Chaugy, *Ann. de Lagny*, p. 526.

« L'an 1528, le 8 janvier, dit le nécrologe, trépassa notre révérende et tant aimée Mère, sœur Barbe de Tallansac, après avoir exercé la charge de matorise dix ans et demi, comprenant deux élections, et était professe de Céans, où a fait beaucoup de bien, tant en spirituel que temporel, et est la cinquième abbesse triennale de la réformation. »

MADELEINE DE CHELLES

XLVIe ABBESSE — 6e TRIENNALE

1528-1542

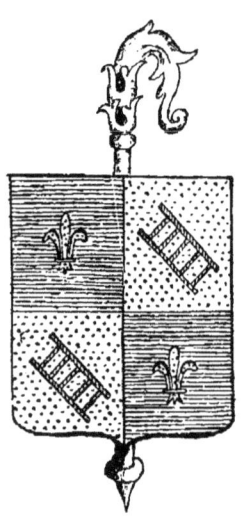

Armoiries de Chelles. Écartelé aux 1er et 4e d'azur, à une fleur de lis d'or ; aux 2e et 3e d'or, à une échelle de gueules.

Une famille portait le nom patronymique de *Chelles*, avec la particule nobiliaire. Nous ne pouvons guère compter, parmi les membres de cette famille, que l'abbesse Madeleine avec sa nièce Antoinette, professe du monastère, et Raoul, évêque de Térouanne. Quant aux autres, si l'histoire les désigne sous le même nom, ce n'est que pour indiquer le lieu de leur origine. Tels sont Hugues de Chelles, chanoine de Paris ; Pierre de Chelles, chanoine de Champeaux ; Odon de

Chelles, écuyer servant au couronnement de la reine Marguerite (1234) (1), et l'architecte Jean de Chelles.

Madeleine de Chelles fut abbesse pendant quatorze ans, alternativement avec Barbe de Tallansac. Une de ses élections porte la date de 1528 (9 août). Nous ignorons les autres. Madeleine de Chelles avait un caractère des plus heureusement doués. Son affabilité lui concilia les esprits les plus difficiles. Tout le monde l'aima, nonobstant les sévères austérités de sa piété.

C'est à sa prélature que le monastère doit les acquisitions qui suivent :

1° Les fiefs de la Feuillade, des Hangets ou Angest et de Versigny (2) ;

2° La seigneurie de la Motte, en Beauvoisis ;

3° Le bois des Ermites, dans la forêt de Livry ;

4° La gruerie de Coulombs ;

5° L'extinction de plusieurs rentes en argent et en blé, dont la seigneurie de Coulombs était grevée ;

6° La refonte de quatre cloches, dont nous parlerons plus bas.

On fait aussi remonter à l'époque de Madeleine la construction des cloîtres dont on voit encore aujourd'hui quelques ruines, la surélévation des voûtes de l'église et l'élargissement des fenêtres (3).

Le plan terrier de Chelles, Tillet et Mitry, brûlé sur la place publique, le 10 août 1793, datait également de cette époque, ainsi que les *Cartulaires* qui se trouvent actuellement à la bibliothèque de la ville de Meaux. « *Item* a faict escripre trois livres de *Cartulaires*, en parchemin, collationnés de deux notaires. »

Commencé en 1530, l'ouvrage n'a été terminé qu'en 1542. C'est un in-folio fort bien conservé et d'une très belle écriture sur parchemin. Au frontispice, orné d'un encadrement de fleurs et de feuillages, en couleur sur fond d'or, une assez

(1) *Recueil des Historiens de France*, t XXII
(2) Arch. de Melun.
(3) *Cart. de Chelles, ad calcem.*

belle miniature, légèrement détériorée, représente la Sainte-Trinité avec deux abbesses. Ce volume commence par une charte de Louis le Gros, en 1187. Il comprend deux cents feuillets, concernant Chelles, et trente-huit, concernant Montfermeil. On trouve ensuite une liste des abbesses, avec une courte notice sur chacune d'elles, surtout depuis le treizième siècle, et qui a été continuée par la suite jusqu'en 1688.

Après la mort de Madeleine de Chelles, Jacqueline Amignon poursuivit l'œuvre. Le deuxième volume date de 1547. Il est aussi beau que le premier, pour l'écriture, et également décoré d'ornements peints et dorés; mais les miniatures sont inférieures et le livre moins bien conservé. Il est composé de cinquante-cinq feuillets sur Chelles, de trente-trois sur Montfermeil, de dix-huit sur Baron-en-Valois, de soixante-et-onze sur Noisy et le Vaudois-en-Gâtinais, de trente-trois sur Coulombs et de vingt-quatre sur Clermont-en-Beauvoisis. La reliure est en bois couvert de veau gaufré.

On conserve encore, à la même bibliothèque, un terrier de Chelles de 1614 à 1616. Le premier volume manque. Le second renferme trois cent cinquante feuillets : deux cent soixante-seize sont consacrés aux propriétés de la seigneurie de Chelles, et les autres aux fiefs de Savigny, des Hangets, de Bérigny, de Malnoue, du Temple, des Clercs de Bayeux, de Montfermeil, de Pomponne, et aux censives de M. Feydeau de Brou, avec des tables.

Ce livre in-folio, d'une bonne et grosse écriture sur parchemin, couvert en veau, est assez bien conservé.

Il y a, en outre, un terrier de la seigneurie de Baron et un autre de la seigneurie de Rozières, « contenant la déclaration, par le menu, des maisons seigneuriales, terres labourables, prez, bois, moslins et autres héritaiges », appartenant à l'abbaye de Chelles, et approuvé par le lieutenant-général de Senlis, le 3 juillet 1635.

JACQUELINE AMIGNON

XLVIIe ABBESSE

1542-1543

La succession de Madeleine de Chelles causa de vives inquiétudes. En vertu des clauses du nouveau Concordat, les abbesses étaient à la nomination du roi. François Ier, cependant, permit à la Communauté de suivre les coutumes anciennes. Aussi, le jour même de la mort de leur Mère, les religieuses s'empressèrent-elles d'élire Jacqueline Amignon. On l'installa sur-le-champ (3 novembre 1542); mais la joie fut de courte durée. Par brevet royal, la princesse Renée de Bourbon reçut sa nomination d'abbesse titulaire et perpétuelle du monastère (5 février 1543).

« Et en ce temps print fin la triennalité des abbesses (1). »

(1) *Cart. de Chelles, ad calcem.*

CHAPITRE XII

RENÉE DE BOURBON

1543-1583

Les abbesses perpétuelles. — Vicaire générale. — François Ier et Charles-Quint. — Montpensier campe à Chelles. — Fuite à Paris. — Retour. — Institution de la procession des reliques. — Vie des saints de Chelles. — Chapelles. — Dons. — Les registres paroissiaux. — Épidémie. — Mort de Jacqueline Amignon. — Marie Barbeau. — Orages. — Arrivée de Madame Renée de Bourbon. — Les Huguenots. — Refuge à Paris. — La Sainte-Larme. Vie de sainte Bathilde. — Étudiants. — Mort de Condé. — Plaisance. — Maubuisson. — Testament. — Épitaphe.

LES ABBESSES TITULAIRES ET PERPÉTUELLES

La triennalité de nos abbesses n'a duré qu'un espace de temps relativement court, quarante-deux ans. Ce fut l'époque d'une grande rénovation dans la piété. L'arbre de notre royale abbaye avait perdu sa vigueur primitive. Vieilli par les siècles, appauvri, étiolé par les fléaux du ciel et les désastres de la patrie, il penchait vers l'abîme. Les sucs nourriciers des saintes observances, s'étant presque desséchés, ne portaient plus, des racines aux rameaux, que les forces affaiblies d'une vie qui s'éteint. Il avait besoin, pour rajeunir, de la rosée du Ciel qui lui fit pousser une sève nouvelle. Tel fut le bienfait régénérateur de la triennalité par la réforme. Temps heureux d'effloraison virginale, où s'épanouirent les plus belles vertus de la vie religieuse! Chelles a retrouvé l'âge d'or de sa première ferveur. Celle-ci va se perpétuer longtemps encore, presque sans faiblesse, sous les prélatures de nos grandes abbesses titulaires et perpétuelles. Et quand la hache de la Révolution viendra frapper l'arbre, il tombera plein de vie encore, tout couvert de feuilles, de fleurs et de fruits.

Le Concordat passé entre François Ier et le pape Léon X recevait peu à peu une pleine et entière exécution. En vertu de l'un de ses articles, les élections dévolues aux Chapitres se trouvaient abolies. Ce mode de pourvoir aux dignités ecclésiastiques avait été stigmatisé par le Souverain Pontife, comme sujet aux brigues, aux violences et à des conventions simoniaques.

« Pour se mettre à l'abri de la réforme, dit Brantôme (1), les religieux des monastères déchus choisissaient les plus ignorants d'entre eux. On leur faisait jurer de conserver les abus, comme ailleurs on jurait d'observer les règles. » L'élection, en effet, n'est-ce pas le miroir qui reflète l'image des objets avec toute la pureté ou l'irrégularité de leurs formes ? Dans une Communauté de personnes vertueuses, l'élection désigne toujours les meilleurs sujets ; mais, si la société tombe en décadence, elle se choisit des chefs pervers, c'est-à-dire des hommes faits à son image et à sa ressemblance. Le suffrage ne devrait appartenir qu'aux sages.

Chelles a pu regretter le vieux droit de ses élections. Toutefois, la prérogative royale, si elle a prêté sujet à la critique, une ou deux fois, dans la nomination de nos abbesses, elle a puissamment contribué à relever le prestige du monastère et à lui imprimer un nouveau cachet de grandeur. Son premier choix tomba sur une princesse de Bourbon.

(1) Gaillard, *Hist. de François Ier*, t. VI, p 37.

RENÉE DE BOURBON

XLVIII° ABBESSE

1543-1583

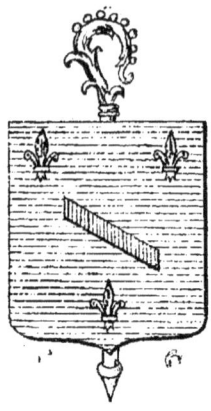

D'azur de France, avec un bâton de gueules mis en abîme.

Madame Renée de Bourbon était de sang royal, par sa descendance de Robert de France, fils de saint Louis. Elle naquit, en 1527, de Charles, duc de Vendôme, comte de Meaux et gouverneur de Paris, et de Françoise d'Alençon. La famille se composait de six garçons et de six filles, savoir, les garçons : Louis, comte de Marles; Antoine de Bourbon, roi de Navarre et père de Henri IV; François, comte d'Enghien ; et Louis, prince de Condé ; — les filles : Marie, morte en 1538; Marguerite, femme de François de Clèves, duc de Nevers ; Madeleine, abbesse de Sainte-Croix, de Poitiers; Catherine, abbesse de Notre-Dame, de Soissons; Éléonore, abbesse de Fontevrault; et Renée, abbesse de Chelles.

Cette dernière reçut l'habit des mains de sa tante, Madame Louise de Bourbon, abbesse de Fontevrault. Le roi lui envoya ses lettres quelques mois après sa profession. Elle n'avait que seize ans. Cependant, la crainte d'apporter du trouble dans le gouvernement du monastère, la jeunesse de la nouvelle élue, et sans doute aussi la considération de la parole donnée, déterminèrent le prince à nommer Jacqueline Amignon vicaire générale, pour la conserver à la tête de la Communauté.

Madame Renée de Bourbon prit possession de son bénéfice par procureur. Pendant dix-huit ans, la mense abbatiale lui fournit une pension de cent cinquante livres, jusqu'en 1560, époque où elle prit en mains l'administration de son abbaye.

Jacqueline accepta religieusement la position amoindrie qu'on lui offrait. Elle eût pu joindre ses réclamations aux réclamations que les nouvelles conditions concordataires soulevaient sur tous les points du royaume. Sa conscience s'y refusa. Le concile de Latran s'était prononcé contre la Pragmatique-sanction. Sous prétexte d'affranchir la royauté, la déclaration doctrinale de Bourges mettait en doute le pouvoir du pape et battait en brèche la constitution même de l'Église. Mieux inspiré, le Concordat conservait au droit pontifical son intégrité, et son indépendance à la royauté. La sagesse des nouvelles conventions n'échappa pas à la clairvoyance de l'abbesse déchue. Jacqueline s'enferma dans l'humilité de sa profession, heureuse de garder un silence qui lui procura autant de paix pour elle-même que d'édification pour la Communauté.

Mais cette paix ne dura pas longtemps. Les guerres de François Ier avec l'empereur Charles-Quint la troublèrent. Encore une fois, le monastère va être exposé aux insultes des soldats.

Charles-Quint, par la trahison de la duchesse d'Étampes, maîtresse du roi, venait de s'emparer d'Épernay et de Château-Thierry. Les coureurs impériaux galopèrent jusqu'aux portes de Meaux. Une terreur folle s'empara de tout le pays. Les Meldois s'enfuirent à Lagny, puis à Paris (1). Citons les mémoires de Guillaume Paradin. On croirait entendre le récit de la fuite des habitants de nos contrées vers Paris, devant les uhlans de l'invasion allemande.

---

(1) *Hist. de l'Egl. de Meaux*, par Toussaint-Duplessis, p. 348

« On voyait riches, pauvres, grands et menus, gens de tous états et âges, s'enfuir et traîner leurs biens par après eux, les autres porter les vieilles gens sur leurs épaules, les mettre dans les bateaux, des quels il y avait si grand nombre que l'on ne pouvait voir l'eau de la rivière. Plusieurs bateaux, trop chargés de meubles et de gens, coulèrent à fond (1). »

Les paysans fuyaient de toutes parts, abandonnant leurs maisons vides ; les routes étaient encombrées de charrettes et de troupeaux ; l'affolement général s'augmentait encore des atrocités des pillards. C'était « un tel bruit et effroi » qu'il semblait que « nature voulait retomber dans le chaos (2). »

Paris était en danger. Sur les ordres du roi son père, le Dauphin détacha de son armée un corps de sept à huit mille hommes, sous la conduite du capitaine de Lorges, comte de Montgommeri, — nom trop connu des habitants de Lagny (3) — pour occuper cette ville et barrer le passage à l'ennemi, tandis qu'une forte réserve, commandée par le duc de Montpensier, camperait à Chelles.

A cette nouvelle, nos religieuses prirent peur. « Feut faict grand effroy en notre abbaye pour aultent que le cam du Roy estoit en la prairie entre Chelles et Gournay (4). »

La « bonne Mère, vicaire générale », pleine de sollicitude pour ses filles, résolut d'aller chercher un refuge à Paris. Maître Martin Froment, procureur et receveur du monastère, se montra plein de dévouement dans la circonstance. Il voulut accompagner les religieuses, pour les protéger pendant la route. Elles partirent, le 9 septembre 1544, au nombre de soixante-seize. Quatre des plus courageuses et d'un âge mûr, se constituèrent gardiennes de la maison. Des lettres de sauvegarde leur avaient été octroyées (5), et

(1) *Hist. de notre temps;* latin et français.
(2) *Ibid.*
(3) Voir dans les *Annales de Lagny,* par M. Lepaire, p. 565 et suiv., l'origine de la question : « Combien vaut l'orge ? »
(4) *Cart. de Chelles.*
(5) Arch. départ., Melun.

le duc de Montpensier voulut couvrir lui-même l'abbaye de sa protection puissante. Les religieuses pensaient habiter leur hôtel du Mouton; mais le gardien et sa femme leur firent si mauvais accueil, et les appartements se trouvèrent dans un tel désordre, qu'elles n'y couchèrent qu'une nuit. « M. Le Grain, leur bon amy (1) », les vint chercher le lendemain matin et les reçut chez lui, pendant douze jours.

Tout danger ayant disparu, à la suite du traité de Crespy (18 septembre 1544), les fugitives « revinrent toutes ensemble le XXI septembre, et avec eulx ramenèrent leurs relicques, chartes et aultres biens, sans rien perdre, dont Dieu soit loué, qui ne mect jamais ses amys en oubliance, en leur grande tribulation, et veille, par sa grâce, augmentez ceste tant bienheureuse mayson de Chelles, en tout bien spirituel, ad ce que les habitans dycelle, après avoir accomply le pellerinage de ceste vie présente, puissent parvenir, par ceste eschelle fleurissante en bonnes vertus, au benoist royaume céleste (2). »

Une protection si merveilleuse appelait un acte solennel de reconnaissance envers la Providence. Jacqueline Amignon ne crut pouvoir s'acquitter plus utilement qu'en offrant aux saints patrons du monastère des reliquaires nouveaux, d'un grand prix.

Les anciens, en effet, se trouvaient dans un pitoyable état. « Elles étaient toutes rompues et despecez de tous côtés, et ung peu de pierreriez qui estoient à l'entour, la plupart estoient cheuttes et perdues longtemps avoient. Le résidu a faict mectre aulx dictes chasses, et a faict faire le devant et derrière d'argent, où est la représentation des dictes Sainctes fort belle, et aulx deux costez a faict mettre, à l'ugne, douze apostres, et à l'autre, douze belles vierges qui accompagnent la chasse Madame Saincte Bertille, tant le dessus que les costez. Le tout est doré et paint en huile, et les démontrances fort belles. Pareillement a faict faire, notre dicte bonne Mère, la chasse Monsieur Sainct Genis, archevesque

(1) *Cart. de Chelles, ad calcem.*
(2) *Ibid.*

de Lyon, et grand aulmoniez de la Saincte Royne Baulteur, notre bonne mère et fondatrice, aussy la chasse de la Filiolle de la susdicte Saincte Royne, nommée la petite Baulteur, âgée de sept ans quand elle décéda de ce ciècle. Les quelles deulx chasses estoient auparavant faictes de bois, sans nulle painture, et estoient fort vieilles et rompues de tous costez, et le bois tout pourry, et en plusieurs endroicts mengé des vers, les quelles elle a faict faire de bon bois et fort belle painture, painte en huille, tant le dessus que les costez, et au devant et derrière a faict mettre la représentation du dict Sainct et de la dicte Saincte ; et en la cinquiesme chasse qui est de cuivre, où estoit auparavant le corps de Madame Saincte Baulteur, a faict racoustrer et mectre dedans plusieurs sanctuaires, ossementz, machoueres, cheveulx, avec plusieurs testez et vestementz de aulcungs Sainctz, qui ont été trouvez en une chasse de bois fort meschant. Et en toutes les chassez a faict faire un escript, et mis dedans par le quel est déclaré l'an et jour quelles furent faictes et posez au lieu où elles sont..... Et, n'est abjouter la joie cy grande que eurent toute la dévote assistance veoir les saincts corps de leur tant bonne Mère et fondatrice la bonne Royne Baulteur (1). »

Il nous reste encore trois des authentiques dont il est ici question.

La première se trouve dans la châsse de sainte Bathilde. Elle est écrite en latin et datée du 29 janvier 1544, c'est-à-dire 1545. Ce parchemin constate que la translation des reliques de la sainte a eu lieu, sous le règne de François de Valois et sous l'épiscopat de Jean de Bellay, cardinal-évêque de Paris, par frère Goudequin, prieur de Saint-Lazare, visiteur du monastère et vicaire de l'évêque, en présence de toute la Communauté, des religieux, du curé de Saint-André, Nicolas Leclerc, docteur en théologie, de Médard Goudequin, prieur de Saint-Denis, religieux de l'abbaye de Chaâge de Meaux, et d'une foule d'invités.

(1) *Cart. de Chelles,* Ier vol., *ad calcem.*

La deuxième pièce est enfermée dans la châsse de saint Genès ; mais elle constate que la translation s'était faite le 16 juillet précédent, 1544.

Enfin, le troisième parchemin est contenu dans le reliquaire de sainte Radegonde et porte la date du 12 juillet 1544.

Une autre authentique, de la même époque, a été trouvée dans la châsse de sainte Bertille, lors de l'ouverture qui en a été faite, en 1711, sous le cardinal de Noailles. Elle portait la date du 29 mars 1544, c'est-à-dire 1545, la trentième année du règne de François Ier ; Jean, cardinal de Bellay, étant évêque de Paris. On lisait que Jean Goudequin avait fait la translation des reliques de sainte Bertille, dans une châsse, partie d'argent et partie de bois doré, en présence de la révérende Mère Jacqueline Amignon, vicaire générale ; de sœur Roberte Turquin, prieure, et de toute la Communauté.

On rapporte « que les nouvelles châsses étaient enrichies de pierres précieuses ; qu'on y voyait des agates d'une beauté remarquable, sur lesquelles les caprices de la nature avaient admirablement représenté des monstres marins. » On ajoute aussi « que certaines personnes, à qui on en avait confié la garde, n'en connaissant ni le prix ni la rareté, les vendirent à des marchands, et qu'elles se trouvèrent postérieurement dans le cabinet du roi. (1) »

Une cérémonie solennelle eut lieu à l'occasion de cette translation des reliques. Le bruit s'en étant répandu dans les villages voisins, les fidèles s'empressèrent de venir les vénérer dans l'église abbatiale.

C'était l'époque de nos regrettables guerres de religion. Les Huguenots mutilaient l'architecture de nos belles églises gothiques, brisaient les statues des saints et jetaient au vent leurs reliques profanées. Par un privilège spécial de la Providence, le monastère de Chelles fut épargné. En réparation de tant de sacrilèges, Jacqueline conçut le pieux

---

(1) *Cart. de Chelles, ad calcem.*

dessein de perpétuer le souvenir de la translation des reliques par une procession annuelle. L'évêque de Paris approuva le projet, et une ordonnance épiscopale, datée de 1547, fixa la fête au « plus prochain dimanche après le onzième jour de juillet (1). »

Telle est l'origine de la fête des Reliques, encore conservée aujourd'hui comme principale fête du pays. N'est-il pas déplorable qu'une solennité, si chrétienne et si pieuse à son berceau, dégénère de nos jours en une fête toute profane? La foule est aux plaisirs, aux brillantes illuminations, au feu d'artifice sur la belle place du Poncelet; une joie toute mondaine égaie le foyer domestique, au milieu de nombreux amis, et nos saintes et vénérables reliques, exposées dans l'église paroissiale, demeurent presque abandonnées. C'est à peine si cette procession, autrefois si solennelle à travers nos rues, peut s'accomplir modestement à l'intérieur du temple, tant le zèle des fidèles s'est refroidi.

Enfin, le *Cartulaire* nous rapporte ce dernier témoignage de la piété de la vicaire générale envers les saints patrons de Chelles : « L'an mil cinq cens quarante sept, a faict mectre en moulle, notre susdicte bonne Mère, sœur Jacqueline Amignon, les histoires de Madame Saincte Baulteur, Saincte Bertille, Sainct Éloy et des sainctes reliques, la quelle imprimeure a cousté en argent six vingts treize livres. » Nous ne connaissons aucune bibliothèque où l'on ait conservé un exemplaire de cette édition.

Jacqueline Amignon apporta aussi un saint empressement à embellir l'abbatiale. Elle fit placer autour de l'autel quatre colonnes de cuivre, ornées de bas-reliefs fort bien travaillés. D'habiles artistes remirent à neuf et décorèrent les chapelles Sainte-Anne, Saint-Pierre, Saint-Éloi, Saint-Léger, Sainte-Bertille et Sainte-Madeleine. Et, comme le chapitre et les cloîtres, bâtis par Barbe de Tallansac et Madeleine de Chelles, n'avaient pas été bénits, la bonne Mère

(1) D'après cette date, la fête devrait avoir lieu tantôt le deuxième et tantôt le troisième dimanche de juillet. La coutume actuelle la fixe invariablement au deuxième dimanche.

voulut profiter de cette circonstance pour faire une cérémonie de bénédiction générale. C'est l'évêque de Soissons qui présida la fête, le 6 mai 1546.

On cite les noms de deux bienfaiteurs de l'abbaye, sous la vicaire générale : le premier, M. Hennequin, qui fit présent d'une belle croix d'argent doré : d'un côté, on voyait la statue de Notre-Seigneur crucifié, et de l'autre, celle de la Sainte Vierge ; au pied, la Madeleine, et autour, les quatre Évangélistes ; le second, M. Noël Aubert, qui fit don de tous ses biens, moyennant l'acquit d'une messe quotidienne, à perpétuité.

C'est à cette époque que remontent nos plus anciens registres paroissiaux. Primitivement, vers le dixième siècle, l'usage s'établit de conserver dans chaque famille des notes sur l'état de son personnel ; mais, mal tenus en général, ces actes n'existaient guère que dans les archives des châteaux. Au seizième siècle, les progrès de l'hérésie protestante rendirent indispensable la tenue des registres paroissiaux. Les conciles s'en préoccupèrent, et François Ier chargea, en 1539, les curés de dresser ces actes. Le curé de Saint-André s'y conforma, mais d'une manière peu régulière. Ainsi, la plus ancienne feuille, conservée dans les archives de la mairie, contient vingt-huit baptêmes en 1548, et, en 1554, il n'y en a que trois. Les registres de 1558 à 1576 manquent à la collection, ainsi que ceux de 1577 à 1580.

Ces actes ne relatent que les baptêmes. On y trouve les noms et prénoms des enfants, des parents, et ceux des parrains et marraines. Pour un garçon, il y a deux parrains et une marraine, et, pour une fille, deux marraines et un parrain. Cet usage est observé jusqu'en 1630 ; à partir de cette époque, il devient moins régulier et disparaît au bout de six ans.

Voici les noms que nous avons relevés parmi les plus anciennes familles encore existantes : 1° Au seizième siècle : Lacour, Charlot qui s'écrivait Carlot, Lenoir, Laudon, Charpentier, Cateux, Fournier, Loué, Meunier, Guérin,

Dupont et Lopin ; 2° au dix-septième siècle : Guillard, Labour, Morel, Villant, Parquin, Bonnamy, Parisis, François et Margnon. La famille Mabille, la plus ancienne de Chelles, dont nous avons vu paraître un membre en 1320, dans l'échauffourée de la Commune, a disparu de Chelles pendant quatre cents ans, pour aller s'implanter à Dammart. Elle n'est revenue au berceau de ses pères qu'au siècle dernier.

Les attestations de mariages commencent en 1611, et celles de décès en 1643.

Quant aux registres de Saint-Georges, la collection ne remonte pas au delà de 1653.

En 1709, Louis XIV créa des greffiers, gardes et conservateurs des registres paroissiaux, ainsi que des contrôleurs de ces officiers. Plus tard, Louis XV régla les formules, le mode de contrôle et le dépôt des minutes au siège de la juridiction (1736).

Enfin, lorsqu'en 1789, la société civile se sépara de la société religieuse, on distingua également les actes de baptêmes des actes de naissances ; mais ce n'est qu'en 1792 que les registres, enlevés des mains des curés, ont été confiés à des officiers spéciaux, pour être définitivement transmis, en 1802, aux soins des maires et des adjoints des communes (1).

Sur la fin de sa vie, le cœur charitable de la vertueuse vicaire générale fut douloureusement éprouvé. Une cruelle épidémie fit de nombreuses victimes à Chelles et dans les environs (1553). On distribua de larges aumônes aux indigents. Jacqueline Amignon ne tarda pas elle-même à quitter cette terre pour aller à la récompense des élus.

Mais, avant de transcrire l'éloge funèbre que fait le nécrologe de la défunte, il nous faut raconter un fait qui remonte au mois de mars précédent.

La Marne, grossie par des pluies abondantes, rejeta sur ses bords le cadavre d'un noyé. Il était revêtu du costume des religieux de l'ordre de Cîteaux. La justice se transporta

---

(1) *Dict encyclop.* de Charles Saint-Laurent : Etat civil (1842).

sur les lieux. Le corps était dans un état de décomposition fort avancée. Certaines apparences de blessures faites au visage firent d'abord croire à un crime. On eut plus tard la conviction du contraire. Ce n'était que le résultat d'un accident. La victime portait encore sur elle des papiers en lambeaux, qui firent découvrir que son père habitait Vincennes. On trouva, tant dans un nœud de son mouchoir que dans les poches de son pourpoint, une certaine quantité de pièces de monnaie, soit de France, soit de l'étranger. Cet argent servit aux frais de justice et de sépulture. Les funérailles eurent lieu dans l'église Saint-Georges, en présence de plusieurs témoins, entre autres d'un prêtre nommé Nicolle Le Breton, qualifié de vicaire de Chelles.

Les Cisterciens qui desservaient alors l'abbaye de Pont-aux-Dames, reconnurent que la victime appartenait à leur Communauté. Aussi, les religieuses de Chelles s'empressèrent-elles de faire remettre à l'abbesse de ce monastère, Madame de Chabannes, la somme de vingt livres, reliquat de l'argent trouvé sur le défunt, et dont celle-ci donna quittance (1).

Voici comment le nécrologe raconte la vie et la mort de Jacqueline Amignon :

« L'an de grâce mil cinq cent cinquante huit, le jour de Saint-Michel, pénultième de septembre, satisfit au droit de nature, par mort infauste, notre révérende Mère et bien aimée Jacqueline Amignon, qui, par élection canonique, succéda à l'office d'abbesse à notre révérende Mère, sœur Madeleine de Chelles; du quel étant déchue par le vouloir du Roi qui mit fin au triennal, ayant choisi une très illustre et noble dame, Madame Renée de Bourbon, pour notre révérende abbesse; la quelle commit en son lieu et fut sa vicaire, notre dite bonne Mère Amignon, qui, avec office de vicaire, a gouverné la maison par l'espace de 16 ans, augmenta noblement le bien tant spirituel que temporel, amatrice singulière du bien public. »

(1) *Cart. de Chelles.*

Dans les formules de professions, au lieu de « *Mater abbatissa* », on disait « *Mater vicaria* ».

Aussitôt après les funérailles, Madame l'abbesse, toujours religieuse à Fontevrault, envoya des lettres de vicaire générale à sœur Marie Barbeau, professe du 5 septembre 1518.

Pendant les deux années de son administration, elle sut entretenir dans la communauté la piété et la charité, deux vertus qui font le charme de la vie religieuse. Les épreuves cependant ne lui manquèrent pas.

Au mois de mai 1559, un orage accompagné de grêle éclata sur Chelles. La tempête fut épouvantable. Sous les coups de tonnerre, les maisons tremblaient et leurs habitants se croyaient perdus. La foudre tomba sur le monastère avec d'effroyables dégâts.

Grâce à la prudente économie de Jacqueline Amignon, une forte réserve se trouvant dans la caisse de la trésorière, on l'employa à réparer les pertes. Mais à peine les travaux étaient-ils achevés, qu'un second orage vint causer de nouvelles ruines. Cette fois, le trésor était vide, et Marie Barbeau implorait un secours du Ciel, quand elle apprit la nouvelle de l'arrivée prochaine de l'abbesse.

On fit l'impossible pour la bien recevoir. Un emprunt fournit les fonds nécessaires à la réparation des bâtiments. Les travaux poussés avec activité s'achevèrent à temps. Madame de Bourbon s'arrêta au couvent de la Madeleine d'Orléans, où elle prit quelques jours de repos. Marie Barbeau envoya au-devant d'elle des personnages de confiance pour lui souhaiter la bienvenue. La princesse fit son entrée à Chelles, le 8 septembre 1561, en compagnie de son confesseur et de huit religieuses de Fontevrault.

Comme don de joyeux avènement, la Communauté offrit à son abbesse une crosse en vermeil, pesant 20 marcs, 4 onces et 5 gros d'argent. La vicaire générale déposa toute autorité, et, après avoir donné l'exemple des vertus propres à sa vocation, elle mourut huit ans plus tard.

« Le 13 janvier 1569, dit le nécrologe, mourut notre révérende Mère Sœur Marie Barbeau, laquelle, par le vouloir de Madame, succéda à la charge de vicaire générale, après le décès de feu notre révérende Mère Jacqueline Amignon, qui fut l'an 1558, et y fut deux ans, et qu'elle a augmenté en son pouvoir le bien spirituel et temporel de cette maison étant religieuse professe de la réformation. »

Une année ne s'était pas encore écoulée depuis l'arrivée de la princesse au monastère, lorsque les violences des Huguenots la forcèrent de se retirer à Paris.

Charles IX était sur le trône. Catherine de Médicis, sa mère, catholique par ses habitudes, mais sectaire par les idées, avait nommé abbé commendataire de Lagny, Odet de Coligny. Cet homme, tour à tour catholique et huguenot, cardinal et soldat, avait fini par se marier, quoiqu'il fut évêque. Le pape rendit une sentence contre l'apostat. Celui-ci, perdant toute mesure, se mit en pleine révolte. L'armée de Condé le reçut. Elle en fit un capitaine. Toutefois le cardinal défroqué ne voulut pas renoncer aux revenus de son bénéfice. Des officiers, suivis d'une escorte, se présentèrent à l'abbaye de Lagny pour les toucher. Mal accueillie, la troupe huguenote voulut prendre l'argent par force, mais le trésor avait disparu. Les soldats, furieux de se voir frustrés, pillèrent le monastère, maltraitèrent les religieux et, s'emparant de la châsse de Saint-Florentin, brûlèrent les reliques.

De telles profanations répandirent l'effroi dans tout le pays. Les religieuses de Chelles prirent peur. Madame de Bourbon les conduisit, au nombre de 46, à Paris, emportant avec elles leur trésor, les reliques sacrées (26 juin 1562). Le cardinal de Bourbon reçut sa sœur et la communauté à l'hôtel abbatial de Saint-Germain-des-Prés, dont il était abbé commendataire. Toutes les observances accoutumées furent religieusement pratiquées pendant l'exil. On célébra les offices dans la belle chapelle de Notre-Dame, située dans l'église abbatiale. L'absence se prolongea pendant un mois (28 juillet).

Cependant, les hérétiques poursuivaient leurs incursions sur tous les points de la France. Vendôme, Orléans et tous les pays voisins en étaient infestés. La fureur se portait particulièrement contre les statues des saints qu'ils mutilaient et contre les reliques qu'ils brûlaient. A Vendôme, les religieux tremblaient pour leurs châsses et surtout pour la sainte Larme, dont ils étaient dépositaires. L'abbaye de Chelles, avec une princesse à sa tête, leur parut un abri plus sûr pour leur précieux trésor. Écoutons ce que dit à ce sujet Claude Hatton, curé, natif de Melz-sur-Seine, dans ses mémoires (1) :

« 1562. Les huguenots étant entrés à Vendosme, s'en allèrent piller les églises, vases sacrés, reliques et orfèvreries, comme c'étoit leur coutume. Elles furent toutes volées en effet, excepté la saincte Larme de Notre Seigneur, qui est la principale relique de la dicte ville. C'est une larme de Jésus-Christ, quand il ressuscita le Lazare, frère des mères Marthe et Madeleine de Béthanie-les-Jérusalem ; la quelle saincte Larme, les pères et aieulx du prince de Condé, Messieurs de Bourbon, avoient en grande révérence et honneur et l'avoient jadis rapportée de Jérusalem, par grande dévotion, pour en décorer la ville de Vendosme, la principale ville de leur patrimoine ; la quelle saincte Larme fut saulvée par un prebstre séculier, natif de Vendosme, qui l'apporta, en habit dissimulé, dans la ville de Paris, a saulveté, où estant, ayant entendu que Madame l'abbesse du monastère des religieuses de Chelles, à quatre lieues de Paris, estoit une saincte et catholique princesse, sœur du roy de Navarre et du dict prince de Condé, lui porta le dict joyau et saincte relique, en garde, comme digne de ce, à l'exemple de son père et ses ayeulx qui, toute leur vie, s'estoient portés protecteurs et gardiens d'icelle.

» Je ne scai si j'équivoque point en disant que le dict prebstre eut porté la ditte saincte Larme à Chelles, à la ditte Dame, et croy que oui ; et ce me semble que la ditte Dame, ayant entendu que la ditte saincte Larme estoit à Paris, au monastère des Dames Cordelières de Longchamp, comme

(1) Mémoires publiés par M. Félix Bourquelot, Melz-sur-Seine, dans le canton de Provins.

princesse de sang royal, et de la maison de Vendosme et de Bourbon, sollicita, par force de justice, d'avoir la garde de cette saincte relique, qui luy fust adjugée par Messieurs de la cour de parlement, la quelle la fist porter dans son abbaye et monastère de Chelles, où sont grand nombre de nobles dames religieuses, princesses des maisons de France, où fust la ditte saincte Larme, depuis ceste année (1562), jusques à l'an 1575 ou 16 qu'elle fut reportée à Vendosme. »

Madame Renée de Bourbon fit à la précieuse relique une réception des plus somptueuses. A sa prière, l'évêque de Saint-Malo vint bénir la chapelle de Saint-Michel, où l'on déposa la châsse. Le concours des fidèles fut prodigieux. Paris et les environs accoururent à Chelles, et la foule ne disparut qu'avec la sainte Larme, après le danger passé.

Cette dévotion du peuple inspira à l'abbesse la pensée de faire une seconde édition de la *Vie de Sainte Bathilde*, mais en meilleur français que la première. Le cardinal de Bourbon, qui était un savant distingué, se chargea du travail, ainsi que de la traduction d'autres livres de piété à l'usage des religieuses (1).

La princesse était elle-même amie des lettres. Convaincue que les progrès de l'hérésie n'étaient dus qu'à la faiblesse des études ecclésiastiques, elle s'attacha à remédier au mal. Sa charité s'exerça d'une façon très libérale envers les écoliers pauvres. Ainsi, les sujets se multiplièrent et le niveau des études monta. Les jeunes religieux de Sainte-Croix ressentirent, en particulier, les bienfaits de sa sollicitude. Elle les envoyait aux cours de l'Université de Paris, payait leur pension et veillait à tous leurs besoins.

Ces bonnes œuvres et la reconnaissance qu'on lui en témoignait attachèrent fortement Madame de Bourbon à son monastère. Sa tante, Louise de Bourbon, abbesse de Fontevrault, connaissant les mérites distingués de sa nièce, puisque celle-ci avait été son élève, tenta de l'attirer près d'elle.

---

(1) Nous ne connaissons pas d'exemplaires de ces ouvrages.

« Je ne suis plus, lui écrivit-elle, en état d'agir ; mon grand âge et mes infirmités ne me permettent plus d'assister aux observances de la religion et d'acquitter les devoirs de ma charge ; et je serais contente de me décharger de mon fardeau sur votre piété et sur vos soins. »

La voix de la nature parlait haut à son cœur, mais la voix de la grâce parla plus fort. Elle résista. Une abbesse ne s'appartient pas. Sa consécration la retient à son monastère par des liens indissolubles. Cependant la famille avait toutes ses affections légitimes. La conduite de son frère, Louis de Condé, lui causa les plus amers chagrins. On sait que ce prince s'était mis à la tête des huguenots. Il mourut vaillamment à la bataille de Jarnac (1569). Sa bravoure était digne d'une meilleure cause. Profondément affligée de cet événement fatal, la princesse essaya de réparer le mal par une bonne œuvre. Ses pensées se fixèrent sur la fondation d'un autre couvent, sous la dépendance de celui de Chelles, avec saint Michel pour patron.

Plaisance est un lieu charmant, situé sous le bois de Vincennes, en amont de Nogent-sur-Marne. C'était autrefois une seigneurie du domaine royal. Madame de Bourbon l'acheta d'une dame Marguerite Potard (1574). Le roi Henri III, son cousin, paya cette acquisition au prix de huit mille trois cents livres, et fit la remise de tous ses droits. Quelques religieuses habitèrent ce château converti en monastère. A son titre d'abbesse de Chelles la princesse ajouta celui de prieure de Saint-Michel de Plaisance. Elle reçut quelques novices, et l'œuvre tomba.

L'abbé Lebeuf dit à ce sujet : « Henri Le Maignen, évêque de Digne, bénit la chapelle en 1575, sous le titre de Saint-Michel, ainsi que la terre d'alentour et les autels de la chapelle. Il fut accordé à l'abbesse de Chelles d'y pouvoir faire inhumer, sauf le droit du curé, et d'y faire célébrer la messe et autres offices. Quelques mois avant sa mort, l'abbesse fut inquiétée sur son acquisition, et sur l'aliénation qu'elle

---

(1) C'est aujourd'hui une commune, avec une église paroissiale.

venait de faire de cette terre à Charles de Lorraine, duc d'Aumale, pair de France. L'évêque de Paris commit, le 29 juin 1583, pour informer là-dessus, et homologua l'achat fait par l'abbesse, parce qu'elle n'avait pas aliéné pour cela d'anciens fonds. »

Un autre projet, dont Madame Renée de Bourbon devait être la bénéficiaire, n'eut pas un meilleur succès. Le cardinal avait obtenu du duc d'Anjou l'abbaye de Maubuisson pour sa sœur. Déjà, la nomination était agréée par le roi; le pape lui-même avait promis les bulles; mais les religieuses de Maubuisson, peu flattées de voir leur monastère tomber en commende, protestèrent et élurent, de leur propre autorité, sœur Thiercelin pour abbesse.

Chelles était une des plus riches abbayes du royaume. Cette considération, sagement représentée au roi, le détermina à revenir sur sa parole; et, donnant gain de cause à la sœur élue, il pria le pape de lui expédier ses bulles.

Le duc d'Anjou, froissé, soutint son droit d'élection auprès de Henri III. Il gagna sa cause. Plein de condescendance pour le roi, le pape voulut bien annuler les dernières bulles et en expédia de nouvelles, au profit de l'abbesse de Chelles. Celle-ci prit possession du bénéfice par procureur; mais les religieuses protestèrent. Ce ne fut pas en vain. En effet, Madame de Bourbon, fatiguée de toute cette procédure, laissa l'abbesse de Maubuisson gouverner en paix le monastère.

A peine cette affaire était-elle terminée que la princesse tomba gravement malade (1er novembre 1582). Elle se sentit atteinte de la fièvre quarte, compliquée d'hydropisie. L'abbesse ne se fit pas d'illusion. Marie de Lorraine, grande-prieure, l'abbé de Saint-Victor, visiteur, et plusieurs personnes de confiance furent mandés auprès de la vénérée malade. Elle remit son testament entre leurs mains. Les différents legs se montaient à 4,260 livres, dont voici les principaux, savoir :

1º 2,000 livres à l'abbaye de Chelles;

2º 1,200 livres à l'abbaye de Fontevrault;

3º 400 livres à partager entre les quatre novices de Plaisance, qui n'avaient pu être reçues dans le monastère de Chelles;

4° 250 livres aux deux survivantes des religieuses qu'elle avait amenées de Fontevrault, pour les frais de leur retour à la maison de leur profession;

5° 410 livres employées à plusieurs autres intentions.

On vendit Plaisance pour satisfaire à la distribution de ces différentes donations.

Enfin, après avoir manifesté le désir d'avoir pour successeur Marie de Lorraine et reçu avec grande piété et résignation les derniers secours de la religion, Madame Renée de Bourbon rendit paisiblement son âme à Dieu, le 9 février 1583, à l'âge de cinquante-six ans.

« L'an de grâce, 1583, le neuvième jour de février, satisfit au droit de nature, par mort infauste, très illustre princesse, Madame Renée de Bourbon, la quelle succéda, par élection canonique et don du Roi, à l'office d'abbesse, par l'espace de 40 ans, augmentant le bien spirituel et temporel de cette sienne maison, où elle a fait sa demeure, par l'espace de 23 ans, vivante en toute régularité, gouvernant le sien troupeau, en amour et charité envers toutes, délessant un regret universel, à cette compagnie, de l'honneur qu'elle avait reçu de sa noble présence, étant professe du célèbre monastère de Fontevrault, où elle fut religieuse. Exerçant en icelle maison l'office de grande prieure, l'espace de 16 ans, où s'est louablement acquittée, tant en icelle office de grande prieure que celle, où le Saint-Esprit l'avait appelée, au contentement de toutes celles qui ont été en sa charge, rendant son esprit à Dieu, ce jour sus-dit, à cinq heures du matin, suppliant tous ceux et celles qui liront cet écrit avoir mémoire de son âme en leurs prières. *Requiescat in pace*. (1) »

On fit à l'abbesse défunte de magnifiques funérailles. Le duc d'Aumale, son parent, contribua à cette dépense pour une somme de trois cents livres. Le corps fut déposé dans un caveau construit à cette intention.

(1) **Nécrologe.**

Nous trouvons dans les *Antiquités de Paris*, par Dubreuil, l'épitaphe dont était orné le tombeau de la princesse ; elle était conçue en ces termes :

> *Dessous cette lame polie,*
> *Repose la cendre amortie*
> *D'une princesse de Bourbon,*
> *Dont le nom et les vertus saintes,*
> *Quoique sa vie soit éteinte,*
> *Vivront d'un éternel renom.*

CHAPITRE XIII

MARIE DE LORRAINE — HENRIETTE DE BOURBON

1543-1629

Marie de Lorraine. — Procession à Saint-Denis. — Sagesse de l'abbesse. — La Ligue et fuite à Paris. — Siège de Paris. — Henri IV et le duc de Parme. — Levée du siège. — Retour. — Mort de Claude de Lorraine. — Le fort de Gournay. — Indemnités. — Le pont de Chelles. — Epidémie. — Charité et humilité de l'abbesse. — Changements divers. — Mort d'Henri IV. — Testament, mort, sépulture de Marie de Lorraine. — Henriette de Bourbon. — Nécrologie.

MARIE DE LORRAINE

XLIXᵉ ABBESSE

1583-1627

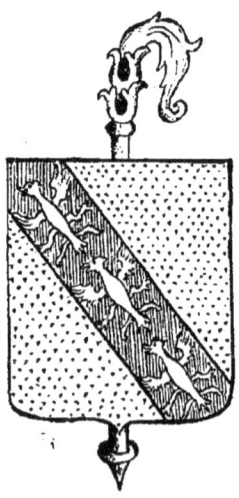

D'or à la bande de gueules chargée de trois alérions d'argent.

Était-ce pure formalité ou bien protestation contre la prérogative royale? Aussitôt les funérailles terminées, les religieuses se réunirent en chapitre et procédèrent à l'élection de l'abbesse. Tout le monde, d'ailleurs, était d'accord. Marie de Lorraine, désignée par Madame de Bourbon sur son lit de mort, reçut et les suffrages unanimes de la Communauté et l'approbation du roi.

Elle était fille de Claude de Lorraine, duc d'Aumale, grand-veneur de France, chevalier de l'ordre, colonel-général de la cavalerie légère et lieutenant-général au gouvernement de Normandie; sa mère, Louise de Brézé, était la seconde fille de Louis de Brézé, comte de Mauleuvrier, et de Diane de Poitiers, duchesse de Valentinois. Son frère Charles reçut en héritage le duché de Lorraine et le titre de chevalier d'Aumale; et ses deux sœurs, Antoinette et Louise, comme elle religieuses, comme elle devinrent abbesses : la première à Faremoutiers, la seconde à Notre-Dame de Soissons.

Marie de Lorraine naquit au mois de juillet 1565. Ses parents la confièrent, encore enfant, à la tendresse de sa tante, Madame Renée de Lorraine, abbesse de Saint-Pierre de Reims. On lui donna le voile à sept ans. Éprise des qualités aimables de l'aimable enfant, la princesse Renée de Bourbon, sa cousine, manifesta le désir de l'avoir auprès d'elle. Son père y consentit. La duchesse d'Aumale, sa belle-sœur, la conduisit à Chelles, le 11 octobre 1578. Elle avait treize ans et trois mois. A quatorze ans, elle prononça ses vœux (16 août 1579).

Sa candeur, sa piété et la maturité de son caractère, dans un âge encore si tendre, charmèrent tellement l'abbesse, qu'elle la nomma grande-prieure de la maison. C'était un heureux choix. La jeune princesse sut se concilier l'affection de toutes les religieuses. Les qualités remarquables que son humilité et sa charité dévoilèrent dans l'accomplissement de sa charge, furent un heureux présage de celles qu'elle devait montrer plus tard, dans la prélature. Un brevet du roi, en date du 6 juin 1583, l'éleva à cette dignité, à dix-sept ans.

Une aussi grande jeunesse pouvait être un échec dans le gouvernement du monastère. On jugea sagement d'attendre plus de maturité. Sur de prudents avis, le roi mit la mense abbatiale en économat, et le pape différa l'envoi des bulles.

C'est pendant cette minorité de l'abbesse qu'eut lieu une de ces grandes processions dont la France donnait alors de pieux exemples.

« En 1584, le 19 octobre, les religieux de Chelles, accompagnés de toute la paroisse Saint-André, allèrent en procession à Saint-Denis en France. Ils partirent de l'abbaye, sur les deux heures après minuit, et prirent leur chemin par la prairie. Ils prirent les habitants de tous les villages qui se trouvaient sur leur route, qui les attendaient. Ils étaient tous habillés en blanc, et tenaient une croix en une main, et un cierge de l'autre, pour faire honneur au Saint-Sacrement que l'on portait dessous un ciel blanc. Ils récitèrent tout le long du chemin, tant en allant qu'en revenant :

Ave Maria, Domina mea,
Mater cœlica, plena gratia (1).

« Ils furent de retour à neuf heures du soir. Ces sortes de processions étaient en ce temps-là très communes, en toute la France, sans que l'on sache qui les avaient inventées, et où elles avaient pris origine (2). »

N'étaient-ce pas de solennelles amendes honorables au Très-Saint-Sacrement et à la Sainte Vierge, en réparation des sacrilèges et des profanations des huguenots, et en même temps pour la prospérité de l'État ?

Après trois ans d'attente, le roi, informé de la sagesse et de la prudence de Marie de Lorraine, donna main-levée de l'économat et le pape Grégoire XIII expédia les bulles.

Le premier usage que fit la nouvelle abbesse de son autorité montra les précieuses ressources de son habileté dans

---

(1) Je vous salue, Marie, ma Souveraine,
Mère du ciel, pleine de grâce.
(2) Petit manuscrit, abrégé de l'*Histoire de Chelles*

l'administration des biens. Certains baux faits sous l'économat ayant été cassés, de nouvelles conventions plus avantageuses s'élaborèrent sans difficulté. Les fermiers désarmés par son tact, ses politesses et la justesse de ses raisons, acquiescèrent à tous ses désirs.

A ces avantages temporels, l'abbesse en ajouta d'autres dans l'ordre spirituel. Persuadée que l'aliment de la vie chrétienne, c'est la prière et en particulier l'oraison mentale, elle introduisit ce pieux exercice dans les habitudes de la communauté : A minuit, chant des matines ; à cinq heures, lever et oraison précédée du *Veni creator* et de la lecture publique du sujet à méditer ; à six heures, sainte Messe ; après les Vêpres, seconde méditation. Toujours la première aux exercices commandés par la règle, elle veillait avec grand scrupule à la faire observer jusque dans ses moindres détails. Cette pieuse édification excitait une admirable émulation de piété, quand des bruits de guerre vinrent en troubler l'élan.

La Ligue dominait à Paris : Henri III, accusé de faiblesse envers les huguenots, était devenu impopulaire. Il dut sortir de la capitale. L'assassinat du duc de Guise mit le comble à la fureur du peuple. Abandonné par la noblesse catholique, le roi se tourna du côté de Henri de Navarre. Un traité d'alliance les unit. On résolut de prendre Paris par la famine.

Les environs de cette ville devinrent très dangereux. Aussi l'abbesse prit-elle la résolution de fuir. Cette conduite était sage. Henri IV et ses partisans pouvaient être de vaillants soldats, mais leurs mœurs étaient-elles sans reproches ?

Madame de Lorraine, accompagnée de toutes les jeunes religieuses, se retira à Paris, emportant avec elle le trésor et les chartes de la Maison. Les professes d'un âge mûr restèrent seules pour garder le couvent. L'absence fut de longue durée, depuis le premier mars 1589 jusque vers le mois de novembre de l'année suivante. Pendant ce laps de temps, la communauté, tant à Chelles qu'à Paris, se vit exposée aux plus redoutables périls : à Chelles, par les incursions des soldats, à Paris, par les horreurs du siège.

Après la mort violente de Henri III, tombé sous le couteau du fanatique Jacques Clément (2 août 1589), la couronne de France, par le droit de légitimité, appartenait à Henri de Navarre, descendant de Robert de France, fils de saint Louis. Ce prince n'était parent du dernier roi qu'au 22e degré. Il était cependant le plus proche héritier du trône. Les lois l'y appelaient. Il le méritait par ses qualités, mais sa religion l'en écartait. Une grande division séparait les partis. La Ligue n'en devint que plus redoutable. Il fallut la combattre. C'est ainsi qu'Henri IV eut à conquérir ses sujets pour en devenir le père.

Après les belles victoires d'Arques et d'Ivry, ce prince tomba sur Paris et l'assiégea. On sait avec quel courage héroïque les habitants supportèrent les tourments de la faim. Les mémoires n'offrent que des récits pleins d'horreurs : un peuple se nourrissant d'abord d'un pain grossier d'avoine et de son, ensuite d'un autre pain fait avec des ossements de morts pilés, puis se jetant avidement, aux coins des rues, sur tout ce qui s'offre à la faim, sur les chiens, les chats, les rats, les corps palpitants des ânes, des chevaux, dévorant les chairs crues des bêtes immondes ; on faisait cuire leurs vieilles peaux. Ce spectacle fait frémir. Le siège de 1870, dont le souvenir est pourtant encore si pénible à la mémoire des contemporains, n'offre rien de comparable à celui de 1590. Il faut en lire les détails dans le récit libre et cynique de l'*Étoile* qui y était, pour avoir une idée des lamentables horreurs de ce siège désespéré... C'est lui qui conte que les lansquenets « gens de soi barbares et inhumains, mourans de mâle rage de faim, commencèrent à chasser aux enfants comme aux chiens et en mangèrent trois : deux à l'hostel Saint-Denys et un à l'hostel de Palaiseau, et fust commis ce cruel et barbare acte dans l'enceinte des murailles de Paris, tant l'ire de Dieu était embrasée sur nos testes (1). » Enfin, une mère renou-

---

(1) *Journal de l'Etoile*, — de Thou.

vela, dit-on, les horreurs du siège de Jérusalem. Elle fit rôtir les membres de son enfant mort, et, de douleur, elle rendit l'âme devant cet affreux repas (1).

A l'aspect de tant de maux, les entrailles paternelles de Henri IV s'émurent, plusieurs charrettes de vivres entrèrent, par ses ordres, dans les murs de la capitale. « J'aime mieux, dit le roi, n'avoir point de Paris que de l'avoir en lambeaux ou changé en cimetière. »

Le roi eût pu s'emparer de la ville par un assaut ; mais il en craignait les conséquences. Une reddition volontaire offrait moins de dangers ; elle paraissait inévitable. Paris était sur le point d'ouvrir ses portes quand une armée espagnole, sous la conduite du duc de Parme, vint au secours de la Ligue. Meaux reçut le duc avec des acclamations de joie (23 août). Cette nouvelle fut un coup de foudre pour le roi. Si Henri IV eût pu rester encore deux ou trois jours devant les remparts, « ceux de Paris eussent été contraints à lui ouvrir les portes et encore à le prier d'entrer dedans (2). » Mais il ne pouvait garder ses positions plus longtemps sans s'exposer aux plus grands périls. C'eût été appeler sur son armée un désastre inévitable que de la laisser dispersée autour de la vaste enceinte de Paris, en présence d'une armée supérieure en nombre et dirigée par un général tel que le duc de Parme.

Henri résolut de marcher au-devant de l'ennemi. Le blocus fut levé. Pour couvrir Lagny, la clef de la Marne, qui lui appartenait, le roi s'en vint camper à Claye. Ce poste avantageux empêchait tout ravitaillement par la Marne. Le duc de Parme le serrait de près. Les deux camps étaient si proches l'un de l'autre qu'il s'en suivit de nombreuses et très vives escarmouches (3).

Le roi assembla son conseil. Quelques-uns voulaient rester à Claye pour défendre la route de Meaux à Paris,

---

(1) Laurentie, *Histoire de France*, t. IV, ch. IX.
(2) *Mém. de la Ligue*, t. IV, p. 300, — Henri Martin
(3) Sully, *Mémoires*, t. II, l. IV, p. 13.

mais le maréchal de Biron préférait le poste de Chelles qui dominait le passage de la Marne. Cet avis prévalut (1).

Il y avait dans les deux armées des forces à peu près égales, de vingt à vingt-cinq mille hommes de chaque côté. Les soldats du roi étaient bien disposés, ils croyaient marcher à une bataille, puis revenir sur Paris dont ils espéraient le pillage, comme récompense de leurs travaux. Mais le duc de Parme « le plus dextre assailleur de villes qu'il eût jamais connu », disait le brave La Noue, voulait débloquer Paris avant de livrer une bataille (2).

« Aussitôt que l'armée royale eut abandonné le camp de Claye, le prince de Parme vint s'y loger et de là, tournant à gauche, marcha vers Chelles. Déjà les maréchaux de camp des ennemis y marquaient leurs logements, lorsque les coureurs du roi, conduits par Laverdin et Châtillon, les en chassèrent pendant que Mayenne, à la tête de huit cents chevaux, s'avança pour reconnaître le terrain et les environs.

Le roi ne les put souffrir si près et, les chargeant avec trois cents chevaux seulement, les repoussa jusqu'à leurs logements, à deux lieues de là (3). »

Le plus vif désir d'Henri IV était de finir cette grande querelle par une bataille décisive : vaincu, il ne survivrait pas à sa défaite, vainqueur, il aurait Paris et la France. Nous trouvons cette pensée du roi dans une lettre, écrite de Chelles et qu'il adressait, ce jour-là même, à Antoinette de Pons, dame de la Roche-Guyon, mieux connue sous le nom de Gabrielle d'Estrée.

« Ma maîtresse, je vous escris ce mot le jour de la veille d'une bataille. L'yssue en est en la main de *Dieu*, qui en a desjà ordonné ce qui en doit advenir et ce qu'il congnoist estre expédient pour sa gloire et pour le salut de mon peuple. Si je la perds, vous ne me verrez jamais, car je ne suis pas homme qui fuye ou qui recule. Bien vous puis-je

(1) Sully. Mém. t. II. l. IV. p. 13
(2) *Hist. de France*, Dufour, t. III
(3) De Bury, *Hist. d'Henri IV*.

asseurer que si j'y meure, ma pénultiesme pensée sera à vous et ma dernière sera à Dieu, auquel je vous recommande et moi aussi. Ce dernier août 1590, de la main qui est votre serviteur,

Henry (1). »

« Le lendemain, samedi, 1ᵉʳ septembre, dit Palma Cayet, le roi se tint pour assuré d'avoir la bataille ; il donna le rendez-vous à toute son armée, à une place de bataille au-dessus de Chelles, qui était une plaine qui a derrière deux coteaux (2), à la teste d'un petit bois séparé d'un ruisseau, et dans le dit bois un château nommé Brou, et par delà est un marais séparé d'un peu de plaine qui est entre le dit château et ledit marais, par un autre petit ruisseau qui était le logis qu'avait pris l'*Union*. L'armée royale se trouva toute rangée en bataille sur les onze heures. Le duc de Parme gagna un coteau (3) pour la recognaistre, et l'ayant veue, il se trouva estonné, et se retourna vers le duc de Mayenne lui disant : « Ce n'est pas là cette armée de dix mille « hommes que vous me disiez, car j'en vois là comparaître « plus de vingt-cinq mille, et en bonne ordonnance. »

Ce grand capitaine, aussi prudent qu'Henri était audacieux, décida d'éviter la bataille. Ses soldats dressés, comme les anciens légionnaires romains, à manier le pic et la pioche, avaient fortifié leur camp pendant la nuit par des remparts de terre. « Autant la cavalerie que l'infanterie logea tout au piquet dans ledit marais (4). »

Henri IV, voyant les ennemis immobiles dans leurs lignes, chargea un héraut d'offrir la bataille à Mayennne. Celui-ci l'adressa au duc de Parme : « Dites à votre maître, répondit le duc, que je suis venu en France, par le commandement du roi, mon maître, pour défendre la religion catholique et faire lever le siège de Paris ; j'ai déjà fait l'un sans grande

(1) L'Etoile, *Journ. d'Henri* IV.
(2) Les coteaux de Chelles et de Montfermeil, au couchant
(3) Celui de Villevaudé.
(4) Palma Cayet.

peine, j'espère réussir en l'autre, avec la grâce de Dieu ; si je trouve que le moyen le plus court pour y parvenir soit de donner la bataille, je la lui donnerai et le contraindrai à la recevoir, ou ferai ce qu'il me semblera pour le mieux (1). »

Outré de dépit, Henri IV s'avança sur l'ennemi. Celui-ci, suivant sa tactique, recula et, abandonnant le ruisseau, le bois et le château de Brou, se retira dans son camp retranché au milieu des marais.

« Sa Majesté, la nuit venue, se vint loger au village de Chelles (2). » On demeura ainsi cinq jours en présence, sans que le roi pût amener l'ennemi en plaine. Le 6 septembre, au matin, la cavalerie des coalisés se déploya sur les hauteurs (3) qui avoisinaient les deux camps, et parut prête à se porter en avant. Henri crut toucher au terme de ses vœux. Mais cette manœuvre n'avait pour but que de lui dérober les mouvements d'un corps d'infanterie, qui passait la Marne sur un pont de bâteaux (4) pour aller attaquer Lagny, par la rive gauche (5), tandis que onze pièces de canons foudroyaient cette place, du côté de Thorigny. Un brouillard épais et le vent contraire empêchèrent l'armée royale d'entendre la canonade.

« Le roi, fort décontenancé, consulta le maréchal et quelques autres officiers généraux de l'armée sur le parti qu'il avait à prendre. Le maréchal de Biron proposa de faire le tour de la montagne, par la gauche, et d'aller attaquer le duc de Parme dans ses retranchements, sur la route de Meaux à Lagny, parce qu'ils étaient beaucoup moins forts de ce côté que de l'autre. D'autres voulaient qu'on passât la Marne sur le pont qu'on y avait du côté du camp, et qu'on allât se poster derrière Lagny pour le soutenir, mais le roi leur représenta qu'abandonner le lieu où il était, c'était

---

(1) *Relation du P. Corneïo*, p. 30. — *Mémoire de Cheverni*, anc. collect., t. LI, p. 64.
(2) Palma Cayet.
(3) Coteaux du Pin et de Villevaudé.
(4) Entre Brou et Pomponne.
(5) Vers Saint-Thibault.

ouvrir le passage au duc de Parme et lui donner les moyens de prendre les devants sur Paris. C'est pourquoi il se tint à la première pensée qu'il avait eue de renforcer la garnison de Lagny, pour la mettre en état de repousser les ennemis et de conserver ce poste important (1). »

Il était trop tard. Quand les troupes du roi arrivèrent, la place mal fortifiée venait d'être emportée d'assaut. Elles combattirent vaillamment ; mais elles furent vaincues et taillées en pièces.

La prise de Lagny débloqua la Marne. L'embarras du roi égala sa colère. Avant d'abandonner la partie, il tenta un grand coup de main. Sur le soir du 9 septembre, le gros de l'armée royale se replia de Chelles dans la plaine de Bondy et se porta sur Paris pour le prendre par surprise. L'attaque demeura sans succès. Henri subit la douloureuse nécessité d'abandonner la campagne à ses ennemis. Il se retira en Beauvoisis avec Biron et se consola, auprès de sa belle Gabrielle, d'avoir perdu le fruit de ses exploits.

Pendant qu'il associait de la sorte ses devoirs de vaillant soldat à ses caprices d'amour, les événements de la guerre se multipliaient en France. Dans l'ivresse de sa victoire l'armée espagnole se livra à toutes sortes d'excès. Les environs de Lagny furent dévastés, toutes les églises jusqu'à Paris pillées. En deux jours, il se commit plus d'excès contre nos campagnes que pendant toute la durée du siège de Paris (2).

Aussi, lorsque vers le mois de novembre, l'abbesse et ses religieuses revinrent à Chelles, après vingt mois d'absence, elles trouvèrent le monastère dans le plus pitoyable état : des murailles renversées, des fermes brûlées, des terres en friche, des habitants ruinés, réduits à la plus extrême misère. Comment réparer tant de désastres? L'argent manquait. Était-il prudent de faire ces réparations? La guerre se continuait plus acharnée que jamais. Tout le pays entre

---

(1) *Hist. de France*, par le P. Daniel, t. XI, p. 621.
(2) Villeroi, *Mém. d'Etat*.

Meaux, Lagny, Chelles et Paris était sans cesse occupé tantôt par la Ligue, tantôt par l'armée royale.

Le 6 décembre 1590, Lagny rentrait sous la domination du roi, et, le 21 mars suivant, Mayenne le reprenait. « Au mois d'avril 1591, un nommé Beslin, escortant, avec deux pièces de canon et 500 soldats français et italiens, un convoi de vivres pour Paris, par la Marne, attaqua le moulin de Chelles. Les soldats du roi s'y étaient fortifiés pour défendre le passage de la Marne. Le moulin fut pris d'assaut et brûlé et la troupe noyée et massacrée (1). »

Vers la même époque, le baron de Bondy, retranché avec ses soldats dans le château de Brou, prenait et rançonnait les passants.

Au commencement de la même année, un autre fait d'armes qui a trait à notre histoire se passait à Saint-Denis. Claude de Lorraine, chevalier d'Aumale et frère de Marie de Lorraine, était l'un des meilleurs capitaines de la Ligue. Renfermé dans Paris pendant le siège, il eut l'ambition de se mettre à la tête de la faction des Seize qui dominait la ville. Au milieu d'un souper qui les réunissait, d'Aumale but à leur santé en disant : « Messieurs, voilà le dix-septième qui va boire aux Seize (2). »

Dans la nuit du 2 au 3 janvier 1591, le brave chevalier voulut faire une sortie, à la tête de quelques soldats de bonne volonté, pour s'emparer de Saint-Denis qui tenait au roi ; 800 hommes de pied et 200 chevaux le suivaient. La gelée avait été forte ; les fossés pris par la glace offrirent un passage facile à la troupe, jusqu'au pied des fortifications. A l'aide d'échelles, les soldats escaladèrent les murailles, entrèrent dans la ville et rompirent la porte de Paris. Au même instant, l'alarme est répandue par toute la ville, le gouverneur Dominique de Vic, vaillant capitaine gascon, monte à cheval et galope avec une douzaine de soldats, faisant retentir un grand cliquetis d'armes, pour tromper l'en-

---

(1) Rochard, *Antiq. de Meaux*, t. II, p. 240.
2) *Journ. de l'Etoile.*

nemi sur le nombre. Une charge vigoureuse repousse les assiégeants ; la garnison arrive au secours du gouverneur. Le chevalier d'Aumale est frappé à mort ; il tombe tout proche de l'église Sainte-Croix, et les ligueurs s'enfuient en désordre, laissant 200 morts sur le pavé de la ville. Il avait vingt-huit ans.

Son corps fut retrouvé. Les religieux de Saint-Denis, l'ayant enseveli dans une simple bière de bois, l'enterrèrent dans la chapelle de Saint-Martin. On rapporta son cœur à Chelles. Marie de Lorraine pleura amèrement la perte d'un frère tendrement aimé. Elle lui fit faire une sépulture dans le chœur de l'église abbatiale, avec une épitaphe latine dont la traduction française ne saurait rendre la beauté et la délicatesse des expressions.

Piis Manib. illustr. Principis
Claud. Lothari Aumalæ Equitis
Jerosol. has lachrimas Maria soror
Piens piè consecravit
An. Dom. M.D.LXXXXI
Anne meum, an Fratris jacet hic cor?
An cor utrumque? At cor utrumque jacet
Cor idem est fratrisque sorori.
Requiescat in pace (1).

En son vivant, le chevalier d'Aumale avait fait présent à sa sœur d'une statue de la sainte Vierge dite *Notre-Dame de Montaigu*. Le bois qui avait servi au sculpteur aurait été, selon la légende, tiré du chêne même dans le cœur duquel un berger aurait découvert l'image miraculeuse. Marie de Lorraine avait reçu la statue avec une grande solennité.

(1)   C'est aux religieuses cendres de très illustre Prince
Claude de Lorraire, d'Aumale, Chevalier
de Jérusalem, que Marie, sa pieuse sœur,
A pieusement consacré ces expressions de ses larmes.
Est-ce mon cœur? Est-ce celui de mon frère qui repose ici?
N'est-ce pas le cœur du frère et de la sœur? Oui, c'est l'un et l'autre,
Puisque le cœur du frère et de la sœur est un même cœur.
Qu'il repose en paix.

D'abord exposée sur le maître-autel de l'abbatiale, la Vierge fut transportée cinq ans après dans une chapelle que la communauté fit élever en son honneur. C'est devant cet autel que l'abbesse aimait à venir prier pour le repos de l'âme de son frère.

Une visite de Henri IV fit une diversion à sa douleur. Après avoir quitté les remparts de Paris, ce prince venait de tomber sur la Champagne. Il mit le siège devant Epernay. Le maréchal de Biron eut la tête fracassée. Cependant la ville fut prise. Le roi s'empara aussi de Provins, mais n'osant attaquer Meaux, il vint jusqu'à Chelles pour bâtir un fort à Gournay et se rendre maître de la Marne. C'était au mois de mai : c'est-à-dire lorsque la végétation couvrait la plaine des espérances d'une belle moisson. La présence des soldats allait tout détruire. A cette nouvelle, Madame de Lorraine résolut de sortir du monastère pour présenter sa requête au roi. Elle se fit accompagner des plus anciennes religieuses. Henri IV voulut prévenir sa cousine. Il s'avança à sa rencontre. L'abbesse était sous l'arcade de la porte d'entrée. Le roi lui prit la main et la reconduisit chez elle. « Je suis vraiment touché, lui dit-il, des pertes que mes soldats causent à votre monastère, mais quand je serai en possession de mon royaume, je réparerai tous vos désastres. »

On construisit le fort de Gournay dans une des îles de la rivière, derrière le château. Les bastions étaient en terre. Six pièces de canon et une forte garnison le défendaient. « Henri en donna la garde à Odet de la Noue dont la fidélité incorruptible luy répondait de la garde très exacte de ce passage (1). »

« Le vendredi 9 octobre 1592, quelques Parisiens, revenant de la campagne, s'étaient aperçus que le fort que le roi faisait bâtir dans l'île de Gournay était déjà fort avancé, et que bientôt il serait en état d'empêcher Paris de recevoir des vivres, par la rivière de Marne ; ils s'imaginèrent que le roi voulait affamer Paris. Les premiers qui entendirent leurs

---

(1) Mézeray, t. VI, l. LXII.

discours tombèrent dans la même crainte. Ceux-ci en entraînèrent d'autres, en sorte que dans moins d'une heure, la crainte de mourir de faim fut répandue dans tout Paris et donna sujet à de grands murmures contre le gouvernement. Dès ce jour ce fort fut appelé *Pille-Badeau* (1).

Maître de la Marne par Gournay, ainsi que de Corbeil et de Saint-Denis, Henri IV « tenait comme bouclés le haut et le bas de la rivière de Seine (2). »

Mayenne, décidé à enlever le fort de Gournay, fit embarquer à Meaux (15 octobre 1592) deux cents livres de poudre et des échelles. Le lendemain, les troupes de la Ligue se massaient en face du fort, mais l'armée du roi parut, et, après quelques escarmouches, Mayenne se retira (3).

Tel est le dernier fait d'armes de Henri IV sur notre territoire. Devenu roi de France, le prince n'oublia pas la promesse faite à sa cousine. Il vint plusieurs fois rendre visite au monastère de Chelles. Madame de Lorraine ne le reçut jamais qu'entourée de religieuses vénérables par leur âge. Ce cérémonial gênait le roi galant. L'abbesse était jeune, belle, gracieuse ; mais la modestie de son maintien imposait toujours au royal visiteur une sage retenue. Henri IV n'en avait d'ailleurs que plus d'estime pour la pieuse princesse ; et, quand il parlait d'elle, c'était toujours en faisant l'éloge de celle qu'il appelait *sa chaste cousine*.

Afin de la dédommager des dévastations de la guerre, le roi la gratifia d'une pension sur les abbayes de Moirmont et de Saint-Faron de Meaux. Ces revenus joints à ceux de la maison suffirent aux réparations du réfectoire, du parloir, de l'infirmerie et de la toiture de l'église. Deux autels nouveaux, enrichis d'ornementations précieuses, s'élevèrent dans le chœur, et le Saint-Sacrement, qui reposait jusqu'alors sous un petit pavillon, trouva une demeure plus digne dans un riche tabernacle.

La petite rivière de Chelles, alimentée par la fontaine

(1) L'Etoile.
(2) Palma Cayet, *Chr. nov.*, l. IV
(3) Rochard, *Antiq. de Meaux*, t. II, p. 298.

Sainte-Bathilde et les eaux de la plaine, traverse la rue principale de la ville. On la passait à gué. Souvent, à la suite des orages ou des grandes pluies, elle devenait infranchissable. Madame de Lorraine fit faire un pont de bois, à la grande satisfaction des habitants. Telle est l'origine du nom sous lequel trois siècles ont baptisé la grand'rue de Chelles *Rue du Pont*. — Ce nom est historique, il a sa raison d'être. L'autre, étranger à la localité, est à peine inscrit qu'il est déjà démodé, comme son parrain (1).

C'est également dans l'intérêt des habitants que la communauté fit rétablir le moulin incendié (2).

De tels bienfaits procédaient d'un cœur noble et généreux. L'âme de la charitable abbesse s'attendrissait aisément au spectacle de la souffrance. Pendant les horreurs du siège, son cœur avait saigné plus d'une fois à la vue des misères publiques. Quels soucis pour procurer à ses filles la subsistance nécessaire ! Quel zèle à les consoler et à les réconforter dans les malheurs publics ! Quel charitable empressement à soulager la faim du pauvre, à verser d'abondantes aumônes dans le sein de tant de familles dépourvues et malheureuses ! La peste qui suivit (1596) lui fournit l'occasion de renouveler ces actes de charité. « La population déserta et s'en alla par bandes à Paris où la contagion était encore pire que dans les environs ; ils voyaient bientôt finir leurs maux avec leur vie, car on a remarqué qu'ils y mouraient tous les jours par centaines dans les hôpitaux » (3).

Dom Porcheron fait remarquer que « les habitants de Chelles, en particulier, furent attaqués de la contagion et réduits à la dernière misère. »

Dans cette nécessité, l'abbesse donna l'exemple. Sa charité lui fit ouvrir les portes de la clôture pour aller visiter les pestiférés, porter des médicaments, soigner les victimes du fléau. Elle distribua près de cinq mille livres d'aumônes parmi les habitants de Chelles. A l'exemple des saints, la

(1) Rue Gambetta.
(2) Madame de Blémur, t. II, p. 485.
(3) Dom Chaugy, *Ann. de Lagny*, p. 610.

charitable abbesse poussa plus d'une fois la vertu jusqu'à se dépouiller pour vêtir les pauvres. Elle donnait tout ce qu'elle possédait, même la nourriture qui lui était destinée, surtout quand elle paraissait plus recherchée. Combien de fois ses filles furent-elles obligées de veiller à ses besoins ! Son coucher seul les laissait libres de toute préoccupation, tant il était misérable !

Elle aimait à s'asseoir au foyer des malheureux et à s'entretenir avec eux de leurs enfants, de leurs peines, de leurs travaux. Aux approches de l'hiver, elle faisait de larges distributions de bois et de vêtements. Jamais on ne frappait en vain à la porte du couvent.

Un jour, la princesse apprit que plusieurs habitants avaient été enlevés par l'ennemi et qu'ils étaient retenus captifs. Elle envoya aussitôt la rançon pour leur délivrance et une aumône afin de les indemniser de leur malheur.

Par sa trahison envers le roi, le président de Neuilly avait encouru la peine de mort. Elle demanda et obtint sa grâce. Et, comme ses biens avaient été confisqués, elle le logea dans les bâtiments extérieurs du monastère et pourvut à tous ses besoins jusqu'à la mort.

Une demoiselle, de haute piété, mais sans dot, désirait vivement se consacrer à Dieu. L'abbesse la reçut, lui donna le voile et fit entrer sa sœur à Fontevrault, moyennant une pension qu'elle lui servit.

Cette grande charité avait pour principe l'amour de la pauvreté. Ce vœu de la religion, au jour de sa consécration à Dieu, lui inspira le désir de le mettre en pratique d'une manière plus parfaite, non-seulement pour elle-même, mais encore pour toute la communauté. Malgré la rigueur de la réforme, l'ancien usage des pensions particulières s'était perpétué. L'abus était contraire à la discipline primitive et à l'entier dépouillement voulu par le vœu de pauvreté.

Après avoir prié et sérieusement médité devant Dieu sur cette importante question, la sainte abbesse convoqua les religieuses au chapitre, et elle leur parla d'une manière si efficace sur la vertu de pauvreté, sur l'obligation de mettre tout en commun, que les pieuses filles lui apportèrent sur-le-champ tout ce qu'elles possédaient, comme autrefois les premiers chrétiens mettaient leur fortune aux pieds des apôtres.

Un désintéressement si généreux la toucha jusqu'aux larmes. Aussitôt la bonté de son cœur lui inspira la pensée de convertir une somme de 20,000 livres, que lui avait donnée sa famille, en une rente perpétuelle destinée au soulagement des religieuses malades et à leurs besoins particuliers.

Son humilité égalait sa charité. Tout ce qui pouvait rappeler la noblesse de sa naissance lui était pénible. Jamais cette princesse ne consentit à faire usage des meubles précieux ou de la vaisselle d'argent qu'elle avait reçus de ses parents. Un lit de futaine, une natte sur le carreau, une table de bois grossier et une chaise de paille, tel était tout l'ameublement de sa chambre. Sa garde-robe n'était composée que d'un seul vêtement pour chaque saison. L'humilité de sainte Bathilde fit toujours une impression profonde sur son âme. A son exemple, les obédiences les plus communes avaient un attrait spécial pour sa piété. Les soins qu'exige la propreté, soit au dortoir, soit au réfectoire, soit à la cuisine, faisaient l'objet de ses préférences. Tout ce qui pouvait l'humilier lui était agréable.

Les habits blancs de Fontevrault avaient été substitués aux habits noirs, au moment de la réforme. Cette dernière couleur, plus conforme à l'esprit de pénitence et d'humilité, était aussi plus conforme à ses goûts. Sur sa proposition, les religieuses reprirent volontiers les anciens usages. Ce fut l'occasion d'une cérémonie. On se rendit en procession dans la salle du chapitre. Le Visiteur bénit solennellement les nouveaux vêtements, les imposa à l'abbesse, et celle-ci en revêtit aussitôt tous les membres de la communauté (7 août 1613).

Au commencement du carême suivant, le bréviaire bénédictin, approuvé tout récemment par le pape Paul V, remplaça également les usages liturgiques de Fontevrault.

Lorsque les affaires qui intéressaient le monastère la forçaient de sortir, Madame de Lorraine se faisait toujours accompagner de deux ou trois religieuses. Jamais les fatigues du voyage ne l'empêchèrent d'accomplir ses exercices de piété ni les austérités de sa pénitence. L'une de ces absences l'ayant retenue à Reims une année entière, sa vie, loin de se relâcher, ne fut que plus humble, plus pauvre, plus mortifiée.

Attachée au monastère que la Providence lui avait confié, jamais elle ne voulut s'en séparer, bien qu'on lui eût offert d'autres sièges plus importants. « Un vieil arbre, disait-elle, ne produit aucun fruit lorsqu'il est transplanté ; il n'est propre qu'à mettre au feu. »

Le même esprit d'humilité lui suggéra la pensée d'imposer aux nouvelles professes un nom de religion, pour faire oublier celui de la famille, dont la noblesse pouvait rappeler des souvenirs de grandeur. Cet usage commença à la cérémonie du 13 avril 1614. Douce égalité de nos couvents, où toutes les professes habitent le même toit, mangent le même pain, partagent le même vêtement! Oubliant leur nom de la terre, elles ne savent plus répondre qu'à celui qui leur vient du Ciel. Sous le niveau de la règle monastique, il n'y a plus ni pauvres ni riches, ni grands ni petits : il n'y a plus que des sœurs d'une même famille, soumises aux sages leçons d'une même mère.

Depuis la réforme, les religieuses se contentaient de faire une croix au bas de l'acte de profession. Afin de donner un caractère plus authentique à ces écrits, chaque nouvelle professe y signa, dans la suite, son nom de baptême avec celui de famille.

En toute circonstance, la pieuse abbesse cherchait à imiter les vertus de la sainte fondatrice de la maison. Comme sainte Bathilde, elle conserva toujours un grand respect pour les ministres de Dieu. Le caractère sacerdotal était, à ses yeux, bien au-dessus de tous les titres de noblesse. Elle s'étudiait à donner aux prêtres des marques non équivoques de ses humbles déférences. Jamais on ne la vit s'asseoir, en leur présence, qu'après eux. Parfois, cette vénération la rendit scrupuleuse à leur égard. Cependant, son tact habituel semble l'avoir abandonnée au milieu de certaines difficultés qu'elle eut à soutenir avec les religieux de sa maison.

Nous avons dit comment les bénédictins ont remplacé avec avantage les anciens chanoines de Saint-Georges. Le petit monastère, où l'on recevait des novices, ne manqua pas de sujets. Par leur science et leur piété, ces religieux favorisèrent les progrès de la réforme. Lorsque la mort faisait des vides et que les profès ne suffisaient pas à les combler, on s'adressait au prieuré de Gournay. Mais le personnel de ce couvent ayant diminué sensiblement, le choix devenait plus difficile; et, au jugement de l'abbesse, les confesseurs manquaient souvent des qualités nécessaires. Elle résolut de les changer. Le noviciat d'abord fut fermé. Lorsqu'une place devint vacante, l'abbesse cessa de s'adresser à Gournay; mais elle vint frapper à la porte de Saint-Martin-des-Champs, où les religieux bénédictins étaient plus nombreux.

Ce choix ne satisfit pas encore à ses désirs. Elle demanda les bénédictins anglais. La cause de ces confesseurs de la foi l'intéressait vivement. Chassés de leur pays par l'hérésie, ils avaient été reçus à Nancy par le cardinal de Lorraine, son frère (1606). Le célèbre François de Walgrave y fit profession. Madame de Lorraine recueillit huit de ces prêtres dans les bâtiments du dehors. Sa charité leur procura, dans la suite, une maison à Paris, avec des revenus convenables. Plusieurs de leurs frères s'unirent à eux et se dévouèrent au service de l'Église et des âmes, particulièrement à l'hospice Saint-André, rue Saint-Jacques.

Leur vicaire général, Dom Augustin, de la maison d'Espagne, en Angleterre, envoya à Chelles six Pères de cette congrégation, pour remplacer ceux de Saint-Martin-des-Champs. L'abbesse choisit François de Walgrave pour son confesseur. Des contestations surgirent. Madame de Lorraine voulait réunir les maisons de Paris et de Chelles aux congrégations du Montcassin d'Espagne. François de Walgrave s'y opposa fortement. L'abbesse, mécontente, congédia les religieux, avec une indemnité de six cents livres, et appela les Augustins réformés. Enfin, douze ans plus tard, les Pères de la Congrégation de Saint-Maur vinrent les remplacer et demeurèrent à Chelles jusqu'à la fermeture du monastère.

Ces changements successifs de directeurs semblent accuser, dans Marie de Lorraine, un caractère indécis ou capricieux. Pour arrêter un jugement sûr, il faudrait connaître les motifs qui l'ont fait agir. D'ailleurs, c'est le seul obstacle qu'elle eut peine à surmonter. Dans toutes les autres épreuves de sa prélature, sa charité, sa douceur et l'ascendant que lui donnait la pureté de sa vie, lui facilitèrent, en maintes circonstances, les moyens d'aplanir les difficultés.

Son autorité, en effet, ne se faisait pas sentir, et l'obéissance lui était acquise avec joie. Par les agréments de sa piété, elle gagnait tous les cœurs. « On pourrait, disent nos manuscrits, appliquer à notre princesse ce que l'Esprit-Saint a dit par la bouche de son prophète, « que la gloire de la Fille du Roi tirait tout son éclat de la beauté intérieure (1). » Aussi s'empressait-on, parmi la haute société, d'obtenir, pour les jeunes personnes appelées à la vie religieuse, une place dans le monastère de Chelles.

Deux filles naturelles d'Henri IV vinrent s'y consacrer au service de Dieu : Jeanne-Baptiste et Henriette de Bourbon. Elles prirent ensemble le voile, le 5 octobre 1617, en présence de la reine d'Angleterre et de la princesse de Piémont. La première fit profession le 12 mai 1624, à l'âge de seize ans, et la seconde le 16 novembre 1626. Cette dernière cérémonie fut présidée par l'évêque de Paris, qui officia pontificalement, en présence de la reine et de plusieurs princes et princesses de France.

Parmi les religieuses de haute noblesse, nous citerons encore Madame Levi de Vantadour, Madame d'Aquevive, sœur de la dame d'honneur de la reine, et Madame de la Mark-de-Bouillon.

---

(1) Ps. LXIV, v 15

Une autre cérémonie avait également favorisé la dévotion des fidèles, à l'occasion de la translation des reliques de sainte Radegonde, autrement appelée *jeune sainte Bathilde, adolescentula Bathildis* (1). Elle eut lieu précédemment, le 17 juillet 1621, sous la présidence de M. Philippe de Cospéun, évêque de Nantes, avec la permission de Son Éminence Henri de Gondy, cardinal de Retz, évêque de Paris. Un parchemin relatant ce fait se trouve encore dans le reliquaire de la sainte.

Quelque temps avant l'horrible assassinat qui fit verser tant de larmes en France, Henri IV avait promis quatre mille cens (2) pour la réparation du monastère. Le forfait de Ravaillac ne lui laissa pas le temps d'accomplir sa promesse. A cette nouvelle, la Communauté tomba dans une profonde consternation. L'abbesse versa d'abondantes larmes. Elle y ajouta des prières ferventes pour le repos de l'âme du roi, son infortuné cousin.

Louis XIII hérita de son père une estime profonde envers sa parente. Le jeune prince n'en parlait jamais qu'avec respect. Il voulut réaliser les dernières volontés du roi et donna les quatre mille cens promis.

Cependant, Madame de Lorraine se sentait intérieurement pressée de donner sa démission, pour avoir, disait-elle, plus de loisirs et se préparer à bien mourir. L'affection de ses filles y mit opposition. Son humilité en eut beaucoup à souffrir. Voici ce qu'elle écrivait dix mois avant sa mort :

« L'an 1626, le jour du glorieux Saint-Laurent, comme j'assistais à la grand messe, à notre place dans le chœur, il me vint en pensée que si Notre-Seigneur me faisait la grâce de pouvoir parler, à l'extrémité de ma vie, je recommandasse absolument à toutes nos chères filles d'enterrer mon corps à la grande porte de l'église, où toutes sortes de personnes passaient sans cesse, afin qu'il fût foulé aux pieds d'un

---

(1) Expression employée dans l'*Authentique* de la châsse.
(2) Rente foncière due en argent ou en grains au seigneur, pour des héritages tenus en roture.

chacun, jusqu'au jour du jugement, pour punition de ce crime abominable d'avoir foulé aux pieds, par mes très grièves offenses, tous les jours de ma vie, le précieux sang de mon Sauveur; de plus, que je leur défendisse de l'enfermer dans un cercueil de plomb ou de bois, qui empêcherait qu'il ne pourrît si tôt, puis qu'étant vrai devant les yeux de Dieu, à qui rien n'est caché, qu'il a tant servi au péché ; je jugerais raisonnable que, s'il était possible, il fût plutôt réduit en cendres que les autres, pour ôter l'être et la forme à ces malheureux membres, dont la révolte a été si fréquente contre son Créateur. En troisième lieu, qu'on choisît pour moi une place où personne n'eût encore été enterré, sachant que ce misérable corps est indigne de la compagnie de ceux qui ont bien servi Dieu et contribué au salut des âmes, puisqu'en tant d'années, il n'avait employé sa vie qu'à chercher la vanité. Assurément, si je pouvais lui procurer quelque chose plus honteux, je le ferais, et je suis convaincue qu'on devrait le jeter dans un fumier, s'il n'y avait une bénédiction pour les chrétiens de reposer en terre sainte.

« Quant aux cérémonies, qu'on en usât, comme pour la moindre des religieuses. Hélas! je serais trop heureuse si Dieu m'eût fait la grâce de demeurer au rang des dernières puisque j'ai si mal réussi en la dignité de supérieure. Je ne doute pas que l'affection de nos chères filles ne soit assez grande, pour me vouloir égaler à la sainte et vertueuse princesse qui m'a précédée; et qu'elles ne croient devoir cette reconnaissance à la sincère amitié que j'ai toujours eue pour elles, et c'est en cela, que j'use de toute mon autorité, leur défendant expressément de se charger de nombre d'offices qui sont spécifiés aux livres des chantres. Je connais leur faiblesse, je les veux soulager après ma mort, comme j'ai fait pendant ma vie. Il suffira qu'elles se souviennent de moi en leurs prières particulières, et surtout la sainte communion ; car je confesse mon indigence, et pas une de celles qui ont marché devant moi, ou qui me succèderont à cette pesante charge, n'auront besoin d'un si grand secours. C'est ce qui fait que je me recommande à la très grande charité de nos sœurs qui, si elles trouvent bon, tous les ans, de me faire dire un *Requiescat in pace,* en forme d'obit, je le recevrai en forme d'aumône.

« Qu'elles se gardent bien de faire mon éloge, comme elles ont fait de Madame Renée de Bourbon, car ce serait une émulation sans fondement ni vérité ; il suffira de prononcer mon nom auquel ma vie a très mal répondu. Je défends à mes filles, en vertu de la sainte obéissance, de ne pratiquer jamais le semblable en des sujets si différents. »

Les sentiments exprimés dans cette sorte de testament caractérisent la sainteté de notre abbesse. Son humilité atteint les sommets de la vertu. C'est la région sublime où les voies de la grâce conduisent les âmes, par la pratique constante de la perfection chrétienne. Aussi, nous ne croyons pas nous tromper en assignant à Marie de Lorraine la première place à la suite des saintes fondatrices du monastère.

Sa mort a été l'écho de sa vie. Une cruelle maladie la fit souffrir pendant plusieurs mois. Elle ressentit d'atroces douleurs dans le côté avec des vomissements continuels. Si parfois la souffrance lui arrachait une plainte, ou même lui faisait pousser un gémissement, elle se le reprochait vivement et se frappait la poitrine en s'écriant : « Mon Dieu ! que je suis impatiente, que je mérite peu de porter la croix ! Il faut bien que j'en ignore le prix. » Prenait-elle un remède, c'était par obéissance. Lui présentait-on un breuvage amer, elle le recevait par esprit d'humilité et le buvait par mortification, pour expier des fautes dont, par crainte des jugements divins, elle exagérait la gravité et qu'elle croyait avoir commises contre ses vœux.

Enfin, pleine de résignation et de confiance en l'infinie miséricorde de Dieu, elle expira le 27 juin 1627.

Les religieuses pleurèrent en elle une mère bien-aimée et les pauvres une charitable aumônière. Quand Louis XIII apprit sa mort, une belle parole s'échappa de ses lèvres : « Le soleil des abbesses vient de s'éclipser, » dit-il. On ne saurait rien ajouter à ce bel éloge.

A la prière de la princesse Henriette de Bourbon, les médecins ouvrirent le corps de la défunte. Seul, le cerveau s'est trouvé bien sain. Tous les autres organes essentiels à la vie, le foie, les poumons, le cœur étaient ulcérés. Les maîtres de la science attribuèrent au prodige les trois dernières années de la vie de la pieuse abbesse.

Malgré le respect dû aux dernières volontés des morts, la communauté ne se crut pas liée par l'écrit dont nous avons parlé plus haut. On lui fit des funérailles somptueuses. Le petit Père André Boulanger, célèbre prédicateur de l'époque, prononça son oraison funèbre au milieu d'une nombreuse assistance. Le corps fut déposé dans une sépulture placée dans le chœur de l'abbatiale, à côté du tombeau de son frère, le chevalier d'Aumale.

On trouve dans le nécrologe de l'abbaye un court abrégé de la vie de la défunte avec un éloge bien mérité de ses vertus.

« Le 27 juin 1627 décéda Madame l'illustrissime princesse Marie de Lorraine, l'une des plus dignes abbesses que ce siècle ait eues. En 1565, elle naquit au monde qui ne fut pas digne de la garder longtemps, car Dieu, qui l'avait élevée pour son service particulier, suscita messieurs ses parents de la mener au monastère de Saint-Pierre de Reims où elle reçut l'habit de notre bienheureux père saint Benoit, à l'âge de neuf ans, de la main de Madame Renée de Lorraine, sa tante. Là, elle fut nourrie et instruite aux exercices de la religion, l'espace de quatre ans, après lesquels elle fut amenée à ce saint monastère, pour le bien et le bonheur de cette maison, l'an 1578. Elle fit profession l'année suivante et succéda à la charge d'abbesse à Très Haute et Illustre Dame, Madame Renée de Bourbon, l'an 1583. Elle eût dès lors bien fait paraître les effets des grâces et vertus dont Dieu l'avait richement astancée, si les guerres civiles qui inquiétaient toute la France et ravageaient la campagne, ne l'eussent contrainte de chercher dans la ville quelque assurance de sa personne, jusqu'à ce que Dieu eût renvoyé le calme dans la France.

« Il n'y a que Dieu qui sache avec combien de regrets et

de déplaisirs elle demeurait hors du cloître. Sitôt que la paix lui donna la liberté de ramener son corps où son esprit avait toujours demeuré, elle se retira à sa chère solitude où elle trouva bien à quoi employer l'industrie et le bel esprit dont Dieu l'avait douée, à réparer les ruines extérieures de sa maison qu'elle a quasi toute faite rebâtir ; soit à mettre toutes les observances régulières qui avaient été toutes ou la plus grande partie relâchées par les désordres des guerres. Sa piété et sa vertu se firent tellement connaître qu'on lui amenait des filles de toutes parts pour être faites de sa main et instruites par ses fervents exemples et doux enseignements. Le roi ne trouva point, dans le grand nombre des monastères de filles qui sont dans son royaume, de plus capables maîtresses, ni de plus dignes mères de Mesdames ses Sœurs naturelles, par ses soins, ses bons exemples et sa pieuse conduite. Elle les rendit dignes, l'une de gouverner le florissant monastère de Fontevrault, l'autre de lui succéder en sa charge d'abbesse de cette sainte Maison, à laquelle elle a acquis le renom de l'une des plus honorables abbesses de France. Madame de Vantadour avait bien pris l'habit et vécu quelques années dans l'abbaye d'Avenais, mais elle n'eût pas été jugée capable de régir un si célèbre monastère que celui de Saint-Pierre de Lyon, si elle n'y eût été disposée par les instructions de notre digne abbesse que toutes les religieuses de France, voire de tout le monde, si elles l'eussent connue, l'eussent désirée pour leur supérieure et conductrice au chemin du Ciel.

« Elle avait été élevée et nommée coadjutrice au monastère de Remiremont pour en être tôt après abbesse. Les religieuses de Saint-Pierre de Reims l'élurent à même fin, après la mort de feu Madame de Guise, mais son humilité d'une part l'empêchait de rien entreprendre, se jugeant incapable de tout, l'amour, d'un autre côté, qu'elle portait à ses filles plus légitimes qu'elle a gouvernées l'espace de quarante ans, lui faisaient appréhender de les perdre de vue et mépriser le choix de toutes les autres dignités du monde.

« Son principal soin, après avoir remis la maison en régularité, en très bon ordre, était d'entretenir l'union et repos de ses filles qu'elle aimait plus, sans comparaison, que si elle eût été leur mère naturelle. Jamais aucune n'était troublée ni inquiétée qu'elle n'entrât dans leurs intérêts et ne se fît participante de leurs peines. Leur repos lui était plus cher que le sien propre, plus à cœur que tout son contentement. C'est la connaissance de cette vérité qui a rendu sa mort si amère à toutes celles qui ont eu l'honneur et le bonheur de sa conduite, et qui les a tellement obligées que celles-là seront indignes du souvenir de Dieu qui oublieront jamais de prier pour son repos en l'autre vie, puisqu'en celle-ci, elle l'a méprisée pour elles. *Requiescat in pace.* »

MARIE-HENRIETTE DE BOURBON

Lᵉ ABBESSE

1627-1629

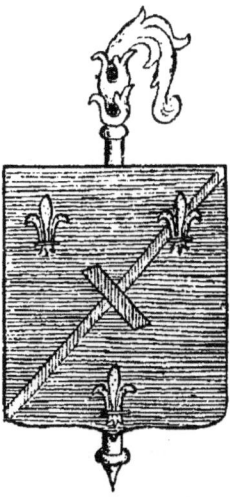

D'azur de France, avec un bâton de gueules mis en abîme, brisé d'un filet de même posé en barre.

Louis XIII fit deux abbesses de ses deux sœurs naturelles, comme nous l'avons vu plus haut, l'une de Fontevrault, l'autre de Chelles. Charlotte des Essarts, comtesse de Romorantin, leur mère, femme pleine d'esprit et d'agréments, mais légère, avait été présentée à la cour en 1590. Henri IV la prit pour sa maîtresse. Les jeunes filles, issues de cette union adultère, héritèrent de leurs parents les dons de la nature sans en partager les faiblesses. On dit d'Henriette de Bourbon, en religion sœur Saint-Placide, que « son port, ses paroles, son esprit et, par-dessus toute chose, sa piété, étaient extraordinaires. »

Novice à huit ans, professe à dix-sept, elle mourut à vingt ans. Cette mort est fort singulière. Nos manuscrits l'attribuent « au poison ou sortilège qu'on avait mis dans un petit livre qui avait pour titre : *Les pensées de la mort.* » Ce livre lui aurait été présenté par une novice qui l'aurait reçu de sa mère pour lui en faire présent. Aussitôt que l'abbesse eut pris le volume entre ses mains, elle fut prise de convulsions tellement violentes qu'elle en mourut.

Six religieuses furent atteintes du même mal. Nous en parlerons plus bas.

La trop courte prélature d'Henriette de Bourbon est suffisamment racontée par la notice du nécrologe.

« Le dixième février 1629, décéda très illustre princesse Henriette de Bourbon, qui avait succédé à la charge et aux vertus de feu Madame, d'heureuse mémoire, Marie de Lorraine, abbesse de céans. Sa mort fut d'autant plus sensible qu'elle fut ravie au printemps de sa vie, en la vingtième année de son âge, desquelles elle en avait employé douze au service de Notre-Seigneur en cette maison qu'elle ne gouverna que dix-neuf mois, avec une telle prudence, sagesse et piété qu'elle démentait et son sexe et ses ans. Elle ne maintenait pas seulement la régularité et le bon ordre qu'avaient laissés madame sa devancière, mais y allait ajoutant par ordonnance et exemple plus qu'on n'eût osé se promettre de sa qualité, de son âge ni de sa disposition corporelle qui était très infirme. Chelles était trop heureux, si Dieu eût fait voir à cette jeune et très digne abbesse les années de l'une des deux dernières, qui l'avaient précédée en dignité. On peut dire d'elle que, quoique couronnée en peu de jours, elle a néanmoins emporté le mérite de beaucoup d'années devant Dieu et devant les hommes, et a obligé cette famille à conserver un souvenir éternel de ses bons exemples pour les imiter, et des obligations qu'elle lui a pour prier éternellement Dieu pour elle. *Requiescat in pace.* »

Henriette de Bourbon reçut la sépulture dans l'église de Notre-Dame, à côté des deux princesses qui l'avaient précédée dans la tombe.

En 1686, on fit graver sur les tombeaux des deux dernières abbesses les épitaphes qui suivent :

I. MADAME MARIE DE LORRAINE

L'éclat des souverains, dont j'ai pris ma naissance,
N'a flatté mon désir d'une postérité ;
Jamais je n'ai fait cas de cette vanité.
Regardant le vrai bien toujours dans son essence,
Une vertu divine eut, sur moi, la puissance
De m'obliger au vœu de la virginité.
J'ai suivi le chemin de la simplicité
Dans l'état régulier. J'attends la récompense.
Ne plaignez pas ma mort désormais, chères sœurs,
Et cessez d'arroser mon tombeau de vos pleurs.
Vous devez envier plutôt ma destinée :
Je possède un bonheur que le monde n'a pas ;
J'avais assez reçu, dès la première année,
Si le chemin du Ciel est celui du trépas.

II. MADAME HENRIETTE DE BOURBON

Vous qui foulez aux pieds les vanités du monde,
Vous qui donnez à Dieu les plus beaux de vos jours,
Et qui, dedans l'objet de vos saintes amours,
Adorez de l'Esprit la sagesse profonde,
Jugez que le bonheur d'ici bas n'est qu'une ombre
Qui, du soir au matin peut terminer son cours.
La fortune s'en joue, et ses tours et retours
Font voir combien la vie en mystère est féconde.

Dieu qui vous l'a prêtée et la tient en ses mains,
Retirant son dépit, en fait grâce aux humains.
Gardez de murmurer contre la Providence ;
S'il rappelle Henriette, en quoi vous fait-il tort ?
Pour elle il a plus fait qu'au jour de sa naissance
En lui faisant goûter le repos de la mort.

« Passant, arrête-toi et considère ces marques pour la mémoire de deux grandes princesses, plus grandes encore par leur piété que par leur naissance. *Requiescant in pace.* »

FIN DU PREMIER VOLUME

TABLE DES MATIÈRES

Dédicace. V
Lettre approbative de Mgr l'Évêque de Meaux VII
Préface. IX

CHAPITRE PREMIER

ORIGINES DE CHELLES

Les temps préhistoriques. — Ballastières. — Silex. — Étymologie. — Sainte Clotilde. — Le petit monastère de Saint-Georges. — Villa royale. — Chilpéric et Frédégonde. — Assassinats. — Pierre de Chilpéric. — Saint-Géri. — Sainte Héreswide. — Sainte Hilde 1

CHAPITRE II

VIE DE SAINTE BATHILDE

Bathilde esclave. — Erchinoald. — Mariage. — Clovis II. — Régence. — Prédiction de saint Éloi. — Construction du nouveau monastère. — Mort d'Erchinoald. — Mort de saint Éloi. — Le calice du saint. — Ébroïn, saint Léger et Sigebrand. — Apparition de saint Éloi. — Mort de Clotaire. — Thierry et Ébroïn tondus. — Childéric. — Assassinats. — Thierry III. — Bathilde religieuse. — Vision de l'échelle mystérieuse. — Saint Genès. — Mort de sainte Bathilde et de sainte Radegonde. — Jugement de Dom Pitra. — Sépulture de la sainte. — Sa fête. . . . 16

CHAPITRE III

VIE DE SAINTE BERTILLE. — FIN DES TEMPS MÉROVINGIENS

Enfance de Bertille. — Sa profession à Jouarre. — Première abbesse de Chelles. — Règle de Saint-Colomban. — Monastère d'hommes. — Étude des belles-lettres. — Colonie envoyée en Angleterre. — Sainte Mildrède. — Mort de sainte Bertille. — Noms de sept abbesses. — Thierry de Chelles et Charles Martel. — Carloman et Pépin. — Griffon et Sonnéchilde. 4

CHAPITRE IV
LES ABBESSES CARLOVINGIENNES. — INTÉRIM

Giselle. — Alcuin. — Le nouveau monastère. — Charlemagne. — Les manuscrits. — Mort de Giselle. — Helvide. — Concile de Paris. — Louis le Débonnaire. — Terre de Coulombs. — Mort d'Helvide. — Hermintrude. — Abus des commendes. — Mort et tombeau d'Hermintrude. — Rotilde. — Incursions des Normands. — Légende de Louis le Bègue. — L'abbesse dépossédée. — Vengeance de Robert. — Mort de Rotilde. — Intérim. — Rétablissement du palais royal. — Concile de Chelles. — Le roi Robert et la reine Constance. — Fin du palais — Monnaies mérovingiennes et carlovingiennes 59

CHAPITRE V
LE DOUZIÈME SIÈCLE

Mathilde I. — Vie de sainte Élisabeth-Rose. — Siège de Gournay. — Bataille du ru de Gondoire. — Mort de Mathilde. — Améline. — Fin du siège de Gournay. — Assassinat de Thomas de Saint-Victor. — Concile de Jouarre. — Mathilde II. — Helvide II. — Louis VII et Thibault IV. — Concile de Lagny. — Le monastère dévasté. — Famine. — Transactions. — Asseline II. — Marie I de Duny. — Une calomnie. — Les Saladines. — Excommunication. — Reliques de sainte Bertille. — Eméline. — Exemption. — 80 religieuses. — Les églises de Chelles. — Accommodements. — Pierre sépulcrale. — Sceau du douzième siècle. 84

CHAPITRE VI
PREMIÈRE MOITIÉ DU TREIZIÈME SIÈCLE

Marie II de Néry. — Bulles d'Innocent III. — Armoiries. — Mathilde III de Berchères. — Le servage. — Mathilde IV de Corbeil. — Les chanoines de Saint-Georges. — Hugues, Pierre et Philippe de Chelles. — Florence. — — Les rotulaires. — Accommodements. — Incendie. — La nouvelle abbatiale. — Un portail roman. — Tombeau de Clotaire III. — Marguerite I de Néry. — Sa justice. — Fondations de services. — Pétronille I de Marcuil. — Bulle de Grégoire IX. — Conflit. — Acquisitions. — Rentes privées. 112

CHAPITRE VII
DE L'AN 1250 A LA GUERRE DE CENT ANS

Mathilde V de Nanteuil. — Acquisitions diverses. — Hommage du seigneur de Montfermeil. — Sévérités. — L'Hôpital. — Les Trinitaires. — L'évêque Raoul et l'architecte Jean de Chelles. — Adeline de Nanteuil. — Les brandons. — Fondations. — Alix I Clignet. — Marguerite de Pacy. — La Commune. — Transactions et fondations. — Doyenné de Chelles. — Libéralités. — Oblats et Rendues. — Guerre de Cent ans. — Deux sceaux du quatorzième siècle. 138

CHAPITRE VIII

PENDANT LA GUERRE DE CENT ANS

Pétronille II de Paroy. — Trêve. — Fraudes d'un intendant. — Serment de l'abbesse. — Adeline II de Pacy. — Nouveaux impôts. — Visite au Dauphin. — Situation meilleure. — Une dénonciation. — Résistance. — La Jacquerie. — Camp de Chelles. — Paix de Brétigny. — Jeanne I de Soisy. — Agnès I de la Queue. — L'hôtel du Mouton. — Un intendant infidèle. — Lettres de sauvegarde. — Jeanne II de la Forest. — Le gouverneur de Clermont. — Excès des Compagnies. — Retraite à Paris. — Retour. — Infamies. — Manœuvres militaires. — La reine à Chelles et mort de son confesseur. — Jeanne III de Roye. — La juridiction. — Chômage de la fête de Sainte-Bathilde. — Triste situation de la France et du monastère. 165

CHAPITRE IX

SUITE DE LA GUERRE DE CENT ANS. — LE QUINZIÈME SIÈCLE

Agnès de Neuville. — Excommunication. — Fléaux. — Retraite à Paris. — Ravages. — Fortifications. — Une ordonnance de Charles VI. — Aumône de sainte Bathilde. — Alix II de Théozote. — Terreurs. — Marie III de Cléry. — Armagnacs. — Fléaux. — Retraite à Paris. — Isabelle de Pollye. — Passages de troupes. — Jeanne d'Arc dans les plaines de Vaires. — Pillage. — Les trois sièges de Lagny. — Fléaux. — Le roi entre dans Paris. — Famine et peste. — Délabrement du monastère. — Résistances opiniâtres. — Le pont de Gournay. — Notes chronologiques. — Catherine de Lignières. — Dispense de Rome. — L'hiver de 1481. — Olivier Maillard. — Jean Simon, évêque de Paris. — La réforme de l'abbaye 186

CHAPITRE X

RÉFORME DU MONASTÈRE. — LA TRIENNALITÉ

Jeanne de la Rivière, première abbesse triennale. — Réforme. — Essai de statuts nouveaux. — Nouveaux directeurs. — Deuxième triennalité. — Manuscrit et abrégé de la règle 215

CHAPITRE XI

SUITE ET FIN DE LA TRIENNALITÉ

Marie de Reilhac. — Procès. — Chef de sainte Bertille. — Chœur de l'église et verrières. — Retour à Fontaine. — Anne de Reilhac. — Marie Cornu. — Différend avec l'archidiacre. — L'homme vivant et mourant. — Consécration de l'église. — Réforme de plusieurs monastères. — Catherine-Marguerite de Champrond. — Corporation des bouchers. — Les foires et marchés de Chelles. — Barbe de Tallansac. — Association de prières. — Procès. — Constructions. — Manuscrits. — Peste et famine. — Madeleine de Chelles. — Fiefs. — Plans terriers. — Cartulaires. — Jacqueline Amignon. — Fin de la triennalité. 234

CHAPITRE XII

RENÉE DE BOURBON

Les abbesses perpétuelles. — Vicaire générale. — François Ier et Charles-Quint. — Montpensier campe à Chelles. — Fuite à Paris. — Retour. — Institution de la procession des reliques. — Vie des saints de Chelles. — Chapelles. — Dons. — Les registres paroissiaux. — Epidémie. — Mort de Jacqueline Amignon. — Marie Barbeau. — Orages. — Arrivée de Madame Renée de Bourbon. — Les Huguenots. — Refuge à Paris. — La Sainte-Larme. — Vie de sainte Bathilde. — Etudiants. — Mort de Condé. — Plaisance. — Maubuisson. — Testament. — Epitaphe. 258

CHAPITRE XIII

MARIE DE LORRAINE. — HENRIETTE DE BOURBON

Marie de Lorraine. — Procession à Saint-Denis. — Sagesse de l'abbesse. — La Ligue et fuite à Paris. — Siège de Paris. — Henri IV et le duc de Parme. — Levée du siège. — Retour. — Mort de Claude de Lorraine. — Le fort de Gournay. — Indemnités. — Le pont de Chelles. — Epidémie. — Charité et humilité de l'abbesse. — Changements divers. — Mort d'Henri IV. — Testament, mort, sépulture de Marie de Lorraine. — Henriette de Bourbon. — Nécrologie 278

ÉMILE COLIN — IMPRIMERIE DE LAGNY

ERRATA DU PREMIER VOLUME

Page   8, ligne 9, au lieu de : *eu voulu,*   lisez : *eût voulu.*
— 16, — 2,   —   *Sarrazins,*   — *Sarrasins.*
— 95, — 13,   —   *charrier,*   — *chartrier.*
— 150, légende de l'armoirie : *huit roues,* — *huit roses.*
— 297, ligne 33,   —   *Lévi,*   — *Lévis.*
— 298, — 6,   —   *Cospéun,*   — *Cospéan.*

LIBRAIRIE DE RETAUX-BRAY, ÉDITEUR
82, RUE BONAPARTE, PARIS

HISTOIRE DE LA PAPAUTÉ
PENDANT LE QUINZIÈME SIÈCLE
AVEC DES PIÈCES JUSTIFICATIVES
Par M. l'abbé CHRISTOPHE
Chanoine d'honneur de Lyon et de Nîmes

Deux forts volumes in-8. . . . . **14 fr.**

« L'auteur, dit la *Bibliographie catholique*, a apporté à la Composition de ces deux ouvrages le même soin, la même intelligence, le même amour. Peut-être même ici, son érudition s'est-elle entourée de plus de précautions, ornée de plus de recherches. Il a puisé à toutes les sources, imprimées ou manuscrites, et ces sources, il est allé les chercher partout, dans toutes les bibliothèques de France et d'Italie. Voilà donc un écrivain parfaitement renseigné, d'intelligence, de bonne foi, digne, par conséquent, de faire autorité... »

L'ESPAGNE
SOUS CHARLES-QUINT, PHILIPPE II & PHILIPPE III
Ou les Osmanlis et la Monarchie espagnole pendant les XVIe et XVIIe siècles
Par Léopold RANKE
Professeur à l'Université de Berlin

Traduit de l'allemand et augmenté de notes par J.-B. HAIBER

Deuxième édition. 1 volume in-8. . . . . **5 fr.**
Le même ouvrage, 2e édition. 1 volume in-18 jésus.. . . **3 fr.**

HISTOIRE DU PAPE INNOCENT III
ET DE SES CONTEMPORAINS
Par F. HURTER
Traduite de l'allemand sur la 2e édition, par A. de Saint-Chéron et J.-B. Haiber
PRÉCÉDÉE D'UNE INTRODUCTION

Deuxième édition. 3 volumes in-8. . . . **12 fr.**

LES ORIGINES DE LA SOCIÉTÉ MODERNE
Ou Histoire des quatre premiers siècles du Moyen Age
Par A. M. POINSIGNON
Ancien professeur d'histoire, docteur ès-lettres

Deux forts volumes in-8. . . . . **12 fr.**

ÉMILE COLIN — IMPRIMERIE DE LAGNY

CETTE MICROFICHE A ETE
REALISEE PAR LA SOCIETE

M S B

1992

www.ingramcontent.com/pod-product-compliance
Lightning Source LLC
Chambersburg PA
CBHW060408170426
43199CB00013B/2051